U0942105

中央民族大学国家“十五”“211工程”建设项目
云南省哲学社会科学学术著作出版资助项目

刘 芳著

# 枧槽高山苗

## ——川滇黔交界处民族散杂区社会文化变迁个案研究

中央民族大学出版社

**图书在版编目(CIP)数据**

枧槽高山苗——川滇黔交界处民族散杂区社会文化变迁个案研究/刘芳著.—北京:中央民族大学出版社,2006.11
ISBN 7-81108-257-8

Ⅰ.枧… Ⅱ.刘… Ⅲ.民族杂居区—苗族—民族文化—研究—中国 Ⅳ.K281.6
中国版本图书馆CIP数据核字(2006)第041548号

**枧槽高山苗**——川滇黔交界处民族散杂区社会文化变迁个案研究

作　　者　刘　芳
责任编辑　满福玺
美术编辑　赵秀琴
出 版 者　中央民族大学出版社
　　　　　北京市海淀区中关村南大街27号　邮编:100081
　　　　　电话:68472815(发行部)　传真:68932751(发行部)
　　　　　　　68932218(总编室)　　　68932447(办公室)
发 行 者　全国各地新华书店
印 刷 者　北京宏伟双华印刷有限公司
开　　本　880×1230(毫米)　1/32　印张:11.375
字　　数　280千字
印　　数　2000册
版　　次　2006年11月第1版　2006年11月第1次印刷
书　　号　ISBN 7-81108-257-8/K·110
定　　价　40.00元

# 民族学社会学教材与研究丛书总序

民族学与社会学学院的前身是建立于1952年的中央民族学院研究部。在五六十年代，研究部曾汇聚了中国大部分民族学与社会学的顶尖人才，如中国民族学与社会学的开拓者潘光旦、吴文藻、杨成志、吴泽霖、费孝通、林耀华和李有义等人，以及他们的学生陈永龄、宋蜀华、施联朱、王辅仁、吴恒和王晓义等著名学者。

20世纪80年代初，研究部更名为民族研究所，不久又建立了中国第一个民族学系，20世纪90年代扩大为民族学研究院，2000年更名为民族学与社会学学院。半个世纪以来，名称和建制的变化，并没有影响她致力于民族学教学与研究的宗旨，经过几代人的努力，从该院毕业的民族学专业的学士、硕士和博士已遍布全国各地，多为栋梁之材。同时出版了大量在国内影响巨大的专著和教材。如潘光旦、吴文藻、费孝通等人的文集，林耀华主编的《民族学通论》、宋蜀华的《民族研究文集》、陈永龄的《中国民族学史》(英文版)，还出版了全所历年研究成果的论集《民族研究论文集》(1981—1993年，共九册)，这些出版物的共同特点是，以实地调查的材料为基础，以中国的56个民族为主要研究对象。几十年来，这已成为民族学与社会学院几代人的学术传统。

民族学(文化人类学)毕竟是一个自西方传来的学科，在中国发展历史较短，几十年来又多次受政治运动的干扰，所以与我国一些传统的老学科相比，中国的民族学无论在专业的理论、方法和研究成果方面，都是一门比较年轻、比较薄弱的学科。因此，今后本学科的重点是加强民族学专业的基础理论和方法的建设。

为此，我们认为需要长期坚持两个方面的工作：一、积极了解和借鉴国外学者有关的理论、方法和实践。这就要求我们既要翻译、介绍国外一些经典的名著，又要随时掌握国外研究的动向，将其最新的代表性作品翻译介绍给国内的读者和同行。二、也是更重要的一个方面，继承我院50年来的传统，坚持实证性的研究方法，以中国的56个民族为主要的研究对象，紧密联系实际，加强实地调查，以此为基础，进行理论的总结，为建立独树一帜的、有中国特色的民族学理论而努力。

我们认为有必要使我们的学科建设和理论研究进一步系统化、规范化，并且在研究成果的基础上不断更新我们的教材。因此，我们于2000年成立了"民族学社会学教材与研究丛书编委会"，目的是以民族学与社会学学院为基础，系统地编辑出版民族学专业的教材和以实证性研究为主的专著、调查报告和论文。

编委会将重点支持以下内容的教材和著作：

1. 民族学专业主干课和紧缺的必修课教材。

2. 以实地调查资料为基础的专题研究著作。

3. 国外民族学名著或前沿理论与方法的译著。

4. 有重要学术资料价值且规范的田野调查报告。

5. 本院教师实证性研究的论文集。

我们要求教材的编写者，应具有多年讲授该课程的资历，并且发表过有关的研究论文。我们要求丛书中的教材和论著应参考并引用国内外最新的相关研究成果，能够与国际学术界对话。编委会将不资助缺乏实证基础的、纯理论著作的出版。

我们希望经过若干年的努力，本套丛书能够为民族学与社会学学院50年学术传统的发扬光大，为中国民族学学科的建设和中国民族学在国际学术界中较高地位的确立做出贡献。

杨圣敏

# 目　　录


序 …………………………………………………… (1)

前言 ………………………………………………… (1)

## 上篇　田野工作

**第一章　枧槽民族乡** ……………………………… (3)

第一节　何谓“枧槽” ……………………………… (3)

第二节　生态环境与自然资源 ……………………… (7)

第三节　沿革与建制 ……………………………… (12)

第四节　人口问题 ………………………………… (17)

**第二章　自称高山苗(蒙毕)的苗人** ……………… (20)

第一节　“先祖自湖广来” ………………………… (20)

第二节　自称与他称 ……………………………… (26)

第三节　民族之间 ………………………………… (27)

第四节　居住方式 ………………………………… (31)

第五节　日常生活 ………………………………… (53)

第六节　村寨及其人际关系 ……………………… (60)

**第三章　物质文化——传统生计与流变** ………… (68)

第一节　历史的遗存——采集和狩猎 …………… (68)

第二节　种“田”栽“土” ………………………… (71)

第三节　传统农业工具 …………………………… (79)

第四节　副业 ……………………………………… (89)

第五节　商贸交通 ………………………………… (94)

第六节 传统分工引出的话题 …………………………… (98)
第七节 关于土地的话语…………………………………… (101)
**第四章 精神文化——民族艺术与节日** ……………………… (105)
第一节 心灵之声 ……………………………………… (106)
第二节 节日是记忆之痕………………………………… (124)
第三节 “七彩衣”……………………………………… (130)
**第五章 社会组织——婚姻家庭与家族** ……………………… (140)
第一节 婚姻“潜规则”………………………………… (140)
第二节 小家庭和大家庭 ……………………………… (159)
第三节 亲属称谓规律及术语 ………………………… (166)
第四节 苗人的家族 …………………………………… (167)
**第六章 信仰方式——神祖巫术与宗教** ……………………… (176)
第一节 神鬼及祖先崇拜 ……………………………… (178)
第二节 西方宗教的传播 ……………………………… (195)
第三节 巫术和它的手段………………………………… (203)
**第七章 教育模式——传统承继与互动** ……………………… (211)
第一节 传统教育和学校教育 ………………………… (212)
第二节 有基督教色彩的启蒙教育 …………………… (217)
第三节 解放前的民族教育 …………………………… (220)
第四节 新中国成立后高寒山区民族教育的前进
与曲折 …………………………………………… (224)

## 下篇 理论探索

**第八章 川滇黔民族散杂区民族文化的考察** ……………… (233)
第一节 研究对象及其研究视野 ……………………… (233)
第二节 文献资料的归纳与分析 ……………………… (240)
第三节 我的田野 ……………………………………… (246)

**第九章　枧槽高山苗民族文化因子及其链接** ……………… (253)
第一节　山地文化 ………………………………………… (253)
第二节　竹崇拜与芦笙文化 ……………………………… (256)
第三节　服饰文化及其变迁 ……………………………… (262)
第四节　家族文化 ………………………………………… (269)
第五节　巫觋文化 ………………………………………… (272)
第六节　“捞谙”文化 ……………………………………… (274)
第七节　酒文化 …………………………………………… (277)
**第十章　散杂区少数民族社会文化变迁研究** ……………… (280)
第一节　构建民族散杂区社会文化变迁理论
的框架 …………………………………………… (280)
第二节　民族文化互动理论的提出 ……………………… (285)
第三节　现实话语——理论研究的意义 ………………… (287)

**附录一** …………………………………………………… (292)
**附录二** …………………………………………………… (310)
**附录三** …………………………………………………… (315)
**附录四** …………………………………………………… (318)
**参考文献** ………………………………………………… (339)
**后记** ……………………………………………………… (346)

# 序

刘芳博士是我的苗族学生，《枧槽高山苗——川滇黔交界处民族散杂区社会文化变迁个案研究》是由她的博士毕业论文修订而成的。这篇论文曾评为2002年—2005年度中央民族大学优秀毕业论文，可见本书是一本颇具价值的学术专著。在她刚刚获得博士学位不久，欣闻该书又收入中央民族大学国家“十五”“211工程”建设项目——民族学、社会学教材与研究丛书，看到学生学有所成，作为她的导师，我深感欣慰。

在我看来，这本专著的学术价值和贡献有四：

第一，这是一项关于我国民族散杂区的田野工作。通过田野调查掌握了大量的第一手材料，运用笔录、摄影、摄像、录音等手段，对川南叙永枧槽高山苗社区物质文化和精神文化做了一次较为系统的梳理。尽管苗族研究在我国可谓汗牛充栋，但是对我国西部这样一个民族散杂区的苗族微型社区，作如此全方位的民族学研究，应具有开创性。同时，在前人研究的基础上对该社区进行跨世纪、逾百年的社会文化变迁研究，亦具有承继性和现实性。

第二，关注川滇黔交界处苗族社会文化发展变迁诸多表现和内容。力图多角度发掘和考察各民族在大杂居、小聚居居住环境下文化间的互动和影响，及其在此前提下民族文化的自我调适功能和作用。提出散杂区文化交流与互动的分析框架，对散杂区各民族文化“和而不同”的生成和现状有较好的解释力。因此，立足民族散杂区的少数民族社区研究意义深远。

第三，提出民族散杂区高山苗文化在同主流文化互动前提条件下，其内部文化因子通过自我调适，使得本民族文化具有区别于同一区域内主流文化的显著特征。因此，高山苗文化发展轨迹变迁主要是受内部七大文化因子实际作用的结果。这在当前我国西部苗族研究中颇富创新。

第四，在我国55个少数民族中，就文化的多样性、多层次性、差异性以及复杂性而言，苗族是独一无二、绝无仅有的。能够在继承前人研究成果的基础上，写出一部具有新的视角和一定学术价值的专著，难度较大。因此，作者运用民族学、民族志、民俗学材料，以自观和他观的学科视角，采取白描和深描相结合的手法，熟练掌握历时性和共时性的研究方法，对一个少数民族社区进行深入研究，这在民族学学科田野调查基本功的具体操作上也有不少值得同行们借鉴的地方。

这部学术专著，是她历时五年酝酿而倾力写成的，其间包括三年攻读博士学位阶段的研究和学习。为此她先后六次跋涉在沟壑纵横的大山深处，所获资料为她的学术研究提供了准确的立论基础。全书共十章，除了后三章为理论总结外，前七章都是她的田野工作和实证分析。

作为少数民族学者，肩负着一个使命，那就是关心少数民族的生存现状，尊重他们生活方式的选择，诠释他们生活中特有的文化价值，提醒世人对他们的关注，尽可能用既得的研究成果影响世人，以此来推动对他们的支持和帮助。她一直在为此而努力。

在本书即将付梓之际，她嘱我写序，我欣然从之，是为序。

邵献书

2006年3月9日

# 前　言

这是一项关于我国民族散杂区的研究工作，工作中关注川滇黔交界处苗族社会文化发展变迁诸多表现和内容，力图多角度发掘和考察各民族在大杂居、小聚居居住环境下文化间的互动和影响，及其在此前提下民族文化的自我调适功能和作用。同时也深切地关注少数民族生活现状，并提出一些个人的看法和建议。

全书分上下两篇，共十章。其中，上篇为第一章至第七章，是田野工作。主要内容涉及调查点的生态环境、自然资源和历史沿革以及人口问题；描写枧槽高山苗迁徙与定居的历史、现状、民族特点和民族关系、居住格局特点、日常生活方式以及村寨与民族之间特有的人际关系；调查传统生计特点、劳动生产工具、耕作技术、园艺业、家庭手工业、养殖业、传统分工以及商贸与交通，指出山民们依然没有摆脱传统落后的农耕生产方式和较低的生活水平。尽管随着社会主义市场经济的进一步发展，已经显现对传统生产生活方式改变的端倪，但对土地的话语依旧是这个时代、这一地区农耕民族不变的主题；考察文学艺术、节日娱乐、服饰文化和工艺，归纳民族文化的特色。指出它们是传统民族文化的重要载体和具体体现，勾勒出文化流变和脉动；分析高山苗家庭、婚姻、亲属称谓和家族的内在联系性和典型性特征；揭示各种社会关系网络和仪礼习俗之中的文化特征，剖析“高山苗”家族文化的内容以及对现实的作用；探讨以祖先崇拜和神鬼崇拜为主要内容的原始宗教信仰特征，并对 20 世纪初西方基督教的传入及其影响作一个描述和客观评价；从一个新的理论视角考察乡土社会宗教、巫术、仪式、信仰同医疗的关系；关注少数民族传统教育同学校教育、社会教育的互动和矛盾问题，主要辨析历史上受基督教影响而启蒙的山民教育到民族教育的自觉以及解放后高寒山区民族教育在曲折中前进等问题。下篇为第八章至第十章，是基于田野工作的理论研究。首先，关于调查地点的选择和考察工作。阐明我国民族散杂区少数民族社会文化变迁的研究视角和实践意义以及田野调查工作的开展内容和过程。其次，采取白描和深描相结合的手法，运用民族学、民俗学、民族志材料，掌握历时性和共时性的学科特点，对一个少数民族社区进行了深入的文化研究，考察散杂区主流文化对亚文化的影响和碰撞，提出民族散杂区山地苗族文化在同主流文化互动前提条件下，其内部文化因子通过自我调适使得本民族文化具有区别于同一区域内主流文化的显著特征。因此，"高山苗"文化发展轨迹变迁主要是受内部七大文化因子实际作用的结果。第三，构建民族散杂区社会文化变迁理论的框架，提出散杂区民族文化互动理论。我们工作的目的和意义在于关注民族散杂区各民族实际生活，并提供学术层面的参考和建议，有助于提高民族工作的针对性和实效性。所以，本研究不但对民族学同类研究起到抛砖引玉的作用，而且在改革开放不断深入和西部大开发的今天，对开展少数民族散杂区的民族工作也将提供一个有价值的参本。

另外，本书附录共四部分，包括长诗辑录、枧槽苗族亲属称谓表、罗氏族谱（图片选）、"二次葬"（翻尸）（仪式录像剪辑图片选）及其《翻尸词》。

## 泸州市地图

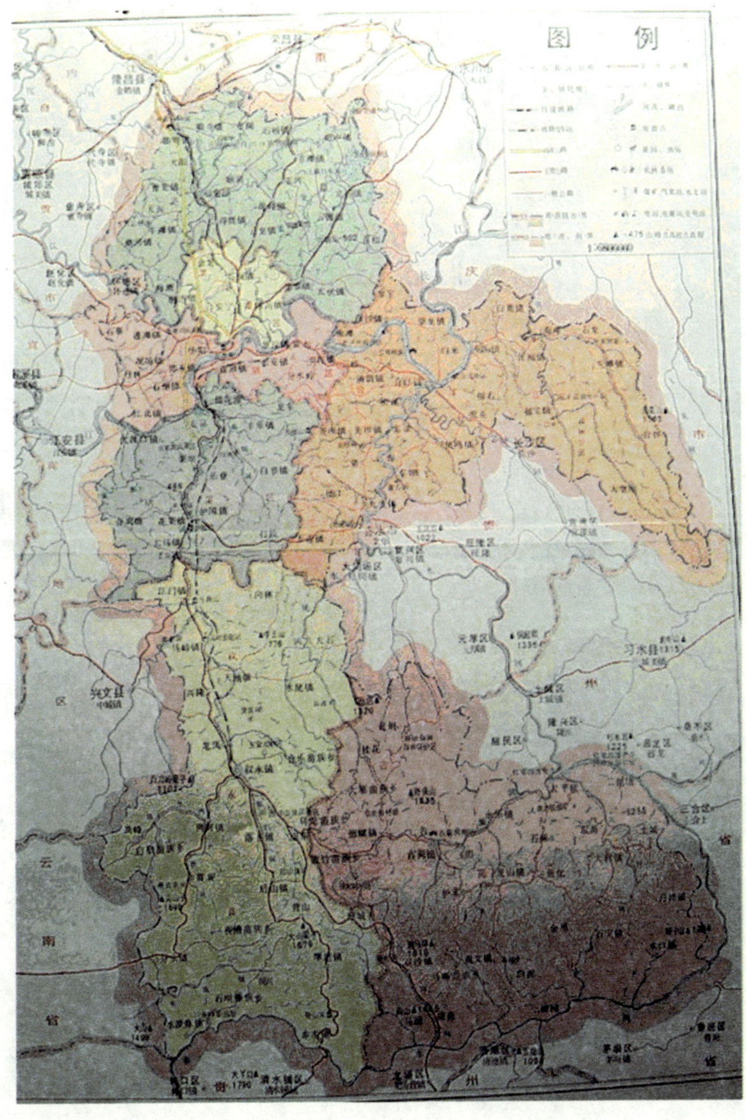

## 叙永县地图

合面镇
花果镇
护国镇
赤水市
1022
上马镇
打鼓
五通镇
复兴区
复兴镇
大同场区
大同镇
地
江门镇
向林
尾
马岭镇
牛王山
776
河
大石
叙
天池镇
兴文县
中城镇
区
兴隆
水尾镇
1320
黄荆
原始森林
自然保护区
龙凤
合乐苗族乡
桂花
叙永镇
古
白刀岭梁子
1101
永
大寨苗族乡
斧头山
1835
东
乌龙苗族乡
高峰
两河镇
落卜镇
德耀镇
古蔺镇
白腊苗族乡
箭竹苗族乡
黄坭
后山镇
悬岩溶洞
尖山子
1699
县
营山
麻城
护家
枧槽苗族乡
大山梁子
1679
分水镇
摩尼镇
跑马坪
1610
双沙镇
石坝彝族乡
川南行委旧址
雪山关
建新
大山
1499
水潦彝族乡
马蹄
赤水镇
林口区
大丫口
1790
清水铺区
龙场区

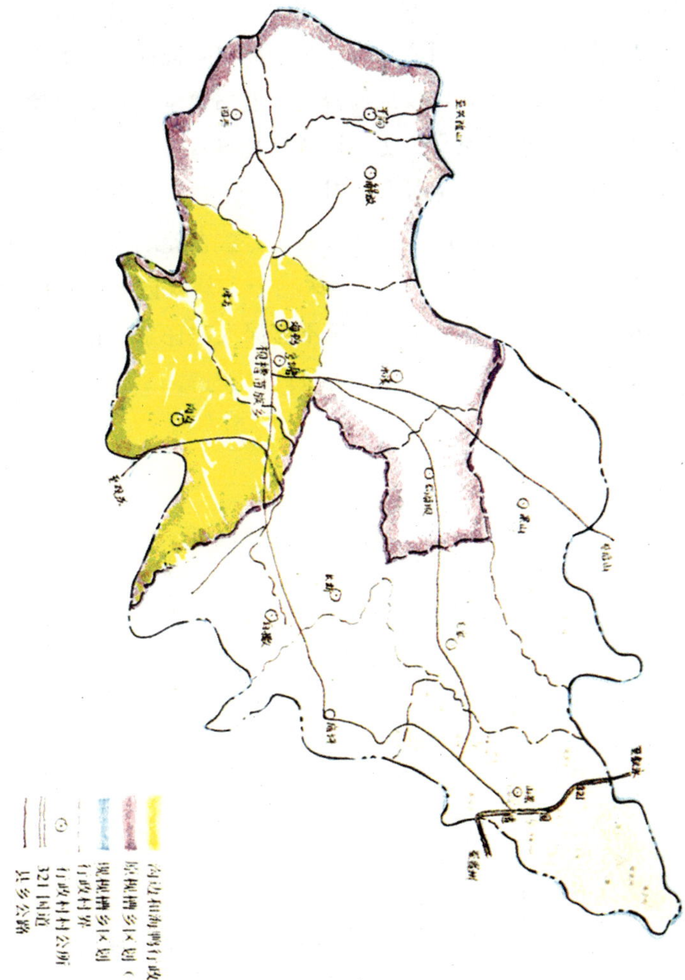
枧槽乡形势图
高边和海鸭行政村
原枧槽乡区划（合并前）
现枧槽乡区划
行政村村界
行政村村公所
321国道
县乡公路

最后，虽然本书调查研究所关注的社区区域并不大，同时自己也主观认为，这是在写“我人我家我事”，驾轻就熟。事实上深入到社区之中，才发觉当初的设计过于简单，同时个人的专业素养和学术功底还有欠缺，故虽经修改，但书稿拿出后，仍感忐忑不安。我们研究的对象是文化，而文化是丰富多彩的，是一个不断变化的事物，想在一定时期内对它有一个较为系统的描述和分析，个人能力显得那样的苍白和无助。尽管在此之前已经做了充分的思想准备和专业“充电”，仍深感个人驾驭诸多材料的困难，因此难免对一些问题的理论思考不够深入和仔细，在本书中显然留下了许多这样的遗憾，诚请各位同仁斧正。

刘　芳

2006 年 3 月 1 日

于中央民族大学

# 上篇　田野工作

# 第一章　枧槽民族乡

川滇黔交界处的山区，一条条蜿蜒不尽的青翠山谷，大路小路都挂在山腰，农舍忽高忽低，且远且近地掩映在绿树翠竹之中。浓雾的早晨，毛毛细雨，泥泞的山路，走来一位披着蓑衣、戴着斗笠、扛着锄头、裹着塑料布的农人，从头到脚都是泥土，深一脚浅一脚地踽踽独行，时而抬头看看来路，偶现的短途班车从他身边经过，踯躅的黄牛缓缓移过他的侧旁，唯有上学的娃娃们行色匆匆地与他擦肩而过时，犹如一股清风拂面。时间仿佛在这里凝固，人们期待着改变，但却不是那么强烈。尤其山野之中依旧是一派传统的田园景色。这就是我第一次踏上这片土地时的印象。尽管我所见到的景象是鸡鸣三省的一瞬，可是这种感觉似乎挥之不去。

## 第一节　何谓“枧槽”

当一个民族学田野工作者踏进他（她）所调查的那个区域时，第一个接触到的文化现象，极有可能是当地的地名，随之而来的“为什么这样称呼此地?”便是第一个专业话语。因为我们发现它足以引起双方（田野工作者和调查对象）的兴趣和拉近彼此的心距。同时，其中也包含了许多调查地的线索，甚至是调查地的地域和人群特质、文化表征、历史线索和调查依据等等。它就像一块敲门砖。

文化研究者发现，迁徙的族群总是把祖居地的地名带到迁徙地并沿用下来。例如，明末清初的“湖广填四川”，湖北孝感地区的湖南人就把“孝感”这个名字带到了四川，所以现在四川省德阳市就有一个叫孝感的地方；一些美洲殖民者把他们的欧洲祖居地“约克”（York）地名也移植到了美洲的一些地方，于是，加拿大有叫约克的城镇，美国也有叫“新约克”（New York，纽约）的城市。另外，我国大江南北的许多地方有叫李家村、殷家寨、张家店、罗家沟……的地名，顾名思义，这些地名与该地区居民的家族或大家庭聚族而居有密切关系。再如，在我国一些民族地区从地名的汉字字面上让人无法看懂其含义，它们实际上是当地或历史上曾居住于此的某一民族对该地称呼的民族语言音节的汉语直译，像蒙自（苗语为“苗城”）、乌鲁木齐（蒙古语为“肥美的草原”）、西双版纳（傣语的傣仂方言为“十二片土地”）等等，还有由人名、族名、景观、物产、行业等命名的地方。对这些地名的研究，不仅仅是地名学的范畴，对民族学来说，也是一个不可或缺的研究内容，只是彼此的目的意义和研究侧重有所不同，地名学对地名的研究是学科目的，而民族学对它的研究是学科方法、手段之一，甚至可以借用地名学的研究来为本学科的研究提供有价值的事实和佐证，即通过这一研究得出民族学合乎实际的诠释。

于是，我的田野工作开始的第一个话语，就是何谓“枧槽”。枧槽为一地名，叙永县《县地名录》中解释为：“枧槽因其当地人用枧槽引水灌溉田地而得名。”于是认为源自于当地的灌溉系统。我曾经询问过多位老者，回答都不置可否。几乎都没有亲眼见过可以称为“枧槽”的引水设施。所谓“枧”，同“笕”，意为

图 1　滇南地区的渡槽

引水的长竹管，设在房屋的廊檐下或田间、路边。“槽”，意为两边高起、中间凹下的物体，凹下的部分就叫作“槽”。那么“枧槽”的汉语意思简言之就是用竹或木制的凹形引水工具。遍访枧槽都没有见到这样的工具，当地中青年人更不清楚“枧槽”是什么意思，只是一直就这样称呼这片土地。但是像“枧槽”这样的引水设施在云贵许多山区却随处可见，尤其是在藏缅语族和壮侗语族的族群中，称“渡槽”。做法是把一根粗竹竿从中剖开，疏通竹节，再将剖开的竹竿一根根地接起来，从水的源头一直接到需要到达的地方。因为木材容易被水腐蚀，而且制作起来比竹材费工，使用木槽的可能性不大，所以用木槽引水似乎极少见到。由于水对竹材的腐蚀较弱，所以绝大多数的渡槽都用竹材做成。可以说这是最早的，也是最简单的引水工程（见图 1）。

根据记载，这里曾经是彝族居住的地方，后来，彝族土司叛乱被平定，彝族遭到杀戮，他们被迫逃亡而去，或隐姓埋名，大量的土地被荒芜，汉族和苗族就陆续到这里开荒，逐渐成为这里

图 2 形似枧槽的峰岩

的居民。如果“枧槽”一词是从彝族那里一直沿用下来的话，则很可能是指引水工具。但是川南的彝族现在几乎已不再使用本民族语言，所以难从语言上加以考察。但从文字的形意来看，“枧槽”一词应该是汉语，而且很可能是最早的汉族居民使用的地名。目前川南的汉族地区也很少使用这样的引水工具，即便是在竹材十分丰富的四川平原。因为当地的竹材多是纤细品种，竹壁较薄，容易脆裂，作为引水之用极不合适。西部苗族多居住在高山顶上或陡峭的峡谷之中，用水只能靠自然沟渠或蓄水，甚至是背水（枧槽乡很多地方至今仍然如此），也鲜见这样的引水方式。看来，枧槽为引水之工具说可能被质疑。据了解，枧槽乡称之为“某某沟”的地方甚多，如五老沟、湾塘沟、白岩沟、刁林沟、麻地沟等等，而解放前当地人赶集的地方就正是叫作“枧槽沟”。于是本人认为“枧槽”应该是该地居民因其沟壑纵横、形若槽沟这样一个自然环境特征而相沿成习的称呼，这样解释似乎更加合乎情理（见图 2）。

叙永县域是四川盆地向云贵高原过渡的地区，整个地形从西北——四川盆地的南缘向东南——云贵高原的北缘过渡，枧槽乡正处在这个过渡带的南部，这样的高山峡谷地区，是一个交通极为不便的地方。就区域性的交通形势来看，枧槽乡恰恰是一个交通死角，从解放前到现在依然是这样一个格局，解放前开通的川滇东路（国道）和20世纪90年代开通的大纳路（省道）以及县乡级道路都没有从这里交汇。而以枧槽乡为中心的叙永县南部山区面积占到整个县域的1/3，住在这些山区的人们自然会形成一个区域性的交通网络和贸易市场以满足生产生活的需要，以枧槽乡海鸭村为主的地方久而久之成为大家活动和商贸的场所。大概在1925年到1942年这段时间，最早的“枧槽”作为地名出现在记载里，实际上就是一个当地山民不定期进行产品交易的一个微型街场——枧槽沟。这是一个十分狭小的、三面环山的一个小山坡，过去人烟稀少，居住着几户居民。1940年到1942年枧槽乡作为乡级建制，将中心地区移至距此偏西南2公里左右的弯塘。即今天的乡政府所在地。

## 第二节　生态环境与自然资源

枧槽乡有着丰富的森林资源，过去几乎家家户户掩映在茂密的树林中，与自然构成一幅完整的图画。由于这里林木繁茂，沟壑纵横，很多地方至少在40年前还人迹罕至。一般说来，主要的树种有杉木、青枫、丝栗、桐麻、棕树等，大都是天然林。杉木是当地居民建筑房屋的主要材料，也是主要的经济林木。此外，竹子也是重要的经济林木，种类有辽竹、南竹、斑竹、慈竹、水竹、次南竹等十几种。近50年里，山林砍伐严重，许多山都谢了顶，变得光秃秃的。尽管推行“退耕还林”政策，俗话说“十年树木”，而且一些上好的珍贵林木需要几十年或者上百年的时间才有可能长成。现在长成的树木，品种上整齐划一、外表上高矮一致的人工种植痕迹十分明显，再也无法复原过去那种原始森林的原貌。

图 3　赤水河源头之一——枧槽大河

直到“文化大革命”前，这里的野生动物种类还十分丰富，如老虎、豹子、豺狗、野猪、山羊、熊、猴子、水獭、黄鼠狼、九节羚、野兔等，还有河中的鱼类，等等。所以长期以来，狩猎和渔猎都是当地一个重要的肉食来源之一。一首民歌是这样唱的：“待哥山上跑一趟，又有肉来又有油。”在 20 世纪 50 年代当地的少数民族社会历史调查材料里还曾提出要组织起来打野兽：“无论从农业或开发本区丰富的动物资源上看，捕捉这些野兽都是今后一个任务。”①上一辈人提起，他们小时候偶尔会听说在大人们都去种地时，谁家的孩子又被老虎、豹子或野猪叼走了……有时候，饥饿的老虎等大型猛兽还会在夜晚光顾山寨，叼走家

① 四川省编辑组：《四川省苗族傈僳族傣族白族满族社会历史调查》，四川社会科学院出版社，1986 年版。

图 4　**枧槽小河**

禽、咬死猪牛，过去人们也想尽各种办法阻止野兽对生存安全的威胁。经常听老人说起整治野兽的办法——捕捉、围猎、下毒、设陷阱、下扣子等等。可见，当时野生动物的种类和数量确实是很多的。20 世纪 50 年代后期，由于大炼钢铁需要木柴，人们大面积砍伐森林，加上无度掘取森林资源，短短的十年左右就再也听不到老虎和豹子的叫声了。森林的消失使动物们失去了家园，有计划和无计划的狂捕滥杀，使该地的绝大多数野生动物绝迹。现在，为保护幸存的野生动物，保持生态环境，各级政府已经明令不允许砍伐森林和打猎，市场上也禁止野生动物的买卖，违者罚款或判刑。据说现在深夜里已经发现有一些小型的野生动物出没，与云南交界的大山深处也出现了熊等大型野生动物的足迹。这是属于大自然的万物和人类是一个对立统一体，既相互依存又相互斗争。

川南一带盛产天麻、黄连、棕片、五倍子、生漆、桐油等土特产。由于交通和信息的闭塞没有形成特色产业，只是小范围的交易，并没有给当地山民带来满意的收益。

图 5 细雨绵绵的枧槽六月

矿产资源主要有煤、铁、铜、滑石、硫磺等，其中最丰富的要算煤了。这里私人开的小煤窑不少，老百姓经常挖煤自用和烘烤烟叶，由于缺乏行政管理措施以及必要的安全设备和安全意识，长期存在着安全隐患。2004 年 6 月，就发生了 4 人私自进入废弃的小煤窑而导致死亡的恶性事件。

枧槽乡的地貌是叙永西南高背斜核部和翼部所构成的峡沟中山和槽复盆中山，地形复杂多变。土壤以山地黄中壤为主，兼有紫色土、白膳泥、鸭屎泥等，石灰岩遍布，地下熔洞多，阴河分布广。叙永县河流属长江水系，有永宁河和赤水河两大河流。枧槽处于赤水河的南域，河流的流向主要是由北向南、由东向西，后由西向东再向北，赤水河最终流入长江。发源于枧槽乡的赤水河支流有小河、干河、大河以及不少无名小河，它们在峰岩的白岩头下相汇，由北向南注入赤水河支流“倒流河”。[①]从此地貌奇观可见当地地形的复杂状况。枧槽乡本地有着丰富的水源，从天而降的雨水、降雪、冰雹，有的年份它们肆虐达半年之久；从地下涌出的暗渠、阴河，纵横交错，但分布不平衡，甚至是利用率不高。农民多用的是小河的水、泉水，乡里也有个电站。山中的泉水四季不断，农村100%的饮水取自于山泉，至今人们还用形似椭圆、上宽下窄的木桶背水，家家备有既大又深的长方形“蓄水池”（他们称为“水缸”）。离水源较近的人家，干脆用塑料管把泉水接到厨房里，等水缸接满了水，就将塑料管移到屋外，任其流淌。为方便蓄水和取水，有的人家就将水缸安置在屋外廊檐下。

叙永县属亚热带季风气候区，四季分明降水充沛，日照偏少。春季回暖早，但冷空气活动频繁，常出现持续低温阴雨天气，称“倒春寒”；夏季持续高温降水，多且集中，还不断有焚风（火风）气候出现，旱涝交错；秋季气温下降快，雨水多而气温低，当地有一名谚：“打不湿的古蔺，晒不干的永宁”，即是说尽管两县毗邻，但气候特征却迥然不同；冬季多云雾，山区降雪早，气温寒冷，有冰冻出现。枧槽乡年平均温度为13.2℃，与50公里外县城相差5.4℃，最高气温在7月，达23.5℃，最低气温在1月，达2.5℃。叙永县年均降雨天数为197天，年均降雨量为1172.6mm。枧槽乡属迎风面降雨带，年均降雨为1571.6mm，处于全县降雨中心地区（见表1）。[②]

枧槽乡在县域之南，总的气候特征就属于县域中冷凉多雨的那一类，一年四季可概括为夏短冬长，春寒秋雨。所以暴雷、大

---

① 赤水河主要源头之一就是倒流河，它源于摩尼乡簸箕坝，向西南倒流约70公里入云南境后又折回，再向东绕行70公里，整个河道就像在原地划了一个扁椭圆形的圈，之后汇入赤水河源头的一个支流，之后汇入赤水河主河段。赤水河由西南向东、向南，其中很长的一段成为川、黔两省的界河，然后向北到合川县汇入长江。

② 表1及本节中有关气候参数，依据《叙永县志》等有关数据整理。

风、暴雨、冰雹、大雪、霜冻等自然现象和灾害，对当地人来说，如家常便饭，人们对艰苦的生态环境有着惊人的耐受能力。

表 1：每月及年平均气候和降雨量

| 月份 | 气温(℃) | 降雨(mm) |
|---|---|---|
| 1月 | 2.5 | 75.8 |
| 2月 | 4.1 | 42.8 |
| 3月 | 9.6 | 101.8 |
| 4月 | 14.2 | 114.9 |
| 5月 | 17.6 | 214.0 |
| 6月 | 19.5 | 129.9 |
| 7月 | 23.5 | 181.5 |
| 8月 | 22.5 | 200.4 |
| 9月 | 18.0 | 133.6 |
| 10月 | 14.4 | 128.7 |
| 11月 | 8.9 | 107.9 |
| 12月 | 4.4 | 86.4 |
| 年 | 13.2 | 1517.6 |

## 第三节 沿革与建制

历史上，枧槽乡的行政区划和建制变动频繁，几乎每一次建制的变化，都引起行政区划变动。这就给我对调查区域的选择提出了难题。哪一些区域最能代表枧槽乡的苗族社区？从资料上，我得不到一幅完整意义上的单列的乡行政区划图，所以去年年中作调查时曾向乡政府领导提出索要一幅枧槽乡行政区划图，他们未能满足我的要求。仅从办公室的墙上拍摄下泸州市勘测部门1990 年代末绘制的乡域规划图。本书中的枧槽乡图的图本制作则得益于这次拍摄。1996 年，乡政府曾发生过一场大火，在此以前所有的资料被付之一炬，乡主管领导也为此被罢了官。这一切都给调查资料的收集带来了较大缺憾。

据 1997 年编撰的《叙永县志》记载，对乡制及其沿革做了一个初步的梳理：

从清王朝到民国初期，整个叙永县行政区划划分为 16 个屯，枧槽乡应属于南二屯顺九甲。

民国 4 年（1915 年）全县改为东南西北中 16 区。

民国 18 年旋改为 8 区，区内辖团，团内辖段，段内辖甲，枧槽乡属第 3 区两河镇第 4 团。

民国 22 年（1933 年）又改区为镇，改团为乡，乡辖闾，闾辖邻，枧槽乡属两河镇枧槽乡。

民国 37 年（1948 年）为第 3 区（辖 11 乡）枧槽乡。

1950 年 4 月，解放后全县行政区划调整，设 7 区、37 乡、2 镇，枧槽乡属于 6 区（辖 7 乡）。

1951 年初又把大乡化为小乡，全县为 8 区 97 乡（镇），枧槽乡属第 8 区（辖 7 乡）。

1952 年全县又进行区划调整，小乡合并为大乡，枧槽乡属第 8 区（辖 3 乡）。

1956 年初，将全县 8 区、91 乡、4 镇调整合并为 5 区、39 乡、2 镇，枧槽乡属分水区（辖 6 乡）。

1958 年建人民公社，实行政社合一，全县划为 4 区 24 个公社，枧槽乡属分水区（辖 5 社）枧槽人民公社。

1960 年初，县区划调整，由原 4 区调为 7 区，由 24 公社调为 46 公社、2 镇，枧槽乡又属分水区（辖 4 社）枧槽人民公社。

1964 年全县由 7 区增加为 10 区，2 镇调整为 4 镇，44 个公社调整为 70 个公社，枧槽乡属分水区（辖 6 社）枧槽人民公社。

1984 年政社分开，全县划为 62 个乡（镇）人民政府，4 月省人民政府批准成立枧槽苗族乡，属分水区（辖6乡）。

1990年全县设8个行政区，1个县城镇、63个行政乡（镇）、565个村，枧槽乡属分水区枧槽民族乡，乡下辖海鸭、解放、平淌、四齐、沟边、木溪、稿箭坝6个村（如图6）。[①]

1992年撤区并乡，原枧槽（苗族）乡和原长秧乡（原属于大树区）合并，乡政府所在地弯塘。

解放前的乡公所坐落在一座叫作“九龙山”的小山上，是把原来的小庙拆掉修建的，解放后沿袭之。1958年大跃进时，曾没收何姓地主的房屋作为公社炼钢厂（现址为乡中学），大跃进结束后，乡政府机关搬进去办公，还修建了一座礼堂，不久发生了一场大火，尽管乡政府仍在旧址办公，但已残败不堪，所以，1992年选址重修，即是现乡政府所在地。现在的乡政府是一座三层楼房，乡干部们办公和生活条件仍较为艰苦。

图6 1990年前枧槽乡政府驻地[②]

百余年来，从整个县域来看，行政区划变动十分频繁。尤其

① 四川省叙永县志编纂委员会：《叙永县志》，方志出版社，1997年版。

② 叙永县统战部副部长杨学东提供。

是1950年到1958年短短八年间，行政区划和建制变动了5次，1984年到1992年八年间变动了3次。现在的枧槽乡比过去的枧槽乡在行政区划上要大将近一倍，作为枧槽乡苗族聚居区域，只有海鸭、沟边、四齐三个行政村历史上没有太大的变动，基本划归在现枧槽乡范围内，海鸭行政村主要包括了峰岩自然村以及乡政府所在地弯塘等。尽管沟边是行政村而峰岩是自然村，新中国成立前夕至人民公社成立，沟边和峰岩等属南凹村，沟边和峰岩都是其下的自然村，罗氏、古氏、杨氏、黄氏、邹氏等组成一个以前两姓为中心的苗族社区，彼此之间由于亲缘和姻缘的关系编织成一个复杂的社会关系网络，与周围的汉族地区犬牙交错。20世纪90年代撤区并乡，规范县域内地名称谓，由于峰岩地名在县域内有重复，根据报名优先原则，枧槽乡的“峰岩行政村”名是后来申报上去的，所以被要求更换地名，因此换成“海鸭行政村”。实际上海鸭和峰岩在过去的枧槽乡一直是两个不同的村寨名。“沟边”一名由于县域内没有重复，便顺利批准为“沟边行政村”。村内共200多户，其中苗、汉各占一半。而尽管峰岩聚居着百户苗族，却仍然被划入海鸭行政村，并成为其七个社中的四个社。

枧槽乡苗族习惯上仍然使用历史上对自然村寨的称呼来界定各自的苗族社区，枧槽乡苗族人口的1/3主要聚居在这一区域，而且两村毗邻，二百余户苗族大范围地聚居成片，聚族（家族）而居。经过考虑，为调查方便和保持苗族社区的历史承继性，本书仍沿用当地人习惯的称呼，并以沟边行政村和峰岩自然村作为本乡最具有代表性的苗族社区为核心调查区域，展开田野工作。

目前枧槽乡的基本情况是：全乡海拔1070－1370米，幅员面积81.4平方公里，耕地面积38 000亩，其中旱地32 900亩，水田5700亩，人均占有耕地3.2亩，全乡林地59 650亩，其中人工林27 084亩，天然林32 566亩，森林覆盖率为51％。全乡

13个行政村：海鸭、解放、平淌、四齐、沟边、木溪、稿箭坝、山茶、毛家、踩山、庙坪、长新、白撒（其中后6个村为1992年撤区并乡后由撤销的长秧乡并入），82个农业合作社。

据说，20世纪80年代到90年代曾经考虑把枧槽乡政府合并到其他的乡镇，或乡政府驻地迁到交通方便的地方，但都由于一再权衡枧槽乡中心地区对周边山区的区域性政治、经济辐射作用而最终放弃。2006年初，在我准备截稿付梓时，又传来枧槽乡可能被并入另一乡镇的消息。从国家有关成立散杂区民族乡所要求的少数民族人口最低比例的规定来看，1992年枧槽民族乡同长秧乡合并前，少数民族人口比例达50％以上，是一个名副其实的民族乡。合并后，枧槽乡的少数民族人口比例下降到28％左右，离最低要求的人口比例33％还差5个百分点，但是考虑到当地少数民族大杂居小聚居的特点，并且少数民族人口绝对数较高的情况以及前身就是民族乡的前提，仍然确定成立民族乡，这样做充分考虑了当地的具体情况，是有益的，也得到当地少数民族的欢迎。目前，出于何种原因再行更大区域的合并，本文不谙其来龙去脉，但可以推测，少数民族人口比例势必更加降低，这一散杂区苗族乡很可能不复存在。当地少数民族同志忧心忡忡，这样做，是否有利于内地散杂区少数民族乡镇政治经济文化各方面发展需要？是否有利于民族文化的保存和进步？是否从历史经验和现实发展相结合的角度出发，深入实际做过切实的调查研究？本书认为，从历史上频繁变更的结果和事实来看，行政区域和建制如果不是革命性的国家政权变更或全局性的宏观体制调整，在不能根本解决本地经济文化发展问题的同时，变更仅仅是出于交通或减少乡镇行政编制数额，那么，此举很可能又是一次历史的重复和叠加。

# 第四节　人口问题

截至 2004 年 6 月 24 日，据枧槽乡派出所提供的数据：全乡总户数为 2858 户，总人口 10 972 人，男 5984 人，女 4988 人；汉族户数为 2010 户，人口 8534 人，男 4312 人，女 4222 人；苗族户数 847 户，人口 2434 人，男 1669 人，女 765 人；彝族户数 1 户，人口 4 人，男 3 人，女 1 人。由此推算出：汉族总户数占全乡总户数的 70.32%，人口为全乡总人口的 77.78%，苗族总户数占全乡总户数的 29.63%，人口为全乡总人口的 22.18%，其中，全乡每户平均人数为 3.4 人，汉族每户平均 4.24 人，苗族每户人均 2.8 人。

2004 年乡财政工作情况报告（2004 年 4 月 20 日）中对全乡的人口统计为：全乡总户数为 2700 户，总人口 11 000 人，苗族户数 780 户，人口 3068 人。由此推算出：汉族户数为 1919 户，人口 7928 人，人口为全乡总人口的 72.1%；彝族有 1 户，4 口人。全乡每户平均人数为 4.07 人，汉族每户平均 4.13 人。苗族每户人均 3.39 人，总户数占全乡总户数的 28.89%，人口为全乡总人口的 22.2%。

而枧槽乡办公室提供的最新（2004 年 12 月）人口统计数据是：全乡 2790 户人口，总人口 11 054 人，苗族户数 726 户，人口 2907 人。彝族有 1 户，4 口人。那么由此推算：汉族户数为 2063 户，人口 8143 人。全乡每户平均人数为 3.96 人，汉族每户平均 3.95 人，占全乡总户数的 73.94%。苗族每户人均 4.00 人，占全乡总户数的 26.02%，人口为全乡总人口的 26.69%。

主要调查地区峰岩的苗族户数为 96 户，421 人，沟边 119

户，491人，两处相加225户，共计912人，每户平均4.05人。

因此，根据所掌握的数据提出如下问题：第一，人口数据统计混乱。同年度内乡政府掌握的人口数据和乡派出所登记的差距甚大（其中总户数相差68户，总人口相差82人，其中苗族的户数相差54户，人口相差161人），而乡政府办公室统计的数据和乡财政报告中的数据也有差距（总户数相差90户，总人口相差54人，其中苗族的户数相差54户，人口相差161人）。第二，有关部门的工作人员缺乏工作责任心，敷衍了事。第三，可能是各部门获取人口数据的渠道不同，各个不同时期的数据混淆，久而久之出现偏差；也有可能是各部门运用有关数据的作用不同，或是针对人口调查，或是针对财政拨款、贷款，诸如此类。

按这样数据计算，汉族每户人数为4.24或4.13或3.95人，苗族平均每户2.8或3.39或4.0（峰岩和沟边当前每户人数为4.05）人。当地普遍的看法是汉族的计划生育工作搞得较好，超生较少，而苗族社区超生较多（据说解放村一苗族夫妇生育8个孩子，是计划生育工作的钉子户），这在数据上实在难以圆说。由此初步的推论为，苗族个别家庭超生严重，而就一个总的出生率来说，汉族和苗族差距不大（但乡政府主要领导另有看法，估计苗族人口漏统的超生人数在200人以上。乡计划生育办公室主任也认为超生的孩子几乎都不上户口，上户口的孩子也多是男孩，超生女孩多数是“黑人黑户”）。

胡庆均先生在1943年所作《川南叙永苗民人口调查》中的社会学人口统计考察到：叙永苗族人口15岁以下的人口百分比为36.22，介于增多型与稳定型之间，苗族的生育率明显低于汉族，甚至在他当年的统计里，苗族的死亡率还高于出生率，人口呈负增长。但是他认为从总的趋势看，苗族人口仍为稳定增长型。

据1948—1949年枧槽乡人口统计：全乡1152户，人口5986

人，苗族 299 户，占总户数的 25.95%，人口1282人，占总人口的 21.42%。半个多世纪以来，在全国人口普遍暴增的前提下，少数民族人口增长率也很高，枧槽乡苗族也不例外。调查时所到的人家中多数也有孩子三四个，两个孩子的小家庭较少，成年人到了 40 岁左右，就有做祖（外祖）父母的。全乡超生率估计在 80%。国家法定的结婚年龄是男 22 岁，女 20 岁。枧槽乡苗族一般结婚年龄为 15 岁至 20 岁。习惯于早婚和近亲通婚，他们普遍认为女孩子在 15 岁至 17 岁就应嫁人，男孩子 14 岁以后就有社交自由，一般男孩子也在 20 岁以前成亲。传统上苗族倾向于女子年龄稍长于男子，这同他们传统的“赶姑娘（妈）”、“童养媳”的习俗有很大的关系。山民们重子嗣，当前计划生育工作之所以在苗族地区难以展开，最大的问题就是子嗣问题。调查时，老百姓坦言，家里没有儿子是绝对不可以的。

另外，乡派出所提供的苗族人口统计数中女性人口仅仅占到总人口的 45.84%，两性比例失调（相比之下汉族的性别比却属正常范围）。实际上这个数字的出现基于三个因素：一是前面谈到的计划生育问题，属超生的女孩几乎都不申报户口；二是有一定数量的青年妇女外流（含长期外出打工和非法买卖妇女）；三是家庭联产承包责任制实行后，大凡嫁进来的苗族妇女多不再登记户口，她们认为，由于已经分配不到土地，报不报户口无所谓。因此，书面的数据统计可能与事实出入较大，或者是由于当前以年轻人外出打工为主要形式的人口流动频繁，暂时掩盖了由性别比例失调引起的社会问题，当地也鲜有适龄男青年结婚难的现象，所以至今还未引起当地政府的足够重视。

# 第二章 自称高山苗（蒙毕）的苗人

中国的西部、云贵高原的北缘、高寒山区、国家级扶贫开发县的贫困民族乡这几个界定，就足以让人清楚今天枧槽苗乡的人民生活状况。尽管生活是艰难的，但是在这里仍然能看到人们乐观向上的精神状态，勤劳善良、豁达刚直的性格，使他们永远对未来充满了憧憬和希望。

## 第一节 “先祖自湖广来”

我国苗族先民最早迁徙到川滇黔交界区域已有上千年的历史。“殷周时代，有一个称为‘髳’的小国参与周武王伐纣，髳的地理位置在今山西、四川一带，髳人可能是三苗的一支后裔，以后他们从南下到四川，再移居黔、滇，形成这里的川、滇、黔西支苗族。这与该支苗族的起源传说相一致，不少学者认为

‘髳’、‘苗’古音相通。”[①] 同时，“由于苗族的不断向西向南迁徙，秦汉至南北朝时期在武陵五溪以西，即今贵州省大部分地区和川南、桂北，已有不少苗族杂处其间。这些地区古称：‘牂牁’地，秦和汉初主要属夜郎国，汉武帝通‘西南夷’后，灭夜郎，置牂牁郡……即在夜郎、牂牁境内，秦汉时已有苗族居住……如彝族文献《夜郎竹王》记载：‘竹王在与濮人和僚人作战中，建立了九十九座城，苗族分三城，汉族分十九城，其余属彝兵管。’这说明，在夜郎竹王管辖下确有部分苗族。另外，20 世纪 50 年代以后在原夜郎、牂牁境内的汉墓中，曾发现‘狗首人身骑鹿像’，考古学界认为，它就是古文献所记载的‘盘瓠’。这也证明，两汉时以‘盘瓠’为图腾崇拜的苗族、瑶族已行部分移居夜郎、牂牁地区。”[②]“结合杨汉先在《传说考》中所举大花苗移入乌撒（今贵州威宁）时间的论证，可以认为，苗族大量西迁的时间不会早于宋代，四川南部和西南部的苗族也不例外。”“古代统称南方少数民族为蛮，其中包括了濮越、苗、僚等古代民族。大约在东晋咸和年间（333 年），居住于洞庭湖西岸的部分武陵蛮西迁，循乌江西下，进入黔西北和川南地区。”[③]但是，这部分最早迁居于此的苗族先民又逐渐向西南和东南方向继续南迁，到达了今天的贵州、云南、广西、广东等地方。所以，尽管他们都是西部苗族，但同今天仍然居住在叙永县域及周边川滇黔地区的西部苗族各支系没有直接的亲缘关系。

实际上，尽管西部苗族各支系的迁徙活动，属于整个族群千年不断向西南、东南方向迁徙历史长河中的一粟，但是，近代以

① 古玉林：《四川苗歌文化》，中国香港天马图书有限公司，2002 年版，前言部分。

② 伍新福：《中国高山苗通史》，贵州民族出版社，1999 年版，第 91—91 页。

③ 郎维伟：《四川高山苗社会与文化》，四川民族出版社，1997 年版，第 39、第 39—40 页。

来，他们的流动特征并不像历史上曾经出现的那种——苗族先民们大规模、长期性、全族群的迁徙潮，而是后来从湖南、湖北、贵州等苗族聚居区内小规模的、以家族组织形式的游动（游猎加游耕式的不定期迁移），他们往往是零星的、间歇性的、以个体家庭为单位的、缓慢的迁徙。我国云南省的文山、红河等地区的部分苗族以及越南、老挝等东南亚国家的苗人就更加突出地表现出这一特征。由于有了土地，他们可能暂时停留下来，并企图长期定居下来，如果遭遇土地紧张、生活困难以及原住民的袭扰排挤，甚至是政治压迫，他们将再次举族（家族）迁徙。

川滇黔地区的苗族，选择高寒山区、人迹罕至的地方居住，并与原住民拉开一定距离，聚族而居。正是如此，这种不定期、间歇式的举家（族）迁徙，一些史籍中也有描述，《滇黔志略》载："转徙不恒，为人雇役垦田，往往负租逃去。"

根据［民国］《叙永县志》中有关记载，由于清朝时期的官荒、封禁[①]，现在的叙永县域等地区内不允许开荒种地。最初地方政府还可以制止双边的流民游动，人多以后就根本无法阻拦，于是清朝中期后，大量无地少地的游民陆续迁来，逐渐地出现了不少人丁兴旺的集镇和山村。《贵州通志稿本》也记载："数百里中皆成荆棘，出示川境招抚流亡以后，乃渐有耕作者。"

研究苗族史学家调查到现在居住于滇东北地区的苗族支系，"传说是由湖广经四川叙永、筠连迁来的……看来，部分苗族经四川迁入云南的时间，应是在元明建立土司制度以后和清初'改

---

① 内地与边疆少数民族的交界地区，属于"汉地"和"蛮地"的真空地带，中原和边疆的分水岭，为防止少数民族对内地的"骚扰滋事"，中央王朝故意划出一条隔离带，目的是人为地隔绝内地和少数民族边地各民族之间的交往，减少所谓边疆对内地的"侵扰"。见赖佐唐、宋曙编撰的（民国）《叙永县志》（1935 年，卷 1，舆地篇）中有关描述。

土归流’之前”。[①] 可以推测，枧槽乡罗、古、杨氏等为代表的苗民，也正是在这一段时期先后抵达这里开荒种地的。这同他们明洪武年间从湖广南迁，先到达泸州、宜宾等地方居住，再南下来到叙永县域的口传文学的线索内容是相一致的。这里长期荒无人烟，最初迁到这里的人们开始了艰苦的垦荒生活。他们在此获得了尽管贫瘠但确实是属于自己的土地，使他们在历经长期迁徙的困苦生活之后，又有了一个可以编织梦想的未来。苗族是一个有着千年以上游居生活历史的民族，迁徙流动、择地而息的生存能力十分顽强，对艰辛的生活有着难以想象的征服能力。200 多年过去了，这里已成为他们挚爱的家园。

枧槽乡主要有两大民族成分：汉族和苗族。其他民族极少，比如彝族，仅有一家四口人。但汉族和苗族都一致认为彝族是当地最早的原住民，汉族和苗族是在彝族离开后才陆续到这里垦荒的。据地方方志等记载，彝族的离开实际上是大规模的逃亡，原因是明朝万历年间的奢崇明土司叛乱。

当地苗族至今还能清楚地说出他们自己的来源。罗氏族人说他们的先祖名叫罗雄（族人都尊称为“雄祖”），于明洪武年间从湖广而来，由叙永至海鸭南二屯苦皮树居住，年轻时虽已结婚生子，后又去当兵打仗，多年后，从汉族地区带回一个汉族妻子，原来的苗族妻子已有两个儿子，汉族妻子又生了一个儿子，取名罗易宝。苗、汉两位妻子终因不合而使苗族发妻带着她的儿孙们迁去了云南，罗易宝及其后代们也迁居于罗家沟，之后又迁到峰岩，居住至今。几百年过去了，在云南的后代们仍然记得他们是从这里分出去的。虽然平时几乎没有太多的联系，但是每每修撰和续修家谱，抑或祭祖，罗氏族人还是从各地汇聚峰岩，共同商议有关事宜和参与祖先祭祀活动。

① 伍新福、龙伯亚：《高山苗史》，成都，民族出版社，1992 年版，第 175 页。

迁来峰岩的原因出于一次罗易宝的外出打猎。他来到现在的峰岩，看见一段峭壁插入云端，白色的石灰岩壁在太阳的照耀下熠熠生辉，于是爬了上去，看见这块绝壁的上面，却是一片可以开垦的大片土地（即现在的峰岩和沟边的大部分土地），崖壁顶上居然还有一个老虎窝，心想这一定是一块风水宝地，于是，他毅然举家搬迁到了这里。罗氏族人解释说，峰岩的地形俨然一只展翅欲飞的老鹰，峭壁恰似老鹰的嘴壳向前微微翘起，老屋罗易宝（老虎窝）是老鹰项部，其后的山梁和山坡就是它的脊背和双翅，据说由于风水好，所以，峰岩罗氏几户人中参加工作的、读书的人，是所有罗氏族人中比率最高的。百余年来，峰岩罗氏也因拥有家族武装，护路剿匪，在当地也算声名赫赫……站在对面的山头看过来，这个称作峰岩的峭壁的确神似雄鹰卧状，鉴于本人当时的照相水平，还不知道可以使用后期制作的方式，把全部的图景经过多张图片的接合处理，便可以得到完整的编辑照片，所以当认为无法在一次取景中囊括全部画面时，也就放弃了摄影，甚为可惜。我也看见了这里的第一座老古屋，是罗易宝到达峰岩后修建的房屋。房屋仍旧由他的后人之一居住，打理得十分干净。有趣的是，就连家里的许多生活用具都同那座老古屋一样显得古老而淳朴。木桌、木凳、木盆、木碗、石缸、石磨，木质碗柜嵌在墙体里，水缸很大，约宽 60 厘米，长 100 厘米，高也有 100 厘米左右，据说这水缸就是罗易宝留下来的，这是一个由四块大青石板镶嵌起来的水缸，蓄水多且十分结实。但是，在没有水泥的年代，它是靠什么结合起来的呢？这很有趣。罗易宝被族人尊称为“爷宝”，他的老古屋附近是目前峰岩罗氏族人居住最稠密的地方。

古氏的先祖也是湖广人，由于兄弟们打官司输了，被迫一起离开祖居地，古氏兄弟分别入川、入黔。入川的这一部分先居纳溪，沿古宋大坝，到云南镇雄，后转至现在沟边村居住，到现在共有12代，现存四辈。而今的古氏后人已发展到云贵川等地，人口已逾数千。

杨氏的男祖，相传是一个汉族乞人，要饭来到草坝山，与一位苗族女子结为夫妻，生了四个儿子，发展到10余代。

据说韩氏也是明洪武年间从湖广逐渐迁徙到枧槽乡的。

其他姓氏，人口较少，来枧槽乡定居的时间也较短，不再详述。

胡庆钧先生在1943年的调查给本书提供了一个意想不到的便利和蓝本，为此我要深深地向他致谢。他的《川南叙永苗民人口调查》[①]一文记录了他当时调查的姓氏、户数的统计数据：峰岩、沟边、草坝山等几个苗族最聚居的村寨中有苗族罗姓41户，杨姓37户，古姓32户，黄姓14户，陶姓6户，熊姓6户，李姓4户，张姓2户，王姓2户，前三姓共计110户，后七姓共计135户。

目前，我们仅能从他们各姓氏的代数和谱牒上的记录来推测他们定居这里的时间。从罗氏族谱上看，他们迄今定居这里已经是第14代，按每代25年计算，估计300多年。（由于苗族早婚实际上可能低于300年）古氏、杨氏、韩氏都有13代。枧槽乡有14姓苗族：罗、古、杨、韩、黄、邹、熊、马、王、张、侯、陶、周、李等。以罗和古姓为最多，占总数的一半，此地几乎所有的姓氏都基本属同一支系——高山苗，几百年的同族内婚，他们全部是亲戚，亲缘关系网络复杂。

① 胡庆钧：《川南叙永苗民人口调查》，载《边政公论》1944年，第3卷，第12期，第27页。

## 第二节 自称与他称

枧槽乡的苗族，自称“蒙”，或“蒙毕”。“蒙毕”（hmong bel）原本为他称，汉语直译就是“高山苗”。显而易见，这个称呼是根据他们的传统生计方式和居住特点而得，久而久之他们自己也认可了这个称呼。在叙永县，从语言上划分，“蒙”人语言属苗语三大方言区中的西部方言区、第一土语，枧槽高山苗话又属其下的分水、大树、两河土话。县域内“蒙”人共有五个土话区，但就支系上区分，他们主要与本县另一支人口较多“蒙朵”构成县域内的两大支系。“蒙朵”汉语直译就是“下方苗”，也称“坝区苗”，实际上他们生活的地方仍在高寒山区的崇山峻岭之中，仅从他们的居住环境来理解“坝区苗”含义是不够的，可能要从他们的迁徙史和耕作制度来作详尽的分析，他们主要居住在本县的合乐苗族乡，部分散居摩尼乡、麻城乡和震东乡。“下方苗”的主要聚居区在邻县古蔺县。

总之，叙永县域这两支苗族因他们各自生活的不同区域和生计特点而各自有不同的称谓。相对于外民族，不同支系彼此都有同属一个民族的认同。而就内部言，不同的支系在语言、服饰、心理认同等方面又有着较大的区别，在风俗习惯等方面更多地保留了各自内部特点。历史上他们彼此来往甚少，也少通婚。解放后这种界限逐渐被打破。通常“下方苗”坚持自己是最“纯”的苗族，认为自己是保留本民族文化最完整的那部分人，并以此为自豪，这一点连高山苗也承认。而高山苗也常以自己历史上是当地少数民族中输出杰出人物最多的群体而自豪，对此，“下方苗”也常称赞这些杰出人物为本民族争光，是本民族的骄傲。高山苗支系的人数和分布面积都较“下方苗”支系为多、为广，除主要分布在县域的枧槽苗族乡、百腊苗族乡外，其他邻近的乡镇都有分布。高山苗约有2万余人，“下方苗”有1万多人。

高山苗又被称为“汉苗”（“蒗刷”），即受汉文化影响较多的苗族。过去，高山苗中的一部分也被称为“花苗”、“青苗”。因为他们的语音多舌尖音，外民族亦称他们“鸦雀苗”，这也是他们不愿意听到的称呼，解放后不再使用。高山苗还往往存在着一种身份认同的心境，在他们中间流传着自己的先祖“汉变苗”的故事。一部分马姓苗族，就认为自己是“汉变苗”，相传自己的先祖是汉族，由于在内地犯了命案，亡命于此，娶苗妻生子，随苗俗，后代们遂成苗族。罗姓和杨姓也不忌讳谈到自己的汉族先祖，杨氏还在其祖居地路口立碑以警示后人勿忘汉祖。因此，在杂居区，各民族之间的血肉联系是割不断的。

## 第三节 民族之间

有着不同族际认同的杂居地区，民族之间的关系和交往常常显得错综复杂。首先，作为一个最大的认同——国家意识，人们都是共识的，服从中央到地方的绝对领导，这是一种政治关系，人们的行为规范都是在这样大的政治前提下进行。其次，在同一社区的不同族际之间，由来已久的经济、文化和风俗习惯的差异性，又使他们发生关系和矛盾，甚至摩擦，这在我国各民族大杂居、小聚居的格局中并不鲜见。枧槽乡汉、苗杂居三百年，其中的问题都是这样一种具体表现。

族际通婚与禁忌。传统观念中，不同民族之间不允许通婚，历史上苗族内部不同支系之间也不通婚，尤其反对本民族女子嫁给外民族。但是，他们从不忌讳承认他们有外民族的先祖。比如，罗氏和杨氏都承认他们的女性或男性先祖之一就是汉族，罗氏明确地写入族谱让后人铭记，而杨氏也将此事立碑于寨门路边以示后人。但是他们的后人却坚持只与本民族通婚，直到解放后这种状况才有所改变，这是个特殊现象。现在在外工作的族人多与外族通婚，但本乡本土之内的族人，还是习惯本民族内部通婚，比例占到几乎90%以上。究其缘由有四：

其一，历史上长期的民族压迫政策，民族歧视十分严重。大民族歧视少数民族，统治民族歧视被统治民族，处在不同政治经济背景下的人们是不可能通婚的。

其二，环境因素。少数民族居住在条件十分艰苦的高寒山区，“人往高处走，水往低处流”，连当地的女子都不想留在本地，更何况具有较好经济条件的外地、外民族女子，更不大可能嫁给贫困的苗族山民。

其三，传统社会的封闭与半封闭状态。人们之间的联系更多地体现在亲缘网络关系上的互动。据观察，枧槽乡十有八九的婚姻都是有血缘关系的亲戚之间（姑舅表婚）和有地缘关系的村寨之间密切交往的结果。长期以来，我们的民俗研究过多关注少数民族节日文化和娱乐活动在婚姻择偶上的特殊表现，甚至作为逸闻趣事加以渲染，这是不严肃的学术态度和文化等级主义的视角。其实，少数民族传统社会的血缘地缘关系网络在婚姻中的作用极为重要。而源于节日娱乐活动中的恋爱婚姻其实更带有偶然性和戏剧性，它不是一种必然和常态。因为最终婚姻关系的确立服从于对经济利益和社会关系的重新整合，同时，苗族也注重自由恋爱，因此，其中很大程度上也包括婚恋人双方对彼此今后的经济创造能力——“本事”上的预测，他们更清楚恋爱和婚姻不完全是一回事。

最后，还包括了民族心理、风俗习惯等复杂因素。高山苗从来就对主流社会“从一而终”的传统感情模式和教化不屑一顾，因此，较难接受主流文化的习俗和观念。他们可以因为爱而结合，也可以因为恨而分手。一个浪漫的高山苗人，一生都会有属于自己的“情感故事”，社会舆论并不过多干涉。因此，作为婚姻，人们更注重的是门当户对。这就是为什么说尽管高山苗青年男女自由恋爱是个人的小事，社会不予干涉，可是一旦确定缔结婚姻，就必须告知父母，之后便成为两个家族（家庭）之间的大事，并在叔爷伯侄的共同参与下，经过许多繁琐的仪礼才得以完成的原因。没有吃过“允口酒肉”的婚姻是不被承认的。现在，尽管传统婚俗在枧槽乡有所淡化，但是得到父母和族人认可的观念依然是缔结婚姻的前提。否则，违反习俗的人们会遭到经济和社会舆论的双重打击。在“下方苗”社会内部更是如此，不被认可的婚姻，新婚夫妇不可以取“婚名”，这就意味着死后也不能归宗。这是一项极为严厉的惩罚。

民族歧视与家族势力的族际制衡。历史上苗族长期遭受大民族和统治民族的歧视，当地至今仍然偶有使用的个别含有侮辱性的词汇就是一个例证。比如，“苗子”、“苗婆娘”、“苗汉子”等，“苗”字明显的带有野蛮、粗鲁、不讲道理等含义，常有人说“某某苗得很”，意思就是说，这个人蛮横、无理，因此常常引起苗族同胞的强烈不满，往往发生族际间的严重冲突。由于少数民族人口少，出于对外界的压力和民族自身生存的考虑，必然形成一股强势与合力来应对外部的威胁，这就客观上使家族组织的对外功能——武力得到了膨胀，形成了族际制衡。因此，苗族的家族势力百年来在当地都是较为强劲的（具体内容参看第五章）。

文化的认同和距离。苗族没有自己的传统文字，对外交往更多的是使用汉语和汉字，尤其是出外求学和就业。总之，学习汉语汉文是融入主流社会的需要。在过去的百年里，高山苗没有过多地阻碍自身对汉语汉文的学习，始终认为这种学习理所应当。并早在20世纪初就开始接受汉语汉文的学校教育（参见第七章，在此不赘述）。现在五六岁的孩子进入学前班就开始系统接受汉语汉文，从此以后，学习掌握汉语汉文便成为终身的需要。不少苗族孩子从小尽管习惯于讲本民族的语言，但是他们在很短的时间里就能自觉完成双重语境的转换，常常使人惊叹不已。虽然我们缺乏语言转换过程的个案材料，但是据报告人的讲述，从总体上讲，目前，在小学一二年级里，高山苗孩子的学习成绩似乎还没有汉族孩子的好，但是到了高年级成绩优秀的孩子中高山苗的孩子所占的比例总是逐渐上升，是否由于双重语境的自觉转换功能增强了孩子的语言文化适应能力，训练了大脑，从而提高了理解力的结果，还不得而知。

与此同时，高山苗内部仍十分注重本民族语言的保持，在本民族村寨里主要的交流工具仍然是苗语，有的家庭限制孩子在家里讲汉话，或者是在家中就根本不习惯讲汉话，如果同一个本民族的人彼此交谈时不讲本民族语言，会被认为是一种可笑的举止，我本人就常常遇到这样的尴尬。

在接受汉文化和保持本民族文化特色的互动过程中，200多年的经验形成一个相对稳定的格局，即各种文化的应用范围和彼此的距离，这是颇为微妙的。在自己本民族的社区里，他们强烈地要求自己本族人和外来族人能够懂得和使用自己的民族语言，强调的是特殊性；然而，在与外界交往的过程中，他们强烈地希望外民族不要用不同的标准来衡量他们，他们和大家是一致的、没有区别，强调的是共性。这种转换，在生活中司空见惯。传统文化的功能已经把这种转换调试得甚至可以适应生活场景的瞬间变化。因此，在散杂区，民族之间文化融合的前提是文化适应，当文化差异引起文化冲突，一种文化——尤其是亚文化——将失去互动中的适应性，很可能以它彻底退出历史舞台为代价。但是，当文化本身并没有成为本民族发展、融入主流社会（多元一体格局）的障碍时，文化冲突得到较好的调适，民族之间文化的互动过程可能在一段时间里呈现相对稳定的状态。这种不同民族文化之间互动的表现特质，在民族散杂区不断地得到印证。枧槽乡高山苗被其他支系的苗族和外民族称为“汉苗”，200 多年来却依然保留了苗族的族群特征和核心文化，就具有这样的典型意义。无独有偶，叙永县震东乡的“下方苗”，尽管族群内部的居住范围显得更为松散，几户苗族往往杂居在十几户或几十户汉族之间，但是本民族精神文化的内容保存得比枧槽高山苗更为完整，不但语言特征没有消失，而且语言中更少夹杂汉语词汇，这又是一个佐证。

当然，各民族间总的融合的大趋势仍在继续。

## 第四节 居住方式

东、南、西、北四个方位中，苗族以东方为最尊，因为东方是其民族发源地，是他们心中的圣地、乐土。为了使子孙们勿忘故土，在现实生活中，无论何种行为方式都会附着与东方的情感和联想。居住理念上，这种表现力自然成为最为重要的文化内容之一。

年长、有经验的报告人会告诉我，高山苗建房一定要遵守祖训，主要体现在确定房屋的方位走向上。按照古训，房屋要头东脚西（东西向），至于房屋面南还是面北并不重要。高山苗来到川南后，由于气候和地形条件，其居住理念不得不发生一定的改变，以适应生存环境的需要。总的来说，必须依地形条件而建，尽可能居住得方便和安全。选择地基时，当然还是要首先考虑尽可能地选择东向，实在不行才会放弃。因此，在峰岩和沟边村，房屋分布从表面上看，大山之中，星罗棋布，杂乱无章。但是，每座房屋的地基都是主人家精心挑选而最终确定的，糅合了各种考虑因素，都被认为是最佳的方案。传统上，枧槽高山苗习惯于单门独户，即便是分家，也要有一段距离。因此，聚居再密集（如沟边村），也是各家自成院落，相距数丈。在峰岩，一丈见方的平地奇少，各户修建房屋基本上是择地而建，不但要选择适合建盖房屋的地点，而且还要讲究“风水”和地势的高低，故而形成“鸡犬之声虽相闻，要想往来费周折”的居住格局。人们所做的一切，都是希望在心理上找到精神安慰和满足，为各自选择的居住地添上一份喜悦和神佑。

随着人丁的增加，人们主要以现有的房屋框架为依托，平整两侧的土地，不断加宽两边的耳房，增加房间数以适应添丁的需要。几家共居一处现在也比较多，一般为亲兄弟分家出现的现象。主要原因是，兄弟们平分财产后，谁也没有能力另建新房而只好共同居住在老屋里。因为另建房屋需要多年的财力积累，甚至需要几代人的努力。在中国农村，房屋往往作为重要的“基业”代代相传，修建房屋之初就已经测算好要可以用上若干代人，因此房屋的造价较高。农民普遍相信“兴三代、衰三代”的所谓辩证法，所以哪代兴盛哪代就以购地建房、置产兴业为己任。在枧槽乡，无论汉族、苗族都是这样。田野调查中发现，几乎所有的人家都居住在老房子[①]里（仅一户例外），房屋条件好坏也存在差异。经济条件好的人家，老屋不断翻新，给人一种旧貌换新颜的清新，经济条件不好的或多年无人居住的房屋给人陈旧晦冥的感觉。这里的天气阴湿，只要房屋里没有人居住，房屋很快就会朽败，房梁要经常受烟熏火烤才会结实。不经过翻新的房屋，屋顶上长满了青苔，长时间不被炊烟熏烤的木梁，显得湿漉漉的，甚至摇摇欲坠。

当地人称他们的住房为“四列三厢”（如图 7）或“三合头”或“头五间”等，除乡政府所在地，街面上居民修建现代式的砖

① 这里的老房子概念是使用时间至少在 50 年以上的房屋。

混结构楼房（一、二、三层不等）外，在农村，绝大多数的农民还是居住在这种传统的房屋里。

图 7　典型的房屋结构——四列三厢式的三合头房屋

由于高山苗相传自湖广迁徙而来，于是我查阅了有关湘西苗族历史上的房屋建筑资料。凌纯声、芮逸夫前辈在《湘西苗族调查报告》[①] 中对苗汉房屋建筑格局的考察和描述，则更为详实：

苗疆中汉人的房屋大都以土坯或砖为墙，屋顶盖瓦。苗人房屋的形式与汉式稍异。汉式普通三间式，苗屋则一间、两间、三间、四间、五间不等。富有之家，普遍多筑五间式楼房。普通的房屋也多为三间式，墙用砖或石块或土坯，屋顶盖以瓦，亦有用页岩片、杉树皮或茅草的……石片与树皮当瓦用，在他处尚罕见，为苗中特色。苗人房屋最普通的形式为三柱四架的两间式与四柱四架的三间式两种……多盖厢房。厢房如为楼房，则楼上储谷，楼下养家畜……

① 凌纯声、芮逸夫：《湘西苗族调查报告》，民族出版社，2003 年版，第 34—35 页。

图8 厢房的木板隔墙

典型的房屋结构与枧槽乡高山苗房屋格局基本相同，火塘也在侧房，只是湘西苗族的传统住房各房间均以柱分而没有隔墙，而高山苗则包括堂屋在内的每间房屋都以墙壁分隔开来（见图8)。

目前，绝大多数农户家庭居住格局依然同60年前胡庆钧先生所描述的相差不大，只是过去常见的茅草树皮顶和泥土墙绝大部分都变成了青瓦顶、砖石墙和木板墙。表明当地人民的生活确是在不断地提高，发生着变化。但是，房屋外表都较为陈旧，经济上的相对贫困仍然是其中的一个原因。另外，由于传统上认为建好的房屋是一定要传世的，所以，修建的房屋一般都结实，儿孙们继承以后，两三代之内只要稍作修缮和翻新就可以。所以，外表陈旧，还是结实耐用的别样表现。当地高山苗建造的房屋坚固程度还有一个故事：叙永县图书馆长宋先生（彝族）回忆，水潦彝族乡一陶姓苗族（枧槽罗氏表亲）虽解放前为彝族佃户，但是自家的房屋修盖得比当地的彝族和汉族还要讲究。那是座长房子，有很多房间，地基是用当地十分坚固的大青石板铺成，房屋梁柱是穿料式的，用的都是上好的木料，不用一颗钉子，门廊上的梁柱都有雕花。大青石是当地质地最为坚硬的石头，但由于雨水长期从房顶上滴落在地基上，

图9　枓拱

大青石板上竟被滴出了一个个深浅不一的槽臼，说明房子一定是建造了很久。他说，40年前幼年的他在家乡玩耍时，男孩子们弹珠子，就常以把珠子弹进那些槽臼为胜利。房屋内几乎所有的家什都是木制品，十分古朴。据说这间房子在两年前被其儿孙们拆除，在原址上另建砖瓦房。"可是，那些（房屋和部分家什）可以称得上是地方文物啊！"馆长不无惋惜地说。

图10　堂屋通向周堂的侧门

高山苗一般是分家不分居，兄弟们同居一个大屋之中。当然这与经济条件好坏大有关系，同时也与其家庭和家族观念有关。鉴于此，一般在建房的时候都必须考虑到子嗣的继承等问题，所以，房屋建造的结实且都较为宽敞。另外，一旦家中有红白喜事，几乎所有的亲戚朋友都要到来，再宽敞的房屋也显得十分拥挤。所以，出于传统观念和习俗的需要，只

图 11、12 罗氏祖屋

要经济条件允许，他们尽可能地要修建一个宽敞的房屋。目前，国家关于私人对土地的使用有一系列具体规定，不允许乱盖乱建房屋，在农村尤其如此。因此建盖房屋需要另辟土地时必须向乡镇有关部门申请，申请批准后，除了不能占用耕地建房的要求外，还要求必须按照使用的土地面积缴纳一定金额的土地使用费等等。这就从政策上和经济上限制了农户随意扩建房屋。1943年峰岩和沟边村共有 73 户苗族，1958 年的统计是 127 户，到 2004 年调查期间，两寨已经发展到 215 户人家。改革开放后，古、罗两家只有一家修了新房，大部分的房屋仍然是几十年以前的老屋。尽管多数年久失修，但使用正常。枧槽乡最古老的房子就是罗氏“宝祖”的那间老屋，已经有 200 年以上的历史，其主要的

图 13 房屋外观

石板地基、梁柱、木板墙壁等都十分完好（如图 11、12）。建房时，一般请外面的汉族工匠来建房。高山苗偶有自己的木匠和石匠。50 年前峰岩曾有一木匠罗国发，罗氏族谱记云：其手艺堪称罗氏族人一绝，四乡闻名，邻里尽知，此人已于 1987 年 82 岁时去世。人们把建房的木匠领班叫作“掌墨师”。届时，选屋址，夯实地基。这在高寒山区是头等重要的事情，关系到房屋建成后能否长久使用以及安全问题。之后即开始平整土地。从“地无三尺平”的地方辟出一块约 60—100 平方米的台地是一件艰苦的工作，高凸的地方要铲除，低凹的地方要填平。为保证房屋的结实耐用，日后不倾斜，多是人工背来石头垫成平坦的地基，并要夯实（见图 13）。然后开始竖架安置磉墩，架梁椽。上主梁时，还要举行一个仪式，叫作“祭鲁班”，这同汉族木匠的行业崇拜有关。其中，除了给梁柱挂红而外，掌墨师还要把主人家提供的糍粑甩过主梁，糍粑落在场院里，孩子们一哄而上，争抢一空，这意味主人家今后住在新房子里会衣食无忧、无病无灾。给梁柱挂红实属汉族风俗，“甩糍粑过梁”可能是本地高山苗的一个习惯[①]，因为，

**图 14　炕楼及扶梯**

① 川南、川东汉族地区也有这一习俗。散杂区民族文化的长期交流和互动，很难断言其源出于谁。其实这并不重要，关键是文化现象的存在和生命力以及各民族对其赋予的文化内涵。

图 15 堂屋内景和大门

他们每逢年过节都要打糍粑，至今也是如此。而且待客最好的食品之一也是糍粑，表面上看，糍粑是一种食物，但由于糯米是较为珍贵的米粮，平常是舍不得吃的，只有逢婚丧喜庆、过年过节才打成糍粑吃上一次。所以，要把打糍粑和苗人做大事连接起来，糍粑就有了极富特色的文化内涵，它不再是普通的食物，是节日的糕点，它象征着富裕吉祥、年年有余。

图 16 百年马桑木柱

梁柱多用本地的杉木或杂木，有说过去用马桑木，它比较粗壮、高大，也耐虫蛀，一些百年以上老屋的梁柱还是马桑木的（见图 16），而现在此树已绝迹。传说绝迹的原因就是因为马桑树长得太高、太直，棵棵马桑树都耸入云霄，人们经常攀爬马桑树到天上去摸星星，惹火了星星，它们迁怒于马桑树，于是诅咒说："马桑泡，三尺高，长大要弯腰"。果真，现在就仅剩灌木科的马桑树了，并且纤细而柔软，迎风就"弯腰"。当然，事实的真相不可能是杜撰的神话故事。从乔木科的马桑木柱子至今仍支撑着百年老屋的事实看，它的绝种，如果不是气候骤变，极有可能与人们大量砍伐有直接关系。

建房的最后一道工序就是给房屋盖顶。1943年胡先生的调查中说这里的房屋以茅草房为多，人们多用茅草和树皮作顶，拥有瓦房的是少数富裕人家，生活水平极差的人家，甚至没有自己的房屋或者仅有面积特别小的“土谷房”（现在并未完全绝迹，但一般已经不住人）[①]。

上级房屋为自有，中下级则多佃居……土谷房则全为草房，房之高度约只不过一丈……少数盖瓦，余多草，草可成山草、稻草、玉蜀黍等草，以山草为最好，三年更换一次，稻草次之，两年一换，玉蜀黍最差，一年一换……此外有用杉树皮盖房者，维持十年左右，且较瓦房保暖。

铺草顶和树皮顶的习惯随着生活的改善逐渐减少，尤其是改革开放以后。现在绝大多数的房屋都是瓦房，草房多是用作养鸡、猪和牛，且和住房保持一段距离。

盖顶后，顺梁柱在堂屋的两边用墙壁（用木板做墙体的下方，竹篾敷上石灰做墙体的上半部，传统住房在屋内的墙壁都不用砖土）隔出数间侧房，各侧房在房屋的正面一侧开窗，并镶嵌玻璃，约100厘米见方，其他三面皆不开窗。现在将卧室的山墙也开窗，主要作为采光和透气，事实上多数人家也不常开此窗，久而久之形同虚设。各房间之间很注意用门来连通，所以有的房间房门多达5个。如堂屋除了有一扇宽大的双扇正门外，其他三面皆有通向两面侧房和耳房或是厨房（有的人家将厨房设置在堂屋后面）的小门。这里的人们重视门甚于窗的房屋结构设计，从

① 胡庆钧：《叙永苗族的生活程度》，载《边政公论》，1944年，第3卷，第6期，第25—27页。

图 17 房屋远景

气候环境上分析，主要是从御寒的角度考虑，因为当地的冬天和类似冬天的日子有近半年的时间，开窗太多不利于保暖，而各房间由四通八达的门连接起来既便于通行，又便利通风。除堂屋外，其余侧房的房顶都由横搭在房梁上的水竹或木板（用木板的人家不多）铺成，为侧房的天花板，其上为作储藏室之用的阁楼，当地也叫“炕楼”（见图14）。

各家各户背对山坡，面对沟箐，房屋及小场院就是一个台地，前方一般是层层向下延伸的梯田，或直接就是一面陡坡（如图 17）。不建围墙，有的人家仅仅是出于小孩的安全，或防止家禽家畜践踏园艺才简单地用竹子或细木棍编扎成护栏，因此家家户户基本上是

图 18 周堂——炉房

开放式的，尽管解放前这里匪患极为猖獗，苗汉都有当土匪的，但苗族社会内部却绝少偷窃之事，这同他们聚族而居和家族制度有关，峰岩和沟边村的情况都是这样。这种传统的住房大同小异，基本结构是中间为堂屋，两旁侧房为厨房、卧室和周堂（炉房）（见图 18），堂屋后边有耳房，堂屋门前为一廊檐，房屋从地面到最高点的屋顶约有 6 米高左右。

各民族之间住居形式从房屋的外观上看，没有什么明显的差别，20 世纪 50 年代撰写的少数民族社会历史调查报告也这样记载："杂居区内的苗族在居住上没有什么特别之处。"①

**图 19—22　房屋局部装饰**

对此，我们的文化研究不以为然。显然，这仅仅是直观地描

① 四川省编辑组：《四川省高山苗傈僳族傣族白族满族社会历史调查》（国家民委民族问题五种丛书之一《中国少数民族社会历史调查资料丛刊》），四川省社会科学出版社，1986 年版，第 125 页。

述，而不是对一个文化现象的全面考察。任何事物及其发展过程都有两个方面以及内在和外在的不同作用因素，即表象和本质特征。我们的研究手段必须本着对事物的正确观察方法来进行，任何片面认识和单一视角都将得出错误的结论。

可以说，任何一个民族的文化都有着它发展的内在规律和外部特征，并相当程度地通过物质和精神的层面得以体现。作为生境、生计方式相似以及长期杂居相处的各民族，首先在物质文化层面上表现出某种表征的相似性，是十分正常的现象。但是，有相似的文化表现力，并不等于就必然得出一致的精神文化内涵的结果。本章田野工作的针对性就是着意在理论上阐明，各民族房屋的建筑格局除外部生境特点所规定的表现力外，必定还有着其自身文化的特定内涵，即我们常说的痕迹。这种痕迹就是在一种特有的精神文化理念指导下的特殊行为方式，并通过可以观察得到的或眼睛看得见的方式表现出来。我们对高山苗居住理念及其文化内涵的田野工作正是居于对这种理论的实证。只要仔细考察，不难发现高山苗对房屋的使用理念和生活布局，尽管有着受主流文化影响的成分，但的确同其他民族有着质的区别，特别是反映在自身以精神文化为主要内容的层面上。调查中观察到，住居理念中精神文化的表现方式是多方面的，但最重要、也是最集中地体现在对堂屋使用的理念中，它较为突出地反映了不同民族各自的文化特质。比如，当地汉族居住理念上十分重视堂屋的布局和使用。在堂屋中央必须供奉“天地国亲师”牌位和神龛，其下设供桌，两侧设为长辈的座椅，堂屋左右两边有桌椅板凳，堂屋不仅是祭奠祖先、举办婚丧仪式的场所，平日里还是人们议事、接待亲朋好友，甚至是聚餐的地方。同时，也有很多的禁忌，如传统上不允许在堂屋里嬉闹，不能对祖宗牌位不敬，任何人不能踩门槛，妇女不能坐门槛等等。可以看出这是汉族长期有着严格的宗法制度教化的结果。堂屋的使用理念就是对这种制度的物化表现，即所谓痕迹。从主流文化的居住理念分析，堂屋简直就是一个多功能厅，它融宗教、世俗事务诸多功能于一体，集祭祀、会客、议事、餐厅等作用于一身，也是说，它是一个公共场所，体现的是亲缘上的聚合力和文化表现力。而由于苗族有着与汉族不同的文化内核，也就不可能全盘接受汉族的宗法制度文化，那么体现在痕迹上自然带有自己本民族的文化特色。

高山苗的堂屋面积一般占总面积的 1/3 或 1/4（侧房多，则所占面积相应减少），空间较大，也不搭建天花板，堂屋正门平日不开（所到之处，很少有人家将堂屋的大门敞开，即便开也是一条小缝）（见图 15），人们进出堂屋多是从两旁的侧门，堂屋里主要堆放着各种农具（风车、电动切草机、石磨、背篓等），不常用的家什（梯子、凳子、方桌等），甚至粮食（大米、玉米、土豆等），杂乱无章，平常堂屋就是起到了一个储藏室的作用。堂屋面对正门的一面，当地汉族立有“天地国亲师”位和神龛，高山苗从不设置这样的牌位，个别人家在墙壁正中央钉上些钉子、搭上一块窄板子，板子上放一些小杂物，有的甚至任由年轻人贴上些明星广告画，一般人家干脆就在墙上挂些农具和家什，乍看让人费解。当问及堂屋是否有用的时候，几乎所有人的表情都是慎重的，一致认为，堂屋是很重要的。的确，在一些经济条件较好的苗寨，我们观察到，堂屋的大门制作得极为精细，有的房屋所有的门都采用了现代的制作和使用方式，而只有堂屋的门是传统格局，木质、雕花、漆制，正门并列有三副大门，均为双扇门，门是上了锁的。但是，看得出主人对这副不常用的大门倾注了较大的精力和财力，甚至情感。[①]仿佛它代表和象征着什么，

---

① 这是我们在云南省威信县扎西镇扎林办事处干沟居民小组，一位李姓苗族人家中看到的情景。

为什么屋内的混乱和屋门的"堂皇"反差如此之大？主人家自己也不能解释。他们的回答是：平时没有用途，并不等于堂屋就没有用途，而且堂屋还有非常重大的用途。这实在是一个难以说服人的推理和逻辑。

通过参加丧事、"做斋"[①]、"翻尸"[②] 等几次祭祀活动，我们对堂屋的作用开始在头脑中清晰起来。堂屋的真正作用，不是表现在日常的使用频率上，其真正的作用体现在人们的精神文化活动之中。它是一个被精神文化高度提炼而又被物质文化基本"废弃"的事物。这是破解高山苗居住理念的一个关键问题。高山苗盛行神鬼和祖先崇拜，神鬼和祖先在他们的意识形态中占据了重要的位置，作为意识形态在俗世的物化表现力形式，自然附着于一定的物体和空间。高山苗是长期迁徙的族群，意识形态的物化表现形式不可能冗杂和庞大，这种表现力必然会尽可能地物尽其用，便于携带和移动，而且恰如其分地表现出其意识形态的具体内容。高山苗的本原信仰是巫教，人鬼一定程度上是共时共存的，除非给亡灵（神鬼）举行几次祭祀后才彻底将他们"送"去祖先所在的"东方故土"，如果没有做完其中的任何一项，亡灵是不会离开的，没有送走的亡灵总是游走在墓地和他们中间，逢年过节要回来吃饭，照顾不周它们生起气来活人就会逢灾。但是神鬼和活人待在一起总是不合适的，灵魂也需要一个活动的空间，加之活人随时会给予亡灵追思和邀请，那么在人类住所的空

---

① 为汉语词汇。举办丧事活动的意思。当地汉族称从事丧事活动为做斋，高山苗语称"阿旺"。做斋一词源自佛教用语，据词汇的实际用意说，"做"即是从事的意思。"斋"有斋戒、禁忌、祭祀的含义，汉族的做斋更多带有道教乃至佛教的内容，故苗汉在具体过程中有较大差距，高山苗是沿袭下来的原初信仰，即祖先崇拜。关于做斋的具体内容，本书正文中除第一章、第七章外的各章节中均有描述和分析，尤见第五章和第六章（注：加在第一次出现"做斋"的注释）。

② "翻尸"即古俗"二次葬"。有关具体内容详见本书第六章。

间上就必然有所体现，因此，堂屋的重要意义就在于提供了这样一个实现和完成人类同神鬼沟通的专门场所，堂屋就是“灵屋”（灵魂聚集之屋）。于是堂屋就是一个意识形态在俗世的物化表现力下形式的所谓空间的最好的选择。否则，高山苗居住的地区是高寒山区，堂屋除了屋顶就不再有任何保暖的隔层（天花板），这的确不是一个完美的设计。寒冷时期，堂屋的温度和其他房间相差很大，堂屋显得寒冷而空旷，人们更被局限在两边的侧房里活动。但是，这恰好有利于灵魂们在这里自由“游荡”。

似乎这是目前对高山苗堂屋设计以及为什么在平日里利用率不高（形同储藏室）这样一个问题的阐释。

堂屋在人的一生中除祭祀外还有两个重要功能——举行结婚和生育仪式，而这恰恰又和神鬼崇拜有着密切关系。娶进来的新媳妇必须从堂屋正门进来才算本家的人，新生儿出生也要抱进堂屋，同时都要邀请巫师们设坛祭祀告慰祖先，本家又添丁加人，子孙兴旺，并请先祖记住新加入的人员（新媳妇和新生儿）的名字，将来他们去与先祖们见面时不要不接纳他们。这不乏又是一个对堂屋通灵功能的解释。

过去，高山苗都取苗名，大概在三代人之间，这一习俗已经消失。而叙永县震东乡“下方苗”都有苗名，至今仍保留有给结婚的新人取“婚名”的习俗：

结婚那天，新人们要站在堂屋中间，背对大门面对祭坛（神龛处摆上小方桌，上面放一个升子，里面装满谷子或玉米，插上点燃的香，旁边紧挨着用碗放一些饭食，旁边摆上杀死并剔除了鸡毛的鸡——一只到几只不等作为祭品，再用调羹装满菜油，搓一个捻子点上菜油灯放在这些祭品的中间即为祭坛），由请来的巫师设坛祭祖，堂屋里坐满了参加婚礼的人们，家中老人或族长或族人中有威信的人为新人取婚名，即将丈夫的苗名前面再加上一个“字”——实际上是一个音节。如丈夫的苗名叫“露”——如果他出生在兔年就叫他兔子，他的婚名就叫“阐露”，妻子的名字就叫“波阐露”，“波”就是女人、婆娘的意思。“阐”究竟是什么意思？所有的人都说不清楚，或回答根本就没有实意，经过反复询问，终于得到一个可以接受的解释，这些婚名都是先祖们取好了的，而且祖孙三代以内忌重复。似乎是一种约定俗成，不能乱取。否则，百年后回去见先祖，先祖不认识，对他们来说，那后果简直不可设想。

另外，高山苗葬礼中有一个程序也印证了这一点：在亡者棺木抬出堂屋下葬前，祭师、芦笙手和吹鼓手们，敲锣打鼓地带领大家满屋转悠——“找猪脚印”，并要施咒把它们从家里的各个角落里驱逐出去，不让它们和活人在一起，否则是不吉的。从报告人描述时的神态来看，“猪脚印”——可能是一种在祭祀结束后仍不肯离开人类的某种灵物或它们的痕迹。传统上，高山苗在祭祀活动开始时都会举行一个叫作“净屋”的仪式过程，即通过一段仪式请先祖的灵魂回家并接受后人的祭拜。由此可否推测，“找猪脚印”是否就是所谓“清场”呢？

因此，所有这些都不断证明了前面对堂屋功能的分析：堂屋是整座房屋灵魂们唯一可以进出的地方，这是活人为它们腾出的地方。据观察，川滇黔交界地区的苗族基本上都是这样的格局。而且，不论兄弟们如何分家，堂屋是必须保留的，有的人家由于居住过于拥挤，不得已将堂屋两侧隔出过道和耳房，但堂屋仍然要保留一定的空间成为他们共有的空间。有些居住条件紧张的人家，宁愿在阁楼上置床住人也不在堂屋里住人。也有说堂屋住人的，但是在我们调查的整个过程中，始终没有见到一家在堂屋长期住人的迹象。

堂屋不住人的观念由来已久，即便是修建了砖瓦房，只要在建筑格局上依旧保持传统居住方式的人家，堂屋仍然是不常用的。我在乡政府所在地的一个苗族小学教师的楼房里做客，看到这样的景象：偌大的堂屋空空如也，大门紧闭，人们从两边偏门出入，并在房屋的两侧厢房和楼上居住、活动，占底层实用面积1/3或整栋楼房居住面积1/6的堂屋，仅仅是一条连接两边侧房

图23　灶台

的通道，里面堆积了一些农具和不常用的家具。在生活中，侧房的分配和作用则十分随意，它们的功能有厨房、客厅、卧室、客房、猪圈、牛厮等等，而且隔断的方式也是依据各家生活习惯而定。有的人家将堂屋的后1/3隔断出来，搭上天花板作为卧室之一。利用率最高的房间是周堂，苗语称“所较”，意思为炉房。实际上就是饭厅兼客厅，人们日常用膳、会客、聊天、烤火、看电视的地方，一般设有三扇门，通向卧室、堂屋、厨房或其他房间。这是所有房间中采光最好的一间，有的人家把周堂的窗户开得较大，现在一些条件好的人家买来转角式矮柜放在周堂中，上面有彩色电视、VCD影碟机、录音机、茶具等等。周堂是整个

房间最温暖的地方，也是一家人和朋友邻里聚会的地方（见图18）。其他房间的陈设就更加简单，卧室除置一张双人床或单人床、木箱、长条凳等必需品外，另外的家具则可有可无。所有的床都有蚊帐，这是一种习惯。厨房较为宽大，内设水缸、碗柜或石磨（推豆花用）、桶盆家什等，所有人家的厨房都开一个小后门用来倒泼剩水、脏水之用，后门外挖出一条小沟，以便水的疏通。一般人家都有两三口大铁锅支在灶台（如图23）上，直径约80—100厘米，除了做每日两餐的饮食外，主要的作用就是煮猪食。这些多是妇女的活儿，由于猪的食量十分大，她们天不亮就起床，头一件事并不是为人煮饭而是先开始做煮猪食的准备工作，出去把 猪草割回来洗净，到堂屋里打开电动割草机，切好大堆草料后，再背到厨房里，生火煮水，把切好的猪食倒入大锅里，煮好后再拌入饲料、米糠或酒糟，盛入桶中提进猪圈，喂猪的事停当后，才开始为家人做早饭。如果家里有老人，他们可以做一些辅助性的家务事。

川滇黔交界地区是世界上最好的无烟煤产区之一，煤炭的存储量较为丰富，时常可以看到露天煤层，因此，当地人们使用最普遍的燃料就是煤炭。我们常常感慨，如此艰苦的生存环境中居然赠与了丰富的优质燃料，否则近半年的寒冬怎样度过？当地的林木也许早就被人们砍光殆尽。当然在一些煤炭资源少的地区人们还是砍柴烧火。解放前，不同的村寨、家族和民族都有属于自己的柴山，因此，不同的民族或村寨之间常常为了柴山的使用而起争执，如诉讼和械斗。解放后才逐渐平息。燃料开支是一个家庭开支中的一项重要内容，以2004年的价格，以300元/吨计，一个五口之家一年用煤8吨左右，约合2400元，过去在农村烧柴一般不用买，人们可以上山砍树枝丫杈基本上就够煮饭用了。现在不再允许乱砍滥伐，乡民只好全用煤炭。寒冷天气烤火用的燃料耗费是最大的。高寒山区气候呈垂直分布，四季气候的分布

图 24、25　**火炉**

显得混乱，据说有的时候，气候突然变化，气温骤降，夏季也烤火。因此，每家的周堂都必备一个“火炉”，苗语称“靠较”，意思为地洞（见图 24、25）。条件不好的人家，没有火炉，就在周堂中央把燃着的煤堆起来外边用水和煤渣和成泥状，敷在燃煤堆上，上方再留有一个通气孔。火炉实际上就是地灶，在周堂的中央挖出一个长、宽、高都为 100 厘米见方的坑，用砖石砌成，灶口在地面上，灶门在地下，全部用石块砌成，灶门的一边，还建有一个宽、高约 20×30 平方厘米的小窟。过去它有一个很重要的作用：解放前，当地人买盐、吃盐很困难，盐就成为家中十分宝贵的财富，由于购买的都是自贡的岩盐，岩盐的性质是一遇潮湿就溶解，如果长期放置在潮湿的环境中，久而久之就溶解了，因此必须保持它的干燥，把它放在干燥的地方，枧槽乡一带四季都是潮湿的，只有火炉周围常年都处在火烤状态下，周围的土质较为干燥，于是在灶口处辟出一块地方专门放置岩盐不失为一个绝好的方法。现在不吃岩盐了，但这个构造却保留了下来（见图 25）。灶口平时不烤火时用一块圆形、中央有小孔的生铁片盖好，便于节能。灶门用木板盖上，整个火炉与地齐平（见图 24），不影响人们的活动。平时添煤时先用铁钩将煤灰捅下去，把煤从灶头放下，压下去的煤灰自动从地下的灶门落出，估计煤渣积得多了，人们就打开木板挖出煤渣。由于是无烟煤，房屋里根本不设烟囱。人们平时也在这里烧水、烤湿衣物等。

家中数量最多的家什就是凳子，有高脚凳和低脚凳，其中高脚长条凳是最多的，这无不反映出苗人的家庭生活和社会习俗，首先是家庭活动离不开凳子，更重要的是待客。入夜，人们喜欢串门，许多人家常常是“高朋满座”，男人们喝酒聊天常常到深夜，妇女和孩子往往也参与其中。另外，年轻人、妇女、孩子也有各自的活动，这时候凳子的作用凸显。其次就是卧具，一般条件好的人家都十分注意购置卧具——床和被子，现在绝大多数人家有棉被，经济条件好的还有腈纶毛毯。据说 50 年前有棉被的人家极少，大多数人家用稗子晒干后编织成的“秧毡”，勉强御寒，盖在身上戳人，很难受。老人们说，过去穿棉布衣都很稀奇，哪里见过什么棉被？床多是 120×200 平方厘米的规格，从市场上买来，床的四角有与床身一体的木杆用以支撑蚊帐，普通人家多会安置两三张床以备待客。据说 50 年前，有床的人家也很少，尤其在贫困人家的孩子们是没有床睡的，小孩子串门到哪家就和伙伴们睡在哪家的玉米秆堆里。苗家人待客十分真诚，寄宿在主人家，儿媳妇们会给你打上洗脸洗脚水，用完后还会替你把洗脸洗脚水倒掉，为你换上干净的拖鞋，把家中最干净的被子给你用，并且还会腾出最好的床让你睡。主人家都早起，但绝不弄出声响影响客人睡眠，起床后，媳妇们又为你准备好洗脸漱口水，备好早餐，天天如此。但其中有一个禁忌——客人在主人家寄宿时不允许男女同宿，即使是多年的夫妻也不允许，必须分开住宿。他们认为，男女同宿，主人家是要遭霉运的，如果客人违反了，以后这家真的出现不好事情，严重时，主人家会要求犯忌的客人为他们挂红、赔礼，客人也会受到社会上的谴责。由于几十年来农村卫生知识的普及和受到近来城里生活方式的影响，现在农村讲究一点的人家床铺都收拾得较干净、整洁，被子很厚，褥子垫得也很软，睡在床上倒也不觉得与城里人家有太大的差别。但是个别经济状况差的人家境况仍然窘迫。

现在的照明使用电力，通电时间是1993年。[①]这是一个划时代的巨大改变，可以说是对千百年来变化缓慢的社会生活的一场革命。电给一个封闭山区带来的不仅仅是照明，它首先结束的是千百年来“朝九晚五”的作息时间表，给人们更多的时间去创造和享受生活。电带来了电视机、录音机……人们足不出户就能看见外面的大千世界，拓宽了人们的视野，带给人们改变现状的欲望；电带来了新的生产工具，比如现在普遍使用的猪草切割机、鼓风机、碾米机、磨面机……大大降低了劳动强度；电也带来了现代通讯方式——电话、手机，改变着人们的思维方式和联系方式，沟边村现在已有24部电话（包括汉族）。电带来的改变是多方面的，最根本一条就是人们的思想观念也改变了。

胡先生1943年的社会学调查曾详细地叙述了当时人们的照明方式及其消费情况，当时只能靠油灯照明：

---

① 枧槽乡的岩口电站，1987年11月动工，历时5年10个月，投入50万元，装机容量200千瓦，发电量为28千瓦。1993年9月27日，该电站第一台1×100瓦的水电机组正式发电，当时仅能提供乡政府和乡属机关用电。1993年以后，乡政府向县里提出报告，要求投入25万元架设高压线路，否则农民还是用不上电。2004年6月2日乡有关报表统计：全乡2858户，已通电1323户。据此推算，全乡尚有1435户未通电，通电率46.3%。另外，该年度全乡农村总用电量为147 390度，按全乡总人口11 000人计算，人均用电13.4度/年。

灯油有灯台油与桐油两类，灯台油之原料位灯台子，近山有此树，可拾捡子核去油坊换油。桐油则系买自汉商，价每斤（市斤，本文注）5元。上级（本文注：经济条件好的）每家一年约用油20斤，中级较节省，一年10斤即够，下级更少，约用35斤。①

然而，至今农民用电还是十分困难。从政府的角度看，资金投入严重不足，崇山峻岭，设备造价极高，许多山区由于经费的原因至今也没有架设电线输电。从老百姓的角度看，电费价格高。据调查，枧槽农户用电是0.70元/度，乡镇单位用电是0.90元/度，远远高于中国很多城市的居民用电收费标准（2005年北京居民用电0.44元/度）。一个普通的农户，有一台电视机、小型电动加工机器，加上平日十分节省的照明用电，每年大概要交纳500元到800元的电费。这对于一个人均年纯收入1100元的贫困乡来说，是一笔不小的开支，粗略计算，占到一个五口之家全年支出额的10%—15%。一些农户找出各种原因不愿意交纳电费，常常使当地的电力部门伤透脑筋。一份乡电管所有关的用电通知，就足以说明农民和乡镇有关部门在用电和供电上的矛盾：

对海鸭四社、五社的用电要求

1. 对不符合供电要求的线路，暂停供电，用户如要求供电，必须整改后才能供电。

2. 对有偷停、倒退、已坏的电表，必须更换，更换的电表必须符合要求后才能安装供电。

① 胡庆钧：《叙永苗人的生活程度》，载《边政公论》第3卷，1943年，第6期，第26页。

3. 原尾欠电费的用户，此次一律一次交清才能供电，对不交清的绝不供电。

以上三点要求，四社、五社的用户同意请签字并执行，电管所立即进行清理检查。

规槽乡电管所

2003年6月28日

目前这里的农村生活依然在温饱问题上徘徊，有一定的贫富差距，但不太大，每户人家都有房子住，有地种。对生活困难的人家，当地的评说都是由于生的孩子太多，家中强劳力少，甚至是懒惰造成的。

总之，高山苗社区的电气化水平尚处在相当低级的阶段，最根本的原因还是经济能力，目前他们除了不得不买的、主要是为了降低劳动强度和节省时间的、以小型家庭加工生产为主的农用电器产品外，基本家用电器的购置仍属奢侈。但电视拥有的比例比较高，在峰岩，不少人家拥有彩电，说明人们对精神文化生活的需求有了一个较高的标准。县里在各乡镇多配有专职的设备管理员，专门负责电视插转接收、线路的维修维护以及电视机的修理工作。

## 第五节　日常生活

“日出而作，日落而息”仍然是这里世代为农的人们总的生活方式，除外出工作和打工的人，在家里农作的人们都沿袭着这样的传统轨迹。

大概清晨六七点钟，人们醒来，穿衣洗漱。上学路远的孩子也必须在这个时候起床，因为有的孩子要花上一个多小时才能走到学校，中午不回家。上学的孩子一般没有早饭吃，有的是家长包好饭食给他们带到学校去吃，少数家长会给孩子一点零钱，让他们中午到街上买点零食充饥，贫困的孩子则什么吃的都没有，早上在家里吃过一顿饭后，在学校饿上一整天，一直要到下午放学回家后才吃第二顿饭，有时候关系好的同学们彼此也会分享一点零食。7点以后天亮，“讨”（当地汉话“割”的意思）猪草的、放牛的人们陆续出门。9点钟左右，妇女们回家煮猪食、做饭。早饭，也是第一顿正餐。一般人家的饮食是十分节俭，即使是条件好的人家也不天天吃肉，农户虽然养猪，但平时也不容易吃到新鲜的猪肉，一是吃不起，二是买不到。逢赶集日，兴许会在集市上买一些新鲜的猪肉回家待客。日常的饮食主要是米饭、玉米饭、酸菜汤。现在多数人家能够吃上白米饭，青黄不接的时候会加上一些玉米之类的粗粮，生活条件差的人家一年之中有半年要吃玉米、土豆或其他的豆类充当主粮。菜肴的品种就很少了，主要是煮酸菜汤，这是苗家最常见的一道传统菜肴。酸汤本身无盐无味，甚至没有油腥，这同过去长期生活艰苦有一定关系，现在一些人家多用肉汤做酸汤，或炖猪肉（猪骨头）酸汤，加入作料味道十分鲜美，现今已经成为苗家的一道美味佳肴。平时人们还是较为节省，常食用素酸汤。另一种传统的菜肴是“菜豆腐”，多是自制，当地几乎人人家里都有用作推豆腐的石磨，“点”豆腐时拌入切好的时鲜蔬菜，做出来的成品豆腐就变成中间夹有蔬菜的“菜豆腐”了。“菜豆腐”也是汤菜，“沾碟”食用，营养丰富又具地方特色，现在被誉为苗家的特色菜。辣椒酱，是饮食中十分重要的菜肴和调味品之一，与内地的制作方式大同小异。家家户户都离不开它。在过去盐巴奇缺的年代，辣椒酱就是储存盐巴的主要方式和炒菜的作料。对于生活困难的家庭，它直接就是下饭的菜。蔬菜的品种不甚丰富，自家菜地里种什么就吃什么，一年四季有青菜、白菜、黄瓜、豇豆、牛皮菜

（甜菜）、南瓜、土豆、茄子、四季豆、萝卜等。尽管在附近的集市上可以买到新鲜的猪肉，因购买力的原因，除逢年过节外，很少能吃到新鲜的猪肉，多数人家仍然以食用腊肉作为主要肉食来源。[①] 高山苗的腊肉制作可谓一绝，主要是烟熏腊肉，制作时将调和好的盐巴作料涂抹在肉上并不断搓揉，让调味渗透到肉里，腌制一段时间后，挂在厨房灶台上方晾着，实际上是不断被灶里的柴火熏烤，尽管外表被熏得黑糊糊的，但用刀切开后感觉会大不相同，不但会立即闻到一股清香味，而且会看到里面的肥肉呈乳白色，瘦肉如鲜肉一般绯红。其肉质酥软，肥而不腻，味道鲜美，一般月余即可食用，期年肉质不变。据说，如果是专门用当地松枝精心熏制出的烟熏腊肉，尤其是烟熏腊狗肉，可是川南腊肉中的上品。可惜的是，现在只是农户各自小范围地制作而未成为商品。

上午 9—11 点，人们吃完早饭，就开始一天的辛苦劳作。现在年轻人多外出打工，农活都留给老人和中老年的妇女们。由于都是以小家庭为单位，劳动强度很大。有些家里实在没有人种地，要么将土地承包给有能力的人家，要么就全凭靠天吃饭，很少有精力去除草、施肥。4 月到 6 月，正是田间农活较多的时候，而农田里劳作的身影稀疏。报告人说现在由于在家种田的人口劳动素质下降，庄稼明显不如从前。50 多年前一亩玉米地的收成最好可达 300 千克左右，而现在，有的旱地产量不及过去的一半或 2/3。这实在是一个令人担忧的数字。从小范围来说，不种粮食的农民只要有其他的经济来源，如打工，做手艺活，从事商业等，用收入来购买粮食似乎不会觉得生活下降，甚至还会有些许提高。但是，至少目前我国还是一个农业大国，有 13 亿人，种粮食的农民都买粮食吃了，那么整个国家的粮食从哪里来？四

① 每年自家养的猪一定要留上一部分做成腊肉，除过年食用外，主要是解决一年里肉食和油的问题。

川省可是我国重要的商品粮生产基地之一啊。在我国，粮食的种植水平下降和产量下滑已经给整个国家带来较为严重的粮食危机，这已成为国家安全问题。[①]这种情况仍在继续，当地的老百姓都有这样的危机感。就全国形势看，大量的农村剩余劳动力有必要从农业生产中脱离出来，成为工业社会的劳动力来源和补充，是社会工业化的必然。但是，如何利用和安置农村剩余劳动力是当前一个严峻话题。

傍晚五六点钟收工，放学的孩子们也回到家。于是人们忙碌着一天劳作的收尾事宜。老人或孩子们牵牛入圈，并喂上草，把鸡、鸭、鹅也赶进笼关好。晚饭结束大概在九十点钟左右，这是第二顿正餐。吃晚饭的时间也是小山寨最热闹的时候，有电视的人家围坐在电视机旁收看电视，没有电视的人家也会三三两两地邀约谈天说地，或去有电视的人家看电视节目，妇女们仍然有忙不完的家务活，猪每天至少要喂三次，勤快人家猪圈里随时会喂养三四头猪，卖猪的收入是一家主要的现金来源。

这里有一个付出与获得的循环式，从中我们可以看到农民拥

---

① 据有关数据显示，1999 年以来我国粮食产量连续 5 年下降。2004 年，则取得历史性突破，粮食总产 4695 亿千克，比 2003 年增产 388 亿千克，增长 9.0%，扭转了危机局面。因此，有专家称中国不会出现粮食危机，“只要有市场就会有粮食”。要知道，中国人均耕地面积只有 1.59 亩，是世界人均数的 43%；而且中低产田占耕地面积的 79%，有水源保证的和灌溉设施的只占 40%，许多是大于 25 度的陡坡耕地。而在此前提下，中国要养活 13 亿人。因此，我国媒体援引西方媒体对中国官方统计数字进行分析时报道说：尽管今年中国谷物丰收，粮食增产，总产量能达到 4.55 亿吨，但仍不能满足 4.93 亿吨的需求，供应缺口达 3800 万吨左右。中国的耕地面积连年减少，1996 年以来已经减少了 670 万公顷。过去 4 年来中国的粮食产量连续下降，去年的粮食产量是 4.3 亿吨，创 14 年来的最低水平，中国的粮食储备去年也降低到 20 年来的最低点（《中华工商时报》，2004 年 8 月 10 日）。因此，去年 10 月起，粮价出现六年来首见的全面上涨。就我本人在农村的感受，大量青壮年农民不再种田，粮食种植面积和耕种水平没有实质性改善，情况在五年间依旧。一年的粮食增长，短时期内很难扭转五年持续下滑的亏空，因此，不可高枕无忧。

有一点可支配的现金是多么的不容易：种植玉米→秋收后要晾干、归仓→买来小猪、饲料，将它们饲养到一年才可以出栏，辛苦一年→每家除留上一头猪作为过节而外，将猪都卖掉→除去花掉的玉米和饲料费用，还不算人工，基本上是将养猪陆陆续续花掉的钱年底再收回来。农户们戏称养猪是“零存整取”。但是不这样做，大米、土豆以及养猪的玉米等粮食作物直接拿到市场上卖更不划算。在沟边村，因为该地的土质特别适宜栽种烤烟，所以很多人家同时还栽种一定量的烤烟，逢烟叶收购价格回升时，可能换回比卖猪更多一些的现金。下面仅以峰岩和沟边村常态的一般收入的两户人家为例，说明一年当中当地苗族的收入与支出情况：

1. 沟边村古某金家

家庭人口：10人；劳动人口：4人。

收入部分：水田5亩，平均一年可生产稻米1500千克。旱地10亩，平均每年可生产玉米2500千克。另有烤烟地10亩，每年可收入约9000元人民币。2004年喂养出栏猪6头，过年自用2头，出售4头，收回2000多元，合计现金收入11 000元人民币。

支出部分：农业税人均70元到80元人民币，合计700多元人民币。鸡和鸡蛋自养自用，购仔猪6头，花费6×150元=900元人民币，所收获粮食除留够自己吃外，全部用来喂猪。一年用煤8吨左右，按市场价300元人民币/吨，年花费2400元人民币，衣服日用品花费合计1600元人民币，电费700元人民币，小学生学费人均158元人民币/年，共花费158元×2=316元人民币，中学生学费1×200元人民币/年，合计现金支出为6810元人民币。

结余：11000－6810=4190元人民币。

年人均净收入：419 元人民币。

2. 峰岩二妹家

家庭人口：5 人；劳动人口：2 人。

收入部分：水田 2 亩，平均一年可生产稻米 600 千克。旱地 5 亩，平均每年可生产玉米 2000 千克。丈夫外出打工每年可收入约 8000 元人民币。2004 年喂养出栏猪 5 头，过年自用 1 头，出售 4 头，收回人民币 3000 多元，合计现金收入 11000 元人民币。

支出部分：农业税人均 70 元到 80 元，合计 350 多元人民币，鸡和鸡蛋自养自用，购仔猪花费 5×150 元＝750 元人民币，所收获粮食除留够自己吃外，全部用来喂猪。一年用煤 8 吨左右，按市场价 300 元/吨，年花费 2400 元人民币，衣服日用品花费合计1600元，电费 700 元人民币，小学生学费人均 2×158 元人民币/年，为 316 元人民币，合计现金支出 6116 元人民币。

结余：11000－6116＝4884 元人民币。

年人均净收入：976.8 元人民币。

从数字上看，中等户似乎一年下来都会有所结余。而事实上由于许多未确定支出，诸如家中有人生病住院的“医疗费”、婚丧嫁娶送礼的“挂人亲”、[①] 赶集上街“交通费”等费用，一年到头拉拉杂杂的开销还是不少的，事实上各家一年到头并没有多少净结余，有的还出现亏空，严重影响到他们来年简单再生产的后续能力。所以，在枧槽乡，即使是一个中等收入家庭，也仅仅只能维持基本的生活所需，由此不难理解为什么几十年来，峰岩

① 当地汉语，即礼金。“挂”，就是记录，当地人参加各种婚丧寿礼活动，必须“表示”包括钱财在内的礼物，作为礼尚往来的根据，受礼方要记录下每人所送礼金的多少，作为今后还礼的依据。因此，形象地称之为“挂”。“人亲”，就是受授的人情世故，即礼。

和沟边村200多户苗族，仅有个别人家盖得起新房（如图26）。

图26　新屋与女主人

农民的生产是繁重的，但是生活的节奏是缓慢的，他们不紧不慢地计划着生活，远不是我们一时半会儿能够理解和领悟的，可以说充满着朴素的哲理性，否则沉重的生活压力是不能耐受这样久的，一年复一年、一代接一代，苦中有乐。他们按照岁时节令安排自己的农业生产，同时也在乡政府的领导下对各种作物的种植和田间护理倾注着大部分的精力，尤其是中老年的农民，他们对土地有着很深的感情，一辈子离不开土地，这与现在进城打工的年轻人形成鲜明的对比。同他们在一起聊天谈得更多的就是要怎样安排农事，牲畜喂养以及今年的收成等等。妇女们忙中偷闲，常在花前灯下穿针引线，绣着美丽的图画，打扮着自己的生活，男人们常常在家里还没有吃晚饭的时候，就走家串户和亲戚朋友喝点酒、聊聊天、计划他们那个圈子里的各种事情。

## 第六节　村寨及其人际关系

社会是一个抽象的概念，当我们对社会进行具体研究时，我们所指的那个社会实际指的是社区。社区就是一个小社会。简单地说，就是当一群人生活在一定区域里，他们构成一个生活集体，建立一系列社会关系，并且能够相对地进行各种社会活动，这样一个区域，我们叫它社区。也就是说，社区是人们的生活共同体，是聚居在一定区域里的人群生活的共同体。历史地看，传统意义上的社区一般是自然形成的，不以人的意志为目的结合起来。但是，现代社会往往按照一定的社会规划，建设一个城市或农村的居民点，这是有意识、有目的的结合，不是自然形成的。而现今农村社区可以说是这两大因素的结合，首先是自然形成，而后则是在国家统一管理和调整下又重新组合，前者强调地域上的分布特点，后者则是强调其组织形式和行政管理特征。

当地自然村寨，更多地体现出自然形成的痕迹。最早迁徙此地定居的人们主要是择地而居，哪里有田地耕种就在那里居住。逐渐形成民族间大杂居、小聚居，即苗族和汉族各自都有其主要的核心聚居点，而边缘又出现犬牙交错的居住格局。杂居在汉族村寨的高山苗家庭或杂居在高山苗村寨的汉族家庭往往在两三代后就与本寨的主要民族融合，难分彼此。由于苗族在当地是少数民族，出于认同和自我保护等原因，往往是聚家族和聚民族而居。如罗氏主要聚峰岩而居，古氏主要聚沟边而居，杨氏则主要聚居五老沟和草坝山，随着人口的增加而分出去的部分人口又逐渐形成不同规模的聚居村落。同时，稍后搬迁至枧槽乡、人口较少的其他姓氏苗族又环绕着同一民族的大家族而居。因此，各民族村寨的形成有早期自然择地而居以及后来有意识聚族而居的多种因素。形成之后的村寨之间，在经济利益和关系网络方面也有一定的界限和区别。例如，解放前，苗汉村寨自然边界的划分明显，除耕种的土地外，坟山和柴山也有十分清晰的界限。紧邻枧槽乡的后山镇张姓高山苗在20世纪初就曾立碑，清楚地记录下坟山的范围，谨防他族蚕食。历史上苗族常常抱怨汉族的巧取豪夺，汉族也抱怨苗族难讲道理。解放后，随着土地的公有化，表现在土地上的诸多矛盾纠葛消失。改革开放后实行家庭联产承包责任制，耕地承包给个体家庭，但土地的终极所有权仍属国家，其他没有承包形式的山林土地都是国家所有，加之国家基层政权的建立，乡级单位通过行政村村民委员会及其下的各个农业合作社行使层层行政管理职能，传统村寨的乡土政治、区域经济、民族文化等各种职能分离。因此，现在的自然村寨并不是彼此各种利益关系的集合。如当地汉族村寨的联系除自上而下的行政关系外，仅仅表现在人们的亲缘关系上，而不是传统社会中的地缘关系（经济联系和政治实体）。由于高山苗历史上就形成了聚家族、民族而居的居住格局，所以，家族势力和民族聚合力在其物质生活和精神生活以及对外的矛盾冲突中，依然不断显现出传统血缘和地缘的双重功能和效力。

根据学科研究特点，社区内部人际关系的互动及其功能是民族学考察传统社会的一个视角。

由于目前在农村是一家一户的劳动形式，基本的生产单位是家庭，除偶有的红白喜事外，亲朋好友、左邻右舍聚在一起的机会较少。帮工、帮忙就成为不可多得的聚集机会。由于年轻人外出打工，中老年妇女、未成年人、老年人承担了大量辛苦的田间劳作，实在太重的活计，还是采取家族邻里互助的形式。在乡土社会，这是一种公益行为，甚至在族人内部还是一种义务。如翻盖房屋，一般由主人到各家去请人，大家都积极参与，主人不付报酬，但是提供每天两顿主食，有的人家也带着孩子参加。主人会因为大家的帮忙，而感到大家对他的认同和“抬举”，有一种自豪感。同时，大家付出了劳动，他不用付报酬而只是提供食物本身就是一种获利行为，相得益彰；而参加互助劳动的人们，也有一种自豪感，首先主人家能请“我”，是看得上我，证明我在这个社区为人还不错；其次，在做完自家活计的基础上，空闲之余或尽量抽出时间来帮别人忙，一来这是个善举，可以得到主人家的感谢和社会的赞许，一举两得，何乐而不为；二来因为平日家里还是不大舍得吃过于丰盛的菜肴，于是有了一顿有酒有肉的饭吃，也是极为开心的事情。再者，平日里形单影只的劳动生活极为单调，难逢难遇一次大家有说有笑的劳动聚会，这也是一种情绪上的调剂。

同村的少年儿童都喜欢串门，如果适逢开饭，只要孩子们愿意，就会留在这家或那家吃饭，大人们对孩子们从不吝啬。周围都是亲族，所有孩子也都是自己的孩子，“大我”（家族和族群）意识观念根深蒂固。大人之间也是如此，生活条件再差的人家吃饭时来了客人也马上添双筷子。每家做的饭还是足够吃饱的，有客人来就招呼坐下，盛饭，拿来筷子，男人们还会拿出酒来喝，女人们赶快下厨忙着添些好菜。这是一种美德，是约定俗成的。即使小气的人不愿意这样慷慨，表面上也不敢违背这一传统习惯。人们之间的亲情表现得平淡而自然，常常让人感动。

现今都市，多数人已经不习惯邀请人们到自己家中做客，相识多年的朋友不一定了解彼此的背景，这背景里包括“你的”一切关系，如成长经历、家庭、亲属网、朋友网等，因为这个背景被认为不一定有利于个人的社会活动，所以人们不希望让背景“异化”自己，因而希望淡出个人的社会背景，使自己在社会活动中从容不迫，游刃有余。但事实上这是一种悖理，复杂问题的表征简单化，往往使人们的判断力出现失误，人们希望全新看待自己的主观愿望恰恰被异化。事实上，这是人们从心理上对现代社会各种关系网络日益繁杂化的背道而驰，是社会生活复杂化而人际关系表征日趋简单化的（虽然本质上是复杂化的）一种反向平衡。所以都市中的人们不希望被看透、不希望彼此过于了解，“就事论事”、“只谈工作”等成为人们交往的口头禅和“挡箭牌”，“活得简单一点”、“活得轻松一点”竟然成为一些人的人生价值取向和追求的最高企盼。回过头来，人们往往怀念乡土社会简单的人际关系和纯洁的社会品格。

那是我们虚构的“乌托邦”。乡土社会的纯洁品格，我们先搁置不论，因为事实上都市社会和乡土社会的品格大同小异，出于人类社会总的道德价值取向的一致性，比如正义、公理、平等、互爱等等，使我们没有必要在这个问题上花太多无谓的笔墨。而乡土社区的人际关系远远不像我们想象的那样简单。实际上，乡土社会的人际关系在表征上是十分复杂多变的。一种相对简单的社会却需要一种外表复杂的人际关系来维系或平衡。在那里，人们不得不彼此了解，每个个体之间的联系和关系都非常清晰，恩怨情仇历历在目，永远无法回避。因此，用都市知识体系去认知乡土社会，往往很难理解这样一个命题：一个十分“简单”的问题为什么却被“复杂化”了？例如，乡土社会人们的社会地位和身份确认，有两种标准：一种是普遍确认法，即依据个人的年纪表现出来的经验性知识来确认。所以，乡土社会的年长者受到社会的普遍尊重，年长者的经验性知识在社会里可以是一种法则，一般不能逾越。另一种是从亲属关系中表现出来的辈分沿袭确认法。根据这种确认，年纪的大小不作为一个重要的尺度，而辈分的上下排序才是主要的标准。在亲属关系中，人们过于在意对长辈的尊重，人们在年纪比自己小而辈分比自己高的“老辈子”和辈分比自己小而年纪比自己长的“小辈子”之间表现出来的态度大不相同，对“老辈子”谦恭、尊重，对“小辈子”则可以在礼节上有些许懈怠。但是，在彼此的年纪和辈分出现错位的情况下，人们总是希望找出自己才是“老辈子”的理由，而无所谓辈分是从母系还是父系计，目的是想被人尊重而不被人小视，于是产生出一个所谓称为“各喊各的”道理来，即彼此根据个人所占的辈分来称呼对方。可见，乡土礼俗的背后存在一个势利且功利的思想。例如，甲的表姐由于早年“赶姑娘”习俗而嫁回母亲的家族，即甲的家族，但不是同辈开亲，而是嫁给了甲的一个堂爷爷，甲称呼为“某姑爷”，所以甲从此称呼他的表姐为“姑婆”，表姐生了一个女儿，甲就称之为“姑妈”，实际上，甲同表姐的血缘关系从表亲为三代以内，从堂亲实则五代之外。如果按照现代观念，即都市知识体系，甲可以称呼表姐的女儿为“侄女”，因为表姐的母亲和甲的父亲是一母所生。从传统习俗，甲的改口（随表姐身份的改变而改变对她的称谓）是必须的。后来，表姐的女儿——甲的“姑妈”成年后，嫁给了邻近的另一姓氏的家族，但是由于两家族代代开亲，彼此血缘关系十分密切，这次“姑妈”偏偏是下嫁，嫁给了甲的外甥乙，按理来说，这次应该表姐的女儿改口，称甲为“舅舅”，甲称她为“外甥媳妇”才对。但是由于表姐女儿在本家族中的“姑妈”身份，使得甲仍然称呼其为“姑妈”，也顺便称外甥乙为“姑父”，乙仍然称呼甲为“舅舅”，“姑妈”仍称甲为“侄儿”，于是就“各喊各的”了。乙的儿子本来应该随父亲辈分称呼甲为“舅爷”，但是，甲在外工作几十年后回到家乡，尽管甲、乙仍然彼此“各喊各的”，但乙的长子见面后直呼甲为兄长，并让他的孩子称呼甲为“叔叔”，称甲的孩子为“哥哥”、“姐姐”，次子由于娶了甲家族的女子为妻，便随妻在甲家族中的辈分来称呼甲为“姑父”，称甲的孩子为“哥哥”、“姐姐”。甲面对这一堆乱七八糟的称呼和辈分关系，不知所措，无言以对。可见，三代以前辈分关系的转化，按照向高辈分的方向转换是暗转，到了三代以后成为明转，这种转换在乡土社会一般是被认可和默许的，因为不变的辈分关系不利于整个社区和个人利益的重新整合。辈分关系上的“弱势群体”不能永久的“弱势”下去。辈分低的人们运用各种机会以努力提高他们的辈分，并以此来提高自己在乡土社会的地位和身份。传统的辈分循环方式——父系为正朔的循环方式仿佛在不知不觉之中被异化了。所以，乡土社会确认各自的地位和身份的标准要比那种都市知识体系中确认人的身份地位的标准——经济实力或个人才能的简单划分，要更加复杂、困难和微妙得多。

再有，就是“回报”的含义。亲缘社会内部彼此的帮助更在意“你”应该根据公认的、所领有的社会地位去做相应事情，或付出相应的代价，而不是“你”自愿怎样地去做。一旦“你”的帮助被人们认为没有尽到“你”应该做的程度，是费力不讨好的，人们同样会藐视你、挖苦你，让你愧疚，因为你不能选择你想做什么，而是这个社会有一个要求你怎样去做的框架。反过来，一个地位平平的人如果尽力去做了他本不可能做或可以不做的事情，无论这件事意义大小，人们总会对他表示赞赏。例如，一个贫困的人做了一顿丰盛的晚餐宴请他的远房亲戚，因为他认为这位亲戚可能有钱，饭桌上提出在买房子上予以无偿资助，这位亲戚经年工作在外，很难接受这样的要求，之后他们之间的关系就变得冷漠许多。站在需要资助的人那一边的人们就用一种与从前不同的眼光看待这位亲戚，使这位亲戚甚感尴尬，而提出无理要求的人却得到大家的同情和体谅。

另外，社会地位高低与亲戚关系的“调整”。人们总是表示出讨厌对权贵的阿谀奉承，但是一旦会给自己和家人带来实惠的时候，这种情绪很快得到调整，并且远比在都市生活的人们来得更快和自然。对于贫穷和弱者的帮助，爱心和耐心总是交织其间，生境的恶劣需要彼此互助，然而一旦这种互助长期成为单方面的时候，人们的耐心总是有限的，人们更多地表现为对弱者在道义上的支持和对懒惰者的公开摈弃。在我看来，乡土社会人们的一般社会认知体系中对此的诠释，更多地带有“适者生存”的自然规律。于是在美德与实惠之间人们总是会做一些调整以期达到双赢。这同我们全社会提倡的“大公无私”、“帮扶弱者”的社会主义高尚思想道德有不小的距离，这就是我们常常批驳的“小农思想”。因此，在一种相对简单（我一再使用相对一词，最主要因为它仅仅是同我所熟知的现代都市社会做一个类比，仅此而已，不一定具有普同性）和人们按照传统习俗维系着彼此的乡土社会里，人们仍然乐观地面对生活，这种人际关系如同网织一般的社会，每一个人的形象都是栩栩如生的，每一个人的背后都有无数的故事被人们在茶余饭后讲述，并加以评论和总结，有些人的故事甚至在他百年以后仍旧会被提起，还不断有新的版本出现，这就是我们每每作田野调查时，常常感觉到当地人有那么多说不完的故事等着我们去记录和分析，一旦叙述者信任了你，那你的本子上就有密密麻麻的字迹了。

现代都市社会的人们关心自己在做什么、准备做什么，或者别人还没有做的自己就应该勇于先去尝试，敢于吃“螃蟹”。但是乡土社会的人们关心更多的是，别人在做什么，什么是该做的，什么是不该做的，别人做了“我”要不要观察一下再做，等等。都市社会人际关系和利益的外化表现是利己，而乡土社会则是利他。当然这两种处世原则不是绝对地界限分明，彼此也有交叉。有趣的是，两种表征的背后都存在着相悖规律，都市社会人们利己的初衷往往实现了利他的结果，达到了“人人为我、我为人人”的客观目的，而乡土社会的利他目的最终却可能导致利己的实现。因此，现代都市社会的人际关系有时候是再清楚不过的了——经济关系为基础的政治关系。于是，如果人们的关系一旦出现矛盾，或达到尖锐对立的程度，正常的处理原则是不进则退，当然，由此而出现的过激行为或犯罪行为不在本文探讨之列。一般情况下，个体生存的原则不以别人的好恶为前提。例如，谋取职位过程中的双向选择，晋级与降级，老板炒我鱿鱼之前我先“炒”老板的鱿鱼等等进退方式。个人对生活工作环境的选择有着极大的自由度。和平环境下的现代都市社会，可以通过法律规范下的各种调节机制，最大可能地保障每一个人获得平等的生存权利，并以此为前提促进社会的良性运转。而乡土社会的人际关系则更多地带有传统社会中人际关系调节作用的成分。社区内的人们不具备都市社会在处理人事关系上的弹性空间，人们不可能让人际关系上的矛盾冲突长期地紧张和尖锐下去，这将直接影响到“他”在社区中的地位，甚至收益，于是需要找到一个能够平衡的支点，这个支点就是宽容。“大我”（集体行为、社会舆论）的存在是“小我”（个体）存在的前提，“你”的存在是“我”的存在的前提，因此，一切道德伦理和行为规范都要围绕“大我”运行。所以，家庭成员之间的互动是个体存在的前提，亲族之间的互动是家庭存在的前提，亲族之间的互动是家族存在的前提。因此，在乡民间和睦融洽、互助互帮的表象之下，我们也看到一些背后的悖论：乡土社会（以及现代社会的边缘社区），由于生存环境的严峻，个体的人不能够独立克服和适应艰苦生存环境下的各种情况，甚至是几个人、几十个人也不能够，因此，就需要发展自己的亲缘群体，并实现个体和全体的最大的一致性，进而构成能够使个人得以存在的、利他型的传统社会伦理机制。

# 第三章　物质文化——传统生计与流变

苗族是一个有着悠久农耕历史的民族。其中西部苗族则更多地体现出农耕经济文化类型的亚文化特征，即山地农耕经济文化类型，今天的枧槽高山苗仍然较大程度地继承了这一传统物质文化的特性，即以种植业为主要的经济行业，栽种水稻，但以种植旱地作物为主的农耕文化。园艺业、养殖业、手工业等等都极大地依附于农业，商贸发展缓慢。加之艰苦的生存环境和恶劣的气候特点，高山苗的生产生活亟待改善和提高。

## 第一节　历史的遗存——采集和狩猎

我们已无法回到百年以前，但从老人们的回忆和20世纪50年代的少数民族社会历史调查材料中可以看出经济生活的变化远没有社会变革那样巨大。原因是多方面的，在我看来，最根本的原因有三点：第一，艰苦的生存环境客观上限制了先进生产工具的推广使用，出门就爬坡，尤其不利于农业机械化的使用。第二，农户自己没有足够的资金购置农业机器。第三，就是文化科技知识的普及与应用。

苗族历史上长期被迫迁徙达千年之久，关于迁徙的历史仍然在苗族古歌、山歌中留有痕迹：“日月向西走，河水向东流，我们的祖先哟，踏着日落的方向走，跋山涉水来西方”、“历经万般苦，迁徙来西方，寻找好生活”。长期的不稳定和外部势力的挤压，在仍然保存农耕生产特征的前提下，农业生产技术大大滞后，社会发育也十分缓慢，同这个古老民族的农耕历史极不相称。这种长期的游动性经济特点，极大地保存在西部苗族的生活中，尤其是在川滇黔交界地区、云南省的文山和红河地区的苗族聚居山区以及东南亚的苗人社会。由于川滇黔交界区域的苗族已经有了几百年的定居生活，这一游动性特征有所减弱，但是与周边的其他民族如汉族、彝族相比，其游动性生产特点还是较为浓厚。具体表现在传统经济文化类型的滞后性特征长期保留，即采集和狩猎生计方式依附于农耕生活长期存在。

罗氏谱牒记载，其先祖之一就是因为打猎才发现峰岩这个地方，举家迁徙至此的。而古氏至今仍然还保留 个与周边其他姓氏的高山苗全然不同的祭祖习俗，即用太阳鸟祭祖。古氏的祭祖方式在当地是一种极为特殊的祭祀方式，当地有关少数民族文化历史资料和地方史籍都没有记载。调查中，他们一再提出这一本家族祭祀，是一件十分重要的事情，每年祭祖后，全族男子就开始为下一次祭祖寻找鸟儿。这是一种很特别的鸟，叫“弄珞莱”（苗语，“弄”意为鸟，“珞”为量词个、只，“莱”，或转音读“蓝”，红色的意思，即红鸟），其正式学名叫“太阳鸟”。此鸟和麻雀大小差不多，长有红色的羽毛和

图 27、28　**太阳鸟**

燕子一样的尾巴，十分美丽。捕回家后等到大年三十用来祭祖。现在这种鸟在当地已经绝迹（见图 27、28）。[①]

这里的苗族男子都有着身手不凡的好枪法。据 1953 年《打匪英雄苗胞罗文才》的新闻报道，对罗氏族长的剿匪英雄事迹有这样的描述："在树坪乡追捕一个土匪，约在一千多米以外的地方罗文才就下令开枪，七个人同时跑着打，枪一响，土匪应声而倒，后来发现土匪身上有 7 个洞。"可见，没有长期的捕猎经验是不可能有这样好的身手和绝技的。在他们的生活中至今仍保存着许多与远古记忆相联系的习俗。至少在 50 年前许多地方仍实行刀耕火种，苗族称这种生产是"一刀砍了种三年"。现在一些地方已经耕种水田，但产量不高，农业生产在很大程度上依赖于自然条件，大量旱地产品还是苗族的主要口粮。原始社会存在的万物有灵观念仍然存在。年复一年要举行农业祭祀活动，如立春时节，要吹笙跳舞以祭，庄稼成熟要过"吃新节"，以求神灵保佑五谷丰登。除此之外，采集和狩猎之风很盛行，多数苗家村寨蔬菜的种植品种较少，不论男女老少，经常随季节上山采集野菜、野果、竹笋、野蜂蜜。冬季到来，苗族男子常结伴出猎，"炒包谷成泡裹于怀作干粮，人山逐兽，数日不息"。捕捉到野兽，带回村寨同族共享，苗族山歌也唱道："客人来了不要愁，倒杯涩茶把客留，等哥上山跑一趟，又有肉来又有油。"

因此，直到 20 世纪 50 年代末，这里的狩猎活动依然较为频繁，虽然后来并不是每家都要参与集体打猎，但是个别家庭仍然以狩猎、出卖狩猎产品为业。

---

① 《京华时报》（2005 年 4 月 14 日）、《厦门日报》（2005 年 3 月 22 日）的太阳鸟图片和报道。太阳鸟的身体连尾巴仅有 10 厘米左右，雄鸟的羽毛最为鲜艳，头顶和颈背为绿色，头侧为黑绿色的鱼鳞般发亮的斑纹，喉部周围羽毛呈绛红色，背部为发黑的橄榄色，腰部发黄，喙和脚都是黑色的，尾羽为绿色。母鸟颜色不如雄鸟，体型也更小，上体橄榄色，下体浅绿黄色。因为它中央的两根尾羽很像燕子，所以称之燕尾太阳鸟。

# 第二节 种“田”栽“土”

农业是根本，枧槽高山苗仍然以农耕为其主要经济行业，他们从事旱地和水田的种植。听他们谈农事，常说：今年的“土”里面“栽”了些什么，几时又该为“田”里“种”的秧苗除草了，等等，所以用他们的表述方法，就将旱地称为“土”，水田称为“田”，于是“耕田种地”在那里念成了“种田栽土”。

图 29 旱地

由于客观条件的制约，“土”的耕地面积大概比“田”的耕地面积多三倍以上，田主要用来种植水稻，仅为一季稻，这是气候条件所决定的，而且产量也低。土主要用来种植玉米、土豆、豆类等等，还有烟叶等经济作物，所以，一年四季的主粮有大米、玉米、土豆（当地称“洋芋”）、豆类（黄豆、豇豆、四季豆等等）。用他们的话说，就是“收获什么吃什么”。

这里至今在很大程度上依然是靠天吃饭，同当地汉族相比，文化水平和经济水平发展大体一致。过去，在种麻纺织的特色经济以及挑花刺绣等工艺技能方面，苗族还多了一些生产类型和生活技能。虽然彼此的生产技术和生产能力没有太大的差别，但是，高山苗的生存环境明显比当地汉族村寨的条件在总体上相比相差了许多。汉族村寨多分布在地势平坦、海拔不高、交通便利的集镇公路旁，而高山苗等少数民族村寨多数散布在地势崎岖、海拔偏高、交通不便的深山峡谷之中。

山区的农业主要分为种植业、园艺业，由于一些家庭手工业或副业还没有脱离农业，所以粗分下来，以农业为生的枧槽高山苗，主要从事着以种植业为主，兼有以园艺业、家庭手工业和其他副业生产。采集和狩猎在 20 世纪 60 年代后，由于原始森林大面积消失，已成为遗俗。

**一、传统农业基础条件**

传统农业的基础条件是土地，而土地是农人永恒不变的话题。

关于土壤的划分。处于高寒山区的枧槽乡，主要有大泥土、沙土和火石土（平时也称紫色土、白膳泥、鸭屎泥等）。这三种土质都较为贫瘠。大泥土又包括豆面土、黄泥土、红泥土等。黄泥土在沟边比较集中，赭黄色，有黏性，下雨粘脚，土质坚强，比较适合种植玉米等，其土层大概厚 1 米左右。

豆面土较黄泥土要细，土层也薄，可以种植土豆，水田中多为黄泥土，可以种植水稻，烧制砖瓦也用这种泥土。红泥土是种水稻最好的土，厚度达 1 米以上，水田也开辟在这些泥土之上。沙土（又分细沙和粗沙）也称油沙，土质肥，土层也厚，适宜种植玉米、烤烟、豇豆和其他豆类。苗族生活的地区多为这种泥土，下雨走在上面不粘脚，但是，水分不易保持，好在这里的雨量充沛，否则粮食产量会更低。这种泥土中常常有大小石块凸起，有碍行走和耕作。火石土是更差一些的土壤，一般分布在坡地，土层较薄，可种玉米、烤烟、豆类。可耕种地面积和土质要求直接制约着农业经济的基本发展前景。

不光是土地本身，还有土地的历史，当地苗族就土地问题同汉族的矛盾由来已久。传说中有不少关于他们的土地是如何被汉族土豪劣绅强占去的内容。例如，罗氏家族传说：先辈们来此定居开荒后，开垦的田土必须上报官册，并交纳田赋。由于不懂汉语，怕进城被骗，就长期托邻居汉族帮助报官和缴纳田赋，久而久之，汉族就将土地纳入自己的名下，于是，苗族就只好告到官府，县官老爷坐着轿子来察看，下轿时说："抬手、抬手"，汉族马上就明白，立即将贿赂的银子偷偷送上，苗族哪里会明白这回事，以为是需要扶一把，连忙去搀扶县老爷，于是县官老爷就把好的泥土全部判给了汉族，不好的沙土就全部判给了苗族。故事内容的真实性现已真假难辨，但是罗氏至今居住和耕种的区域绝大部分的确都在沙土地上。土地是农民的命脉，土地的争夺看来已是一个纠缠不清的话题。

图 30 **烤烟田**

俗话说，只要保持住山上树木植被，"山有多高，水有多高"。据报告人介绍，这里的山泉眼有不少，至少在50年前，峰岩的山涧里就有几股很大的泉眼，水源丰富。有的流量还很大，一直流到山底，汇成一条小河，人们还紧挨它的旁边挖掘了一眼浅井，在这里背水吃。相传，浅井旁，古树参天，在浓雾沉沉的早晨，早起的人们会看见一位身着盛装的苗族女子在背水，并款款地走过田埂，消失在密林深处……传说总是美丽的，现实却是残酷的，参天的古树和浅井在20年前消失，泉水已经枯竭，人们背水要去更远的地方。今天水仍不缺乏，只是水量大不如从前。现在，在枧槽中心地区（现在乡政府所在地）还有一条大河从中间流过，水量较为丰富。

图31 水田

从称作“峰岩”的那座峭壁上向下鸟瞰，可见三条河流交汇成一条大河的情景。尤其是在雨季，站在离河水100多米高的峰顶，你仍然听得见河水“哗哗”声响。总的情况是，涓涓的河水，四季不断，人们依靠它生生不息。不过，枧槽乡的水源很不平衡，十分缺水的地方也有。沟边村至今仍是一条小河养活着百多户人家。直到今天，人们还是“靠天”吃水。尽管“枧槽”地名的来源似乎与建槽引水有关（本书不以为然），但是，至今老百姓还是用木桶背水，或是在紧挨着河水的旁边挖掘水井（实际上不是水井，只是下游的人们为了保证能喝上相对干净的河水，在河边挖掘一口井过滤河水，以便饮用渗透过来的“干净”水，河沟里的水用于洗刷各种物品和衣物，沟边村即是如此）。据观察，除了乡政府、学校和镇上居民的房屋里有自来水（实际也是用管道直接引山上的山泉水）外，几乎所有的山村农民家庭都是自己背水喝，离泉眼近的山村农民直接用塑料水管把水接到家中。这一地区的水质含氟较高，不少人的牙齿常呈黑黄色或齿面上有白斑。

气候条件严重制约着农业的发展。总的来说，枧槽乡气候呈夏暖冬寒，气候差异性较大。方圆几十里不但是县域内温度最低的区域之一，也是县域内降水（雨、雪）极为丰富的地区，这两大方面都对传统农业产生极大的不稳定性。在当地经济发展水平较低的条件下，人们预测和抵御自然灾害的能力依旧不高。可以说，山村农民们还是靠天吃饭，生存的艰难可见一斑。关于气候状况，本书特别设计一份图表（见表 2），便于读者作一个较为直观的了解。

**表 2：枧槽乡一年气候特征分布图**

| 1月 | 2月 | 3月 | 4月 | 5月 | 6月 | 7月 | 8月 | 9月 | 10月 | 11月 | 12月 |
|---|---|---|---|---|---|---|---|---|---|---|---|
| 〉 | 〉 | 〉 | | | ≥ | ≥ | ≥ | ≥ | | | |
| ∞ | ∞ | | | | | ≌ | ≌ | ≌ | ∞ | ∞ | ∞ |
| ≈ | | | | | § | § | § | § | ≈ | ≈ | ≈ |
| 【<br>【 | 【<br>【 | 】】】 | | | | | | | | | 【<br>【 |
| ≡ | ≡ | ≡ | ≡ | ≡ | ≡ | ≡ | | | // | // | // |
| ∷ | ∷ | | | | | | | | | ∷ | ∷ |

**图示：**

1. ≫：东风（寒风）（偶有）　　2. 〉：东洋风（春冻）

3. ≌：火风（偶有）　　4. ∞：霜降

5. 【】：结冰期　　6. §：雨暴风（偶有特大）

7. ≡：一般降雨 8. //：西北风
9. ∷：降雪 10. ≈：绵绵细雨

这里冬季十分漫长，有的年份让人感觉似乎有半年都是在寒冷的冬季里度过。在气候反常的夏季，当县城里的人们还穿着短袖衣服，酷热难当的时候，而他们却可能会在太阳落山以后，就不得不围在火炉边烤火度日。当遭受火风①的年头，天气又十分炎热，那时正值水稻扬花和玉米吐絮时节，过高的气温，严重威胁着农作物的生长。有时，在夏季又会遭受东洋风（东风，寒流）的袭击，风力大的时候，可以将瓦砾掀起，牲畜来不及御寒，还会在夜里被冻死。全年之中霜期、寒冬、结冰期和降水期都较长，同时有降雪。降雪多的年份积雪可厚达 30－40 厘米，结冰期一般是从头年的 12 月到次年的 2 月，冰层也较厚。近些年来，由于全球气候变暖的原因，降雪量和结冰期大大减少和缩短，但淅淅沥沥的降雨就像把整个枧槽乡都泡在了水里，即使太阳出来也晒不干。当地人已经习惯了这种气候，外来人常常会感到不适，容易感冒。所以，每到冬季，孩子们最易患的就是肺部疾病。

鉴于这样的生态环境特点，种植业面临较大的困境。农作物的种类受到气候的限制，适宜种植的作物不多，目前主要有土豆、玉米、水稻、红薯、大小麦、高粱等等，其中个别是解放后才引种的。过去，妇女们多自家纺麻，家家都有种麻的麻田。

---

① 当地的一种自然灾害。在气候异常的夏季，无雨且天气炎热，南方刮来的一股热风，大地就像被烘烤一样，不仅人畜酷热难当，还严重影响农作物的生长。当地人称这种风为“火风”。

## 二、主要农作物的种植情况

一般的种植情况列举如下：

1. 玉米种植

在二月下旬播种，一般选种要选棒子大、颗粒大而饱满的。播种前旱地要犁过，男的挖坑，女的下种并施肥，1 亩地约需要种子 2.5 千克，株距为 50—60 厘米，若在沙土地上播种包谷，同时还要套种其他的作物，如小豆、四季豆、豇豆、黄瓜等等，以便充分利用土地。播种好玉米种子后还要在上面盖一层土，一个月后薅草分秧（每窝留 1—2 株，多余的拔去）、追肥，黄泥土每亩施肥 250—500 千克，沙土要 400—600 千克，再一个月后进行第二次薅草，并整理土地。八月中旬起开始收获。从田间收获后，剥去皮，放在家里的炕楼上或挂在屋梁上保存（见图 32、33）。

图 32、33 玉米田和玉米的晾晒、储存

2. 水稻种植

水稻为苗汉杂居地区的主要农作物之一，每当秋收，人们均注重选择穗长、颗粒大、饱满的作为谷种，水稻于清明后九天开始渗种，据说这样会让水稻经冷、早黄，约 10 余天后，用簸箕盛着放在地上，盖上谷草，每天用水喷洒 5－6 次，使其发芽，三五天后，谷芽约有半厘米长，就可以播撒到已经犁耙和施过底

图 34—36 **耕田 薅草 施肥**

肥的秧田内，播种 3 天后，放去秧田里的水，让谷种晒 2 天后又灌水，用清水将秧芽上的泥土洗去，又放去水，让谷种再晒几天，待谷秧约 3 厘米长的时候再掺水，40 天后即可进行移植了。过去一升谷子可扎 500 把秧，可以栽 4 亩田，传统株距在 20—30 厘米，熟练者一天可以插秧 2 亩。一个月后进行薅秧、扎辫子，每人可以薅秧 2 亩。一个月后进行第二次薅秧，每人可薅秧 1.5 亩，以后只要经常注意田间管理即可。到 8 月中旬前后即可收获。传统收获方法是“打把把谷”，将带穗的谷秆晒干后背回割断，捆成一把一把，一般放在晒垫上用连枷打，有的是放在板凳上打，这样的收获方式效率十分低下，两人一天最多收获半亩。据回忆，20 世纪 40 年代后用镰刀割谷、用拌桶打谷，效率提高许多，每架拌桶由两人割谷，两人打谷，一人背谷，每天可收获3亩。这种方式，至今仍在使用。[①]

据观察，现在枧槽高山苗的耕作方式至少在50年间没有太大的变化（见图34—36），只是过去多施用农家肥，现在多用化肥。肥料主要有氨肥、磷肥、钾肥、复合肥、尿素、碳铵等，也使用农家肥。全乡统计每年各种化肥的使用量都在百吨以上，有的年景最多高达400多吨。农用地膜的使用也较普遍，农用地膜消耗在8万多千克以上。为提高产量，水稻也种植杂交水稻，产量在每亩200千克左右。同时兴修水利，但这里的水利设施极为简陋，一般依地势，需要蓄水就依低地而修造水塘，要引水灌溉人们就将山上的泉水依势修建水沟，让水基本按照人的意愿流淌。因此，大大小小、长长短短的人造沟渠，纵横交错。然而，水田的数量由于水源的干涸而有所减少，这同几十年来毁林开荒有较大关系。

## 第三节　传统农业工具

农业生产的发展快慢与否，很大程度上取决于农业工具的使用和更新，这是生产力的三大要素之一。传统农业生产用具，有挖锄、铲锄、尖锄、犁（铁铧）、耙梳、铁耙、草镰、谷镰、风车、晒簟、拌桶等数十种，绝大部分由乡镇或县市的集市中买来。传统工具的使用与当地汉族地区无异，只是由于地处偏僻山区，农业工具在维修上有一定的难度，多显陈旧。

---

① 通过报告人叙述，本人实地参与观察，并参考1958年枧槽乡调查资料后归纳整理。

## 一、主要生产用具

图 37 铁犁 　　图 38 铁耙 　　图 39 背架

图 40 木桶 　　图 41 铁犁 　　图 42 量器

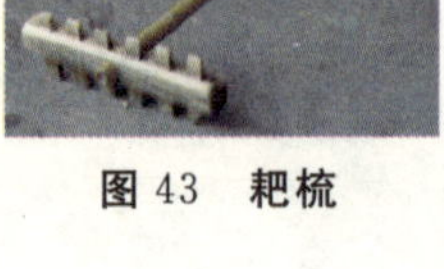

图 43 耙梳

图 44 背篓

图 45 撮箕

犁：犁有大犁和小犁之分，但构造样式相同，犁身用弯木制成。犁首装有铁质铧口。大犁铧口，每个重约4—4.5千克。小犁铧口每个重2—2.5千克。大犁（犁身和铧口）重15千克左右，小犁重12千克左右。耕旱田用大犁，耕水田用小犁（如图37、41）。

锄头：分三种。挖锄，锄柄是圆木棍，直径约3厘米左右，长约1.5米。锄首为铁质。主要用来挖犁耕不到的地头田边，或用来开荒，挖土坑等。铲锄，锄柄与挖锄柄同。锄首位铁质。主要用来锄草、铲田埂。大锄，柄亦木质，柄比挖锄柄略长5厘米左右。锄首为铁质，主要是用来掘土，刨石块，开荒地（如图49）。

镰刀：有三种，一为草镰，二为锯齿镰（俗称沙镰，呈弯月状，口上有一排锯齿），三为闹镰，主要用于割谷、割麦、割草、砍柴以及砍荒山、田坎等等。这是山区常见的小型农具，作用是多方面的，至今它的外形和作用变化不大。

拌桶：为一方形斗状的木桶，底的长宽各1.2米左右，口的长宽各1.5米左右。桶之三侧围以竹编的围席，一侧作为打谷人摔谷脱粒之用，每架拌桶6—7人操作，每天能打500—700千克左右。

耙：有铁制耙与木制耙两种。铁制耙，又名铁叉子，形如梳状，有10个左右的齿，耙身、耙齿均系铁质（如图38）。主要用作旱田碎土，便于播种。木制耙形如横非字状，两端加挡。前排有10个齿左右，人可立于其上，驱牛耙田，将泥块耙碎、耙平，混为泥浆状，便于培田坎、插秧。木耙的制作较为简单，一般农户都可以自制，挑选木质坚硬的木材即可。铁耙到集市上购买。

图 46 风车

图 47 施肥木桶、撒种竹篓

图 48 大圆筛

晒簟：竹编晒席，长 3.6 米左右，宽 2.5 米左右，用来晒谷子。

大圆筛：用竹子编制的圆形大竹盘，直径约 1.8 米左右，主要用作晒谷子或包谷（如图 48）。

图 49 锄头

箩篼：或称背篓，竹编或木质制品，形如长方形漏斗，口部长 70 厘米左右，宽 40 厘米左右，底部长 20 厘米，宽 15 厘米。每个背篓能背谷子 40—50 千克，背包谷 50 千克（如图 44）。常说的背箩，是重要的运输工具，用来背负生产生活资料，山区的货物运输少不了它，大小不等，一般在 70—100 厘米左右，大的箩篼造型上大下小，呈喇叭状。这样的造型一来便于更多地背负货物，二来不影响背者的背部向前屈伸，便于行走，喇叭口在背者的头部上方才打开，从而不至于使背者的头部和颈部不舒服。小的箩篼一般背在背上不超过颈部。大小背箩的使用不分男女，主要是根

图 50 各种农具

图 51 石磨

据背负的东西的容积来决定。山民们有惊人的承受力，往往背负的东西很重、很多，而且还要走很远的山路。图 52 中背炭妇女使用的是木桶，图 54 中的孩童背的是竹制背篓。

**图 52　背炭的妇女**

风车：木制长方形，四足，主要用来吹掉谷子或包谷、豆子等粮食中的糠皮、灰尘杂质等。一架风车每天可吹谷子 1000—1200 千克（如图 46）。

擂子：形如磨，系以竹子编成磨型的竹篼，然后将泥巴打入篼中，再将青冈木片按磨齿状打入泥中，待干后就可以用作脱谷壳的工具。

**图 53　打草鞋**

舂臼：舂把是木制的，直径约 15 厘米左右，长 2 米多。舂嘴是用青冈木制作的，也有的加以铁圈套在舂嘴上使用，臼是石制的。舂臼的主要用途是脱谷子的外壳。自从电动加工机械普及后，现在农户家中几乎不再使用舂。

连枷：是由一根长 1.3 米左右的木棍和一根短 60 厘米左右的两节竹或木棍组成，中间以麻绳或棕绳连结起来。主要用来打豆子用或作包谷脱粒。

图 54　背炭的孩子

耙梳：柄是圆木棍或竹竿，直径 4 厘米左右，长约 1－1.5 米，耙首形状如梳，每个重 2 千克左右，主要是用来培田坎，或用来疏通水田的沟渠，或用作掏牛粪肥料（如图 43）。

量器：斗、升、半升、合（同）（见图 42），10 升＝1 斗，10 合（同）＝1 升，1 合＝2 公两（100 克），1 升＝2 千克（当地换算方式，与四川其他地方的换算有一定的出入，如新中国成立前川西地区 1 升为 1.5 千克），量器的衰落比劳动工具要快，传统量器计量不准确，容易使人产生不公平的想法。新中国成立后，以称质量为主的千克秤的使用淘汰了这些古老的量器。但是我们还是从农民家中很容易地找到了齐全的量器，很久没有使用，有的底板已经腐朽，经不起搬动而垮下来。农民们说，尽管它们已经不起作为交换农产品（主要是粮食）时称量的作用，但是平时家中在称量种子，计算作

图 55　打糍粑

物产量等方面还是起到一定的作用。同时，平时人们谈论起收成的时候，计量的概念仍然是斗、升，每年粮食下种一般也会用多少土地适合用多少升种子来计算 。

图 56　蓑衣

蓑衣：在农村很实用，用棕树皮捶打后缝制而成，用时背在背上，形状如同一块扇形的棕毛垫。蓑衣有两种：一种用于雨天，起到雨衣和御寒的作用。缝制的棕树皮就像鱼鳞一般，一层盖层，较厚实，既挡雨又御寒，多从市场购得，经济实惠，雨季的山村十分寒凉，蓑衣的两种功能是现在的塑料雨衣制品还不能替代的，农民们也用塑料雨衣和雨伞，但在田里劳作时见到更多的仍是披着蓑衣的。它也不会被作物刮坏，下雨时，蓑衣一定要和斗笠和草帽并用。另一种窄蓑衣，它是一块长方形的棕毛垫，一般长为 50 米左右，宽 20 厘米或 30 厘米，主要垫放在背部，是于背重物时起到衬垫的作用，以至于农人们能背负更重的物品而不弄伤自己的身体，而且它也不像蓑衣缝制的那么松软，比较结实、厚密（见图 57）。一块棕垫要使用好些年，由于是天然的植物纤维，多年也不会老化而脆断，只会

图 57　窄蓑衣

图 58 母牛及牛犊

因过分磨损而淘汰。这些生产工具的附属物，有的是农民自己的手工杰作，但大部分人还是购买。集市上卖的也是民间手艺人打制的，不成规模，用当地人的话说就是换点盐巴钱和烟酒钱。

**二、畜力**

一般使用黄牛、水牛、骡马作畜力，而尤以牛为主。养黄牛好还是水牛好？这对于一个没有农村生活经验的人来说，是既简单又难以回答的问题。顾名思义，水田多的地方使用水牛耕田，而在旱地多的地方就用黄牛种地。什么原因呢？“水牛在坡地没有力气”，他们说。峰岩主要是旱田，所以养黄牛的人家稍多。沟边村等水田多的地方养水牛的人家多，他们爱牛如命，也很善于饲养。在山区一定规模使用农用机械还提不上议事日程的今天，许多人家还没有购买机械的实力。加之农用机械工具的使用还需要一定的技术和基本维修知识，还有就是燃料和油料

图 59 老马与小马

（主要是柴油或汽油），价既高又难于就近买到，且也不好储存，等等，这都是农家短时期里难以处理的复杂问题。所以，农民还不能全面接受现代机械动力对传统畜力的取代。另外，在传统农业社区，养牲畜还有着两个不可取代的特殊涵义：第一，牲畜的拥有量和财富的拥有量是一致的。其实牲畜就是财富的象征。所以，牛和马不仅仅是畜力，还是一个待价而沽的商品。同时，它们是农民家庭的重要组成部分（包括鸡、猪、狗、鹅、鸭等畜禽）。这是传统的、自给自足的社会基本细胞充满生机活力的象征。在山区农村，农民的观念意识还保留在传统的小农经济阶段，而这一系列小农经济元素是不可能在短期内、或者在它还有顽强生命力的今天就被毫无生命气息的机械工具取代。第二，在传统农业社会，尤其是牛，充当了极为重要的社会角色，有着一系列重要的文化功能。图腾、通灵物、祭品以及主人等级、社会地位、夸富功能等，古老的农耕民族将牛的生命和形象赋予了丰富的人文色彩。可以说，传统农耕社会中，牛与人的关系是一

图 60　**割草机**

图 61　**碾米机**

图 62　**磨面机**

个相依共存的亲密关系。

作为畜力，一般每头牛可犁地1— 2.5亩，耕地一年一季一耕，没有休耕地。耕种水田一般是使用一人一牛一耙。“大跃进”年代曾简单认为，这里的农业生产落后主要是民族压迫和生产关系阻滞的结果，只要调动起广大人民群众的生产积极性，没有不能提高的产量，因此，提倡过两牛两犁，甚至是三牛三犁。但是，几十年后，这种生产方式随着个体家庭为主的生产承包方式而改变。尤其是随着打工潮的出现，山区90%以上的青壮年都外出打工，每年春节才回家过年，田间农活绝大多数都落到老弱病残人的身上，那种花费较大力气的耕种方式也不适应。

农业工具的进步不大。高寒山区，地无三尺平，现代大型的农业机械不可能派上用场，农民也没有足够的资金购买过于昂贵的农机具。农机中购买最多的还是运输车辆，用来跑运输，并不直接用于农业生产。农户家庭使用的电动农用工具多是加工型和辅助类的（如图60、61、62）。土地的耕种还是靠人力。种植业技术的改进主要表现在农用化肥的使用和农业生产管理经验的进步上，农用地膜的使用十分普遍。直到目前，这里的农业生产方式与50年前相比，变化不大。

# 第四节　副　业

## 一、园艺业

园艺业实际上带有很大的副业色彩。大多数园艺产品都是农户自用，极少会拿到街市上去卖。交易最多的园艺产品是土豆，因为它产量多，易存储。菜地在房前屋后。这里几乎没有专业的菜农。因此，除乡镇街市上个别个体户由城里少量采购一些蔬菜和水果零售外，大多数农民都是自产自销。主要的园艺作物有青菜、茄子、葱、蒜、姜、南瓜、黄瓜、花生、芹菜、甜菜、土豆、红薯等，其中一些是新中国成立后才逐渐引种的。全乡有茶园42亩，一般农户不种茶叶，近来，由各级政府组织开展经济作物的引种工作，如苦丁茶、花椒、板栗、各种水果等，但是收效不大，主要是交通不便，使得产品成熟后销不出去。而产品的供求信息不通畅，导致不知

图63、64　**花椒**

道该往哪里销，所以副业生产收效甚微。

图 65 琵琶

## 二、家庭手工业

依附于农业的家庭手工业，主要是指简单农具、家具、编织、酿酒等工艺以及妇女的挑花、刺绣、缝制工艺，所有这些在当地都没有形成产业，主要都是农户为了满足自己的生活需要。寨子里的能工巧匠，在农闲时偶尔会制作或修理一些家庭必需的简单物品，如桌椅板凳和农用工具或帮助别人修缮房屋等，没有报酬。

中年以上的妇女几乎个个身怀绝技，她们挑花刺绣、服装制作的工艺水平是十分高超的。过去一家大小的服装都出自于苗族妇女的双手。主要是制作麻制衣服，妇女们从种麻到绩麻、纺线、织布、印染全部工序都是在家中完成，有一套完整的系统。家家户户都是自给自足，极少生产商品，尤其是民族服装的制作，如此复杂的过程完全都由每家妇女独立完成，成衣从不作为商品出售，至今也是如此。据观察，高山苗妇女 30 岁以上的几乎人人会制作苗装。当然现在同过去的制作方式已经有了很大的变化。妇女们不再种麻、绩麻、纺纱、织布，制衣工艺主要是在后期制作上。一般是买来布料，包括裙布（一般是麻织品）以及棉布、绸料、彩色丝线等，自己裁剪，挑花刺绣。制作程序被极大地简化了，以每天 8 小时计算，专门制作一套完整的民族服装最快也要用 20 天，现在 20 岁左右的女青年已经不再学习这种传统的手工艺，一是由于从小上学读书已经没有机会做针线活。二是多数人 16 岁左右就外出打工，长期不在家乡，也就没有时间学习这些手工技艺。但是她们结婚时总是要求母亲为他们置办民族服装，一套精美的民族服装成本价在 200 至 500 元人民币之间，但制作出的成衣估计要在 1000 元甚至更多，就这样的价格苗家妇女还极不情愿出手，她们感慨：做苗装十分费力，买布料要走山路到云南的威信县城，来回四五十公里，平时农活繁忙，只有省下睡眠和休息的时间来做，做好的服装留下自己太多的辛苦和汗水，实在舍不得卖出去。

枧槽乡有专职的木匠，甚至有一个专业的木匠队伍。50 年前手艺最好的人叫罗国发，现在他的儿子和罗国栋等在当地仍小有名气。但是，本村人修建房屋还是会根据各自的喜好从外面请来汉族工匠，本村的木匠则到外面找活。一般人自己只会做一些对房屋的修缮工作，而且也是在农闲时进行。他们十分在意房屋修缮，因为一座房屋修建好以后一般可以使用几十年，甚至上百年，建房时就尽量用很结实的木料，平时也多注意维护，所以房屋平时的修修补补也很重要。房子常常从外表上看很陈旧，进去后却感到房屋结实耐用，布局有条不紊，物尽其用。

这里几乎没有专职的篾匠，一些农人手巧，偶有时间也只做一些家用的竹、木器具，自己用的往往做得十分精致，少有拿到市场去卖的。多数人的农用和家用器具主要从市场上购置。

关于酿酒。俗话说“无酒不成席”，“无酒不成歌”，苗族是生性浪漫的民族，喜欢聚会，喜欢歌舞，没有酒，这个民族的文化就少了许多特色，没有酒，这个民族的性格也难以塑造。因此，传统上他们是精于酿酒的，但是酿酒的手艺并非家家户户都具备，总是由本村本寨为数不多的几个人所掌握。大多数人从他们那里购买。一些人家也偶尔酿酒，主要目的是为获取酒糟喂猪。现在自己已经不再酿酒了，需要喝酒就会去集市上买。但每家都有能装 5 千克左右的塑料桶，用于储酒。酒的用途很广，除了平时家人和朋友小酌几杯，在一些较大的活动场合也是绝对不可以少的，如丧事、做斋、祭祖、婚嫁、节日等都少不了酒，常饮的酒是散装的包谷酒，瓶装酒一般用作礼品。当地酿酒技术好的还是汉族。例如，沟边村的一户汉族就有很好的酿酒技术，除了酒可以出卖外，还将酒糟拿来养猪，一家一年要养几十头猪。

关于冶炼，苗族传统上没有自己的铁匠，铸造技术差。平时村寨中有修补铁具的人，现在也几乎不干了。铁制工具坏了一般是到集市上去修理或更换。

**图 66、67 峰岩乌骨鸡**

**三、养殖业**

关于专业养殖，峰岩有一名牌产品——峰岩乌骨鸡（见图66、67），已经有近 200 年饲养历史。据说是云南妇女带来的陪嫁。乌骨鸡其喙、脚、皮和骨都呈乌黑色，不仅生长快、产卵大，一年可长到 5 千克左右，而且鸡肉鸡骨都可入药，有滋补、除湿等作用。对乌骨鸡，各地群众都十分偏爱，每逢过节，争相购买，供不应求。据说因为饲养要求条件高，很难成活，所以此地方品牌鸡现仍处于自繁、自养、自食且少量出售的小规模生产阶段。但是叙永县年年都有不少假冒的“峰岩乌骨鸡”被大量外销，而且假冒的乌骨鸡销路还甚好。有人早在1989年就看到峰岩的乌骨鸡在报纸上做过报道。[①] 并且这个产品早在十几年前就已经被远在东北的禽类饲养员开发出来，还打响了品牌。而枧槽苗族乡却在开发利用上举步维艰，据说县级有关部门和个人曾经进行过规模饲养，都以失败告终。另外，在县年报统计数据中说，枧槽乡有上千头的肉牛养殖，但在我调查过程中看到的却是：峰岩和沟边村几乎没有规模养殖的农户，多数农户养牛是作为畜力，而且是零零星星的，平均也就一家一头。但这里的农户家家喂猪，平均4头左右，勤快和劳力充沛的人家最多可喂到7—8头左右。养猪所得收益，是他们一年中最基本的现金来源，尤其是孩子的学费。绝大部分人家种植的玉米和其他杂粮，主要是用来喂猪（自食一部分），各家各户每天一项最重要的工作就是“讨”猪草、煮猪食、喂猪。其间，妇女承担了大部分的工作，花去的劳动力不算，成本费用就很高，在生猪出售价不高的年头，农民养猪一年到头，所获无几。

---

① 《经济日报》（1989年6月13日）报道：“6月12日傍晚，红军长征路上的珍品乌骨鸡，已由辽宁省瓦房店养禽工作者谭吉善送到首都戒严部队某部，向红军的好后代表示亲切慰问。”据说，辽宁省瓦房店果品食杂公司谭吉善早在1987年就从叙永县引进了峰岩乌骨鸡种鸡，经过一年多的努力，在该市乌骨鸡场已培育出一批峰岩乌骨鸡。1989年6月12日他挑选了10只又大又肥的峰岩乌骨鸡，乘车兼程赶了1000多公里，于6月12日傍晚到达北京，立即把鸡送到戒严部队某部，以表深情挚意的慰问。见叙永县政协文史资料委员会、政协民族宗教委员会：《叙永少数民族》，颜林撰文《峰岩乌骨鸡的启示》。

## 第五节　商贸交通

我们在上文中曾谈到，本乡在历史上的出现，就是因为出现了一个供初级交换的小市场的缘故。由此可知，本乡历史上的街场有文字记载至今也有近80年的历史。纵向来看，从2002年以来，可以说，是一个恢复，但是从当时的人口发展和社会发展的横向比较来说，这个街场几乎没有什么发展（见图68）。几十年来邻乡的街场由于其便利的交通使市场得以活跃。枧槽乡是一个向高寒山区纵深进去的地方，交通上过去一直是一个死角，不便于商品流通，外面的物资向内流动缓慢，里面的产品不到万不得已也不容易流动出去，市场发育自然就失去了地域上的优势。

过去这里的交通十分困难，我个人认为气候是一个较大的原因，一年之中至少有5个月阴雨绵绵，恶劣的气候阻止人们的流

**图68　枧槽乡的主街**

动，客观上也就妨碍了低级、简单的交通工具的流行和使用，翻山越岭只能是人用自己的双手和双脚来完成，往往还要肩挑背扛。我们在寨中行走，出门前的经验就是带上一根棍子，一是可以助力，出家门就意味着必须上坡、下坡、过河，它可是一个很好的手杖，尤其是雨天行走在乡间小路上，这里的小路，很多地方小得只能一只脚撑着身体，因为，基本上没有什么路面，所谓路就是一个个凹凸不平的石头不断延续形成的。向导曾经告诉我，过去苗族的土地也有好的，后来与汉族打官司，汉族贿赂了县官，县官判定苗族的田地和居住地域只能在沙石地方，汉族在有泥土的地方，所以苗族只有待在这些土质不好的地方了。像我这样一个不谙农事的人走在这样的小路上，没有一个支撑实在是寸步难行。所谓的小路在我看来没有一条是通畅的，走一节就必须爬上或跳下，再接上另一条路，往往还要从人家的田里穿过，深一脚浅一脚。棍子的第二个作用就是打狗，农户几乎家家养犬，有的甚至是一群（主要是狗妈妈带着自己的儿女们），在你离它们的家还有 5 米左右的距离时，它们就快步跑过来，并与你保持一定的距离之后便狂吠起来，表现得异常凶猛，开始我吓得后退，向导说不能退，不然狗会像追穷寇般地追着你，它会很凶猛地对待你，认为你一定是坏人。我们用棍子拍打地面吓唬它们，然后不断逼近，向房子里面走。它们就尾随着、狂叫着，我们就把棍子放到自己的背后摇晃着，此时都是主人上前迎我们的时候，它们在呵斥声中才悻悻离去。因

**图 69 县乡公路**

此，我学的最实用的一句苗话就是："资夺！资地夺！"（汉语：不准咬或不准叫）。田野调查多数是程式化的，但也有不少类似这样的惊奇和"冒险"，不断给我的工作增添一点花絮。

看样子，从古至今最基本的交通环境和交通方式在这里几乎没有得到太大的改善。基本上还是羊肠小道、肩挑背扛。尽管已开通沙石路面的县乡公路和乡村公路，但在我们看来，交通状况仍旧较为落后（见图 69）。

在我的田野笔记里，记录了这样一段我对当地交通问题的感受：

**图 70　枧槽乡私营班车**

1983 年，枧槽开通县乡公路。据 2004 年统计，目前乡内通车里程仅有 17.8 公里。1996 年才开通从县城到枧槽的直达客车，每天有两辆车开对头车，现在的班车都是承包的。枧槽乡一位退休干部的 3 个儿子就合伙贷款买了一辆汽车，早上 9 点以后从乡上开出 2 个多小时到县城（尽管枧槽乡政府与县城的距离不到 50 公里）。如果是绵绵的雨天时间就更不可确定了，下午 2 点左右从县城开回，5 点左右回到乡政府。而县城里的两辆汽车刚好相反，一辆是早上发车，一辆是中午发车，因此，早、中、晚共有三个时间段里都有车，极大地方便了人们的生活。由于路况太差，据说兄弟们贷款购买的车子是一年左右的新车，但从表面上看如同旧的一般。由于本次车的发车时间比较符合我们的时间安排，我在县城和乡上来回奔波的时候就常坐他们的车，闲谈中也聊到关于车子的一些事情，售票的是他们三兄弟中的小兄弟，他告诉我们生意还是不错，家里都盖了瓦房，但是贷款还有一部分没有还完，每个月除了税钱、油钱以及修理费用等，他们人均还可以有 1000 多元的收入。但是始终还是让人感到纯收入应该比他说得要多一些。要知道，这样的收入在当地已经是较高的了。因为我在与乡里领导交谈时，他们曾抱怨工资太低。据说四川省的工资相对较低，科级干部在 800 元左右，而且有的乡镇还常拖欠干部和教师的工资，所以可以推知一般人的经济收入也好不到哪去。所以，尽管一路辛苦，也有一定的危险性（路况太差），但是兄弟们还是齐心协力，早出晚归，辛苦挣钱。由于是“招手即停”的性质，一路上他们的生意都很不错，停停走走，人们很有耐心，估计多数觉得很正常。因此，车上除了我在心里还计算着时间恐怕不会再有第二个人了。光是如此慢还不说，等到了县城，人也被车“摇”得差不多了，全身乏力，头昏脑涨。我真的很佩服山民们对环境的适应和忍耐程度，在七颠八晃的车上多数人对沿途风物熟视无睹，慵慵懒懒，闭目养神，一下车就精神“倍出”。但是，我却不同，首先是坐在这样的车上缺乏安全感，其次是沿途的风景绝佳，每一次乘坐都有一种全新的感受，因而我总是全程都睁着眼睛，左顾右盼、精神百倍。一下车，却疲惫不堪。这大概同本地人形成了两种截然不同的表现和心境吧。

川南的雨一下就是一个整天连着一个整天，地上全是湿漉漉的，路面泥泞，常常看到很深的车辙印，车子也常呈一定的倾斜度前进，尤其是到了急转弯处，真的担心车子会打滑，心都提到嗓子眼了。可是司机全然没有担心和害怕的意思，慢吞吞地开着车，时常还和乘客或兄弟唠唠家常。这样短的路程要用去两到三个小时的时间，真是太浪费了，这样“摇”到下午才到县城，我要找的资料还能找全吗？即使找全了我还有时间整理完吗？而其他的人几乎没有“时间就是金钱，就是生命”的概念。这也难怪，我的父亲曾经说，在解放前后的两三年里他正好上中学，从家里到县城只有小路，翻山越岭的，一早出发，中途要在一个叫作殷家沟地方的一个姑妈家住一晚上，第二天才走到县城。所以当地人觉得这样已经够快了，走路比这不知要慢多少倍呢，就知足吧。

## 第六节　传统分工引出的话题

在当地明显看出农村自然分工的痕迹。一般按照劳动量的轻重来自然划分出男女劳动的内容。基本上是“男重女轻”的分工格局，老人们做一些力所能及的工作，或辅助性的家务劳动。但是，在我做田野的阶段里，已经很难观察到完整的自然分工图景，多数的年轻人（实际上应该是50岁以下的男性青壮年和30岁以下的女性），都到城里打工去了，而且多数去得很远。比如，有去新疆收棉花的，有去广州、深圳合资企业打工的，也有去成都、昆明、贵阳乃至北京各地的餐馆、工地，从事的行业千差万别，工种形形色色。6月份正是农忙的季节，但是田间只有零零星星的农民辛勤地劳作，孩童一般做一些辅助性的劳动——放牛、割猪草、背柴、背煤、扫地等等。田间管理有一定的规律，不按照节令进行农事，农作物是种不好的。事实如此，站在田边的小路上，放眼望去，经过精耕细作的农作物显得整齐，叶子绿油油的，有的玉米已经扬花，而没有人照顾的农田，叶子呈深黄色，这样自然影响收成。报告人说，这家的男人外出打工了，家里的女人有些懒惰，孩子也小，没有人照顾庄稼，也只有如此，听天由命。我问为什么不请人来种呢？回答是，当地人手不够，同时由于种地成本太高，所以也没有外地人来租种。

农业乃是根本，这对于一个农业大国来讲是如此，对于偏隅一方的苗族社区来说也是这般。随着改革开放的深入发展，农民进城务工，10 多年来，一直成为中国城市发展、市场繁荣的一个“亮点”，枧槽乡的年轻人不可避免地受到冲击和影响。城里常将只有老人而无青壮年的家庭比喻为“空巢家庭”，这个词目前用于这里的高山苗家庭也一点不为过。过年前后，多数打工的人回家，每家都喜气洋洋，让人感受到乡土社会里那份浓浓的亲情。但这是农闲时节，即使他们在家也基本上干不了什么田间地里的活。过完年，青壮年们又打工去了，一到农忙季节，田里忙碌的还是老弱病残。大概 10 多年的光景，中国农业似乎就是依靠这些老弱病残的人来支撑着！中国农业的劳动力怎样稳定，或换句话说，在传统的种植业生产方式还未完全退出历史舞台的今天，中国农业的劳动力队伍何去何从？在我的调查中没有结论。我所了解的趋势是，由于农民自身文化素质的限制，打工的经济效益越来越低，真正劳有所获、劳有所值的打工农民越来越少。近一两年来打工对当地的经济发展影响越来越小，年纪稍长的人已经不再外出打工，甚至有的打工人员长期不回家乡的重要原因，就是一年到头打工所剩还不够买一张回家的车票，加之有的工钱还被拖欠而难以回家。当地人对外出辛苦赚钱失去了信心。没有壮劳力支撑的种植业，产量下滑是必然的，由于这方面的数据单方面从统计材料上是难以分析出来的，所以只有从老年人根据自己多年的经验，概括出一个可能是很不确切的估计：现在的庄稼长势还不如50年前。那时候玉米地每亩产量可达300公斤以上。现在亩产不会达到200公斤。如果真是这样，确实应该引起有关部门的关注。

在我看来，本地山区自然条件艰苦，而且差异很大，经济基础相对滞后，光靠单一的种植业很难发展区域经济，提高农民生活。只有因地制宜，抓住本地区原有或适合发展的优势产业与产品，培育特色农业，提高规模效益，才能在市场中实现其优势所在，获取可观的农业经济效益。

枧槽乡风景秀丽，林木葱郁，空气新鲜，奇石洞天，准旅游资源（还未开发的资源）丰富，苗族特有的蜡染、刺绣、服饰风格独特，民族工艺大有开发前景，苗族特有的居住方式和风俗习惯是取之不尽的人文旅游资源，苗家的“菜豆腐”、农家菜、高山粗粮现在对城市人来说都是不可多得的绿色生态食品，乡政府距叙永县仅50公里左右的路程，而且沿途还有不少值得驻足的地方，如本县著名的“天台山”风景区（距县城20多公里）是必经之地，旅游业是否可能成为未来经济发展的支柱产业，使旅游资源与农业基地布局相互交织，融为一体。如果把农业与旅游开发有效对接起来，农业为旅游业造景，旅游业为农业造势，大力发展旅游观光农业，创出一条民族乡农业发展特色之路。同时，走生态农业之路。生态意识的觉醒是人类文明进步的重要标志，按照生态经济学观点，农业越现代化，它与农业生态系统的依存关系越密切。尽管枧槽乡是一个山高谷深的山区，但是全乡林地59 650亩，其中人工林27 084亩，天然林32 566亩，森林覆盖率为51%，这是本地资源的一笔巨大财富，也是农业可持续发展的希望所在，在发展特色农业过程中，要把农业生产和生态环境建设有机结合起来，实现农、林、牧整体规划，协调发展，走出一条生态农业的新路子。合理利用本地资源，发掘资源优势，打出自己地方的特色品牌，而不是一窝蜂地跟着经济发达地区的后面走。人无我有，人有我优，人优我廉，是市场竞争获胜的重要法宝。另外，资金、技术、人才是制约农业发展的主要因素，要摆脱“就农业抓农业”的狭隘观念，放眼于整个经济发展的大环境，优化资源配置，实现优势互补，促进山区农业的飞跃。

## 第七节　关于土地的话语

由于地处山区，沟壑纵横，农户开垦田地只能依山势而行，山地多成梯形分布，且不规整，旱地多是斜坡状的。近年来，随着“退耕还林”政策的执行，许多过去是旱地的坡地都长出了绿草，有的地方已长出稀疏的小树苗，农民对退耕还林还是有一些不满情绪的，田地少了，但是人口在不断地增加，现在这里的绝大多数地区，事实上人均占有可耕地不足一亩，大量人外出打工也许说明了这一点，人口和土地矛盾的压力较大。

据新中国成立初期的土地调查统计，这里人均土地占有曾经达到 9.37 亩以上，一些劳动力较少的人家，一般对离家近的良田（多数是水田）进行耕种，而无力照顾太远的土地，就给它撂荒。我的报告人讲过这样一个故事：他祖父的三个兄弟都英年早逝，且无后人，于是他的父亲就继承了祖辈留下的所有财产和土地。而他本人也有三个兄弟和三个姐姐，姐姐们都在他出世的前后陆续出嫁，兄长们也在他很小的时候相继过世，也无后人。他是父母老来得子，母亲在他 4 岁的时候去世。由于从小身体羸弱，父亲一心想让他读书，不让种田，所以他从小就没有干过农活，不到 5 岁就去私塾读书了。家里只有父亲和继母。由于他们都年事已高，家里缺乏劳动力，所以大量的土地都撂荒了，加上土地多贫瘠，自然是不够吃饭了。多亏亲族之间有一条约定俗成的互助义务，农忙时节，常有亲房和表亲来无偿帮忙。同时也任由邻里耕种自己的其余土地，还好都是亲戚乡里，按照家族的规定，种了谁的地就要将收获物交与谁一半，于是父母和他就这样生活着。20世纪40年代，上高小时，父母没有钱，他就在他的表姐家一边放牛、一边读书。考人省立中学，族长出面为他凑足一个学期的学费送他上学，第二学期以后若不是因为每学期考试成绩为全年级第一而获得学校的“奖助金”（1948年，为本县苗族和彝族学生专设的奖学金）——5石谷子（1000千克），解决了学费、生活费问题，否则只有辍学。解放时他正升入高中，由于所有上学的苗族彝族学生都得到党和政府发给的全额学习生活补助，他才得以顺利地读完中学。据说解放后划阶级成分，他的父亲由于名义上拥有不少土地而被划成了富农，但的确是一个吃不饱肚子、穿不暖衣服的“富农”。后来由于反映川南苗族地区划的阶级成分过高，于是又重新划分成分，他的父亲重划后为“中农”。多次政治运动中，他也被“外调”过，邻里乡亲都一再证明他是一个“吃百家饭、穿百家衣”的穷孩子。于是，我一直思考这样一个问题：在某种前提下，有了土地就一定富有吗？看来，在现实生活中这是一个不太好回答的问题。尤其是在生产技术落后，生存环境艰苦的偏远地区，虽然人烟稀少，土地宽裕，但是人类的生存链条是如此脆弱，除了运用有限的、初级的生存技术与艰苦环境抗争外，只能仰仗大自然的恩赐。[①]

经济利益的重新分配以及农业社会对土地的占有和争夺产生的不同规模的农民运动，在中国历史上频繁出现，并往往成为改朝换代的根本动力。但是，人们在其中并没有真正领悟到土地占

① 这样的例子在我国贫瘠的地区并不鲜见。在2000年的宁夏西吉县短岔村，三面环山，举目远眺，山坡上除了农民种的庄稼外，见不到一棵树，山顶更是光秃秃。这里的土地按人头分，每人5亩，村里几乎每户人家都有四五十亩地，但是，广种薄收，好的年份每亩不过收50千克，遇到干旱，只有20多千克。另外，陕西的榆林，由于生产力落后、水土流失严重，一些地方，农民们沿用广种薄收的耕作方式，单产只有几十千克，以致出现有的行政村人均50亩耕地，仍不能满足基本生活需要的情况……这是我国生活环境艰辛地区的现实。

有和分配对人类到底意味着什么。一个简单的问题不断引发人类历史上风起云涌、此起彼伏、前仆后继的血腥斗争，而最简单的回答就是为了生存，为了生存得更好。实际上，从生物学的领地说理论来看，包括人类在内的所有动物都对领地有着天然的占有欲望，这主要是基于如下几个基本原因：住所、繁衍、稳定的食物来源、安全感。[①] 所以，在生物共同性基础上，人类对土地的占有欲望不过是比一般动物增添了更多的文化表征而已：即除上述需要外，还加上了对财富和人身的极大占有，同时，还为占有制定了许多繁琐的规定和缔约。到了人类发展的一定阶段，械斗、武力兼并、阶级、阶级斗争等等无不与对土地的占有有着极大的关系，这是阶级社会经济的和政治的全部内容。

在私有制下的传统社会，农业社区在国家的包容下，仍然会在一定范围内发生一定规模的土地占有和反占有的斗争。大到影响到国家政权的稳定，小到影响一定区域内人们对土地的重新分配和社会关系的重组。时至今日，这一现象还极大地表现在农村社会和农人之间。所以，人与土地的关系极大地透射出人与人的社会关系。从近一个世纪走过的土地革命历程来看，我们的重点就是解决农民的土地问题，变革阶级压迫、阶级剥削社会，让无地、少地的农民拥有属于自己的土地。实现社会的公平和公正。土地改革完成后，我们进入了“一大二公”的社会主义公有制阶段，把分配给农民的土地重新收归公有，中国农民成为私人不再拥有土地的农民。几十年来的事实证明，直到改革开放、实行家庭联产承包责任制之前，我们基本没有解决好土地问题。尽管当前“三农”问题得到一定程度的解决，最近“两会”的核心和重点都是“三农”问题，中央也有实质性的举措，重点包括坚持土地联产承包长期不变，取消各种农业税以及国家投入大量的资金

① 郑也夫：《阅读生物学札记》，中国青年出版社，2004年版，第104页。

扶持农业和改善农民生活，极大地减轻中国农民的负担。农村问题的核心就是土地问题，农民视土地为生命。的确，农民的生命就是土地，土地问题最终将成为中国农村社会深化改革所面临的、且必须解决的重大问题。

# 第四章　精神文化——民族艺术与节日

图 71　**苗家小姑娘**

人类精神文明成果的具体表现是文学艺术。枧槽高山苗文学艺术的表现是多方面的，它们产生于民族特有的历史发展轨迹和物质文明基础，所谓经济基础决定上层建筑。这一精神文明成果无不以抽象的或具体的表现方式反映着其社会生活的各个方面。它反映了民族特有的价值观、审美意识和民族文化心理素质，它对民族性格的凝练和塑造，族群向心力的结合，自有文化的传承和延续，乃至民族自信心、自尊心、自豪感的培养和形成，都起到了极大的作用，是民族文化内核的表现和外延。

高山苗文学艺术既有其民族文化大系统的共同特点，也有其支系内部子系统的特色。笼而统之，就其文学艺术的主要内容是民间文学、说唱艺术、音乐舞蹈和传统工艺等方面，从其特点看，由于历史上没有对应于本民族语言系统的文字系统，所以，形成了几乎所有的民间文学形式都经口耳相传，并以口授文学的形式传习下来。从其内容看，有传说（神化、历史、英雄、战争、重大事件）、纪实（生产、生活、民俗、节日、谚语）、情感抒发（情歌、苦歌、悲歌、儿歌）、信仰仪礼（祭祀、葬礼、判理）等等；从其表现方式看，主要是说唱、器乐和歌舞形式；从其工艺水平看，突出的重心是传统民族服饰文化。本章正是鉴于枧槽高山苗传统文化的这一特点和表现，侧重于分析研究其传统民族文学艺术中最有表现力和代表性的内容，意图在田野工作的基础上，对其特有的族群精神文化特质做一些理论上的梳理。

## 第一节 心灵之声

尽管我们在理论上将文学、艺术以及其他文化表现力的内容，在范畴上划分得泾渭分明，但是，在高山苗的精神文化生活中，我们尤其不能将作为民族文化表现力的民间文学、说唱艺术彼此截然分开。因为，民间文学通常都是经过说唱艺术形式或者乐曲烘托的方式一并表现出来。在民间，缺乏歌唱的民间音乐和舞蹈是干瘪、乏味的，而缺乏音乐的民间文学是没有灵魂和感召力的。这同都市的人们在舞剧院观看芭蕾舞（只有音乐，没有人的声音的舞蹈）、在音乐厅欣赏交响乐、轻音乐等（只有音乐，没有人的声音更没有舞蹈的音乐）是完全不同的概念，也不同于经过艺术加工后的少数民族歌舞形式，它虽然源于生活却已经高于生活。这是纯粹的艺术和实用的、民间的艺术的区别。关于艺术内容、发展过程和各种艺术的研究等一系列问题，是艺术各学科本身、民族音乐学和艺术人类学的研究话语。但就民族学学科领域对民间文学和音乐艺术的研究考察来说，我们的着力点主要是投入在它们对乡土社会的实用性功能和功能的价值上以及文学和艺术的族群化特征及其具体形式，而不仅仅是从文学和艺术本身的欣赏价值以及发展规律和水平上去研究，也就是说我们研究考察的是民族性的文学艺术的民族学价值。

我们说，高山苗借以文学艺术的表现力，将自己的民族性格、文化特色以及内心的情感世界统统表达了出来。这种文学艺术就是一曲曲心灵之声，使哀怒与喜乐、幻想与现实交织其间。

## 一、说唱艺术

苗族的说唱艺术十分发达。

苗语属于汉藏语系苗瑶语族苗语支，其下又分为三大方言区，即湘西（东部）、黔东南（中部）、川滇黔（西部）方言区，其下又分为七个次方言和十八种土语。叙永县的苗族语言属于西部（川滇黔）方言区，是西部方言第一土语毕节县大南山标准音点语言，有八个声调。其下又可以分为五个土话区（分水、大树、两河、合乐、摩尼、金尼安鸡屯、小洞、兴隆），彼此的语言差异主要体现在声母、韵母、声调上的差别，有一定的语音对应规律。枧槽高山苗的语言属于其下的分水、大树、两河土话区。苗族语言体系庞大，词汇丰富，因此，苗语言创造的文学艺术内容十分丰富。至今，作为充满生机活力、对民族文化发生显性作用的民间文学及其说唱艺术，在民族散杂区依然散发着姹紫嫣红、争奇斗艳的艺术魅力。

用“会说话就会唱歌”来形容高山苗人在生活中对艺术的一种领悟和需求一点也不为过。但是，尽管包含了情绪上的即兴而歌，他们也不仅仅是为歌而唱。因为歌唱的目的在于表达思想感情。由于历史上本民族没有文字，民族历史文化知识都是口传身授，文学创作实际上就是一个口头说唱的艺术形式，并且通过世代传唱的方式流传下来，因此，高山苗人的说唱艺术的作用有着多重的内容和性质。

第一，情感表达的群众性、娱乐性。每逢节庆、民俗活动，往往成为民族文化艺术的展演时期，各民族尽享将各自最杰出的艺术形式呈现出来，尽情抒发内心的思想和情怀，高山苗即是如此。作为情感的表达题材最丰富的要算情歌，苗语称为“佐”。情歌的内容十分丰富，大多是男女青年的爱情故事，有表达幸福喜悦心情的，也有情感受挫失恋痛苦的，也有受到父母和社会舆论的阻挠干涉而无可奈何的。情歌从种类上分为两种：一种是即兴式的，即恋爱的男女双方在即时场合下的即兴发挥，一般采取对唱的形式，歌词随意，借以表达此情此景的心境；一种是记忆性的，或者称为故事题材的，即尽管是情歌，但已经作为故事和叙事长诗被记忆下来并为大家传唱，这类情歌多为民间文学的题材，用文字记录下来成为文字文学，例如，《逃婚调》、《离婚调》、《苦情歌》、《单身调》等等，因此，记忆性情歌有较大的文学和艺术价值，是本民族文学艺术作品的精华。例如：长达数千行的《彩嫩格与刀刷力当》就是在当地广为传唱、较有代表性的爱情长诗（节选如下，全文见本书附录一）：

刀刷力当（男子名）：

你长得像苦竹美，
果熟果皮会离分。
媒人到你家说亲，
你爹为何不答应。

彩嫩格（女子名）：

我生来就有好名声，
但愿你我成双成对。
我像盛开的花桃树，
但愿你我能成眷属。
……

《逃婚调》（节选如下，全文见本书附录一）：

农幺：

你住在爹娘金屋里，
我无时不在想念你，
你住爹娘的银屋里，
不想我会到你家里。

打开爹娘的金子门，
我俩本想把情话叙，
可惜情话还没说完，
红公鸡已在叫黎明。
……

莱彩：

土地好来山坡也好，
情侣相好要心连心，
土地好来山窝也好，
情侣相好要情意长。
……

我们的路长又长，
留着能迎到月亮，
放着能等到太阳，
我们道路曲折弯，
有情人儿不成双。
……

首首情歌，文词优美，往往通过形象的比喻揭示出内心的复杂感情，多用一问一答的形式，正所谓倾诉衷肠。

第二，历史回忆、生活知识和教育传承性。苗语总的称为“欧”（nguox），汉语意为“歌、唱歌”。其下又有具体的分类：以讲故事为主的，在说唱结合的过程中偏重于“说”，苗语称作“首”（shuob），例如，神话、传说的说唱。而讲述叙事长诗的，苗语作“海斗啷”（ duof dlangb）。唱词使用的语言中苗语古语词汇较多，有些古词如果不是经过专人（民间歌手和祭祀师）的介绍和解释，一般人根本就听不懂。此类题材反映的是本民族历史传统和先民的社会生活以及代际之间传授的生活知识、做人道理。例如，至今还广泛流传在民间的《苗族迁徙歌》、《黄（洪）水滔天歌》、《古老话》、《发亲歌》、《送亲歌》、《教亲歌》、《新娘洗脚歌》、《婚姻变革歌》（《男人出嫁歌》）、《祭祀词》、《丧歌》、《酒歌》、《苦歌》、谚语、谜语、儿歌等，寓教于乐，起到民族文化的教育传承和民间知识传授的作用。这是个复杂体，从艺术表现形式看，都是说唱艺术，但是从内容来看，它们就像一个民族文化知识体系在代际之间传递的传承包，包罗万象。

第三，民俗活动的参与性。高山苗说唱艺术最主要的现实作用还在于它对民俗活动的参与功能，而且这种参与功能是不可取代的，大凡所有民族内部重大的社会活动，例如，祭奠、议事、婚丧礼俗、断理等等，说事的时候都是边说边唱、亦说亦唱的，这种表达被认为是最正式、最严肃，也是最有效的方式。例如，婚姻的缔结。苗族青年自由恋爱后，到了谈婚论嫁的阶段，就要告知父母，尤其是男方的父母，一旦有意这门婚事，首先就要请媒人说媒，男方媒人们的议婚活动，自始至终都是以说唱艺术形式的“谈婚”来贯穿并发挥作用的。苗族民间文学的各种书籍都收录了这些丰富的作品。

《议婚词》（节选），男方家媒人们和女方家内媒人们在议婚时的对话：

男方家媒人们：

慢慢讲给两位“自福爷”[①]听，
……
我们经过了多少绕莽（彝族村寨），
我们经过了多少绕刷（汉族村寨），
……
慢慢说给两位“自福爷”闻，
我们几天守着要花戴，
十天守着要根婚杖[②]拿，
我们要得花戴我们才回转，
我们要得婚杖我们才分别。
多有劳两位大贵人，
我们要得花戴我们才回转，
我们要得手杖我们才分别。

① 自：男人；福爷：是对当地汉语的借词，是客人对主人的尊称。
② 一根竹棍，传统上西部苗族订婚、离婚都以刻竹为约。

女方家内媒人们：

说断给两个“易宾公”[①]听，
说断给两个“易宾公”瞧，
我走到灶门口给两位父母商量一句，
我转来到堂屋门口和父母们商量了一阵，
同母亲商量了一下，母亲在灶房里怄气，
同父亲商量了一阵，父亲在床后面怄气，
我们两个贵人把嘴都说干，
还是不起作用。
手也经不起，
你们这笔亲事，
收你们的彩礼，
你们回你们的吧。
……
找着婚杖有礼节，
找着婚杖有礼规，
摆张桌子在家中，
桌子摆在堂屋中，
把凳子抬给媒人和叔爷伯侄坐，
桌上摆了一对鸡，
桌上放了香腊肉，
要祭家中老祖宗。
……

① 易，苗语对男子的尊称，通汉语的“爷”，宾公是对当地汉语的借词，意思为尊贵的客人。

再比如，祭祀仪式中不同含义的“芦笙调”之一《指路歌》（节选）：

这次你呀，
大人说你死了，
小孩也说你死了。
你是真死，还是假死啊？
如果是假死，
我要放开公鸡来叫你，
快快醒过来。
如果是真死，
就要转过身来面朝鬼，
你要侧着耳朵听。
……
这次你呀，
我送你去，
到了你祖先那里，
你要安安心心，
跟在你祖先后面。
我要来世间，
手持竹卦指你的路。
……

枧槽高山苗的词调，诗行较短、语言干练，用苗语说唱起来韵律突出、琅琅上口，有的民间歌手即兴而起的时候，首首相接，源源不断。据说，最多的会“背”得千首唱词，用他们的话就是——“三天三夜也唱不完”。除祭祀、丧葬仪式必须用本民族语言说唱外，其他的歌曲他们大都分为两部分："欧"和"欧刷"，即苗歌和汉族山歌，由于文化的相互影响，高山苗的汉语山歌内容也十分丰富，有的歌手竟能传唱《三国志》、《杨家将》等著名历史故事。

由于汉化的结果，高山苗文学说唱艺术"欧"类中的山歌和风俗歌会唱的人已经越来越少，但是人们喜欢听本民族的古歌、山歌的兴趣不减，在民间仍然活跃着歌手的身影。枧槽高山苗在丧葬仪式、做斋上的"唱、念、做、打"内容和形式保留得十分完整。[①]相比之下，叙永的另一支系——"蒙朵"由于在他们的语言中汉语借词相对较少，日常生活用语基本不掺杂汉语，所以他们的苗语山歌、古歌、情歌都保留较好。我们做田野调查时曾参加过他们的聚会，他们习惯围坐在火塘边，一首接一首地唱，参与的人很多，从牙牙学语的小孩到耄耋的老人，将整个周堂挤得水泄不通，通宵达旦。苗青主编的《西部民间文学作品选》[②]中以文字文学的形式较为完整地收录了西部苗族主要的历史、战争、迁徙史、风俗、生产生活、情歌、山歌、丧葬、婚礼、宗教祭祀和巫术等民间文学作品。作品中的歌谣、长诗在生活中仍是鲜活的。苗族人喜欢歌唱，并成为日常生活中不可或缺的一个重要部分，他们甚至通过各种方式，从很远的地方找来苗语歌带和影碟争相传看，因此，云南文山壮族苗族自治州文化单位制作的苗语歌舞剧、苗语电视电影译制片以及老挝苗语歌碟电影等艺术作品在当地很受欢迎。

---

① 借用京剧中表达基本功的专有名词来形容高山苗的文学说唱艺术。所谓"唱"，就是内外总管、祭师等的祭祀词，"念"，祭师口中的念念有词，"做"，即芦笙手和群众性的舞蹈，"打"，即祭师的打卦，鼓手的鼓乐。

② 苗青：《西部民间文学作品选》，贵州民族出版社，2003 年版。本文的《议婚词》和《指路歌》的编译也参考了他们书中收集的同类题材。

作为重要精神文化表现形式的民间文学艺术，通过在社会全体成员中的群体性传承，对整个民族文化的塑造和民族特有性格的历练，起到重要的作用。甚至可以这样说，基于本民族语言之上的民间文学及其说唱形式的存在，是民族内部传统文化最终得以继承的重要基础和最终决定因素。因为，尤其对于没有文字的民族，其民间文学往往涵盖了该民族宇宙观、心理素质、认同意识、语言、认知体系等民族精神文明的绝大部分内容。

## 二、传统音乐

主要是民族器乐。苗族传统乐器不多，但是对精神文化的作用却十分突出。无歌不成调，无曲不成歌，尤其是对于一个以歌舞见长的民族，没有了音乐等于这个民族没有了灵魂。

芦笙，西部苗语称“更”，是苗族传统的簧管乐器，流行于贵州、四川、云南、湖南、广西等广大苗族地区。相传芦笙已有3000多年的历史，远在唐代，宫廷就有了芦笙的演奏，当时芦笙被称为“瓢笙”。宋代以来多有文献记载，如陆游在《老学庵笔记》中描述了当时辰州、靖州（今湖南沅陵、靖州）的少数民族在农闲时多至一二百人，手拥握而歌，数人吹笙至前导之的歌舞场面。清人陆次云在《峒溪纤志》一书中，对芦笙的形制和苗族男女“跳月”时演奏芦笙的情景做了具体的描绘：“（男）执芦笙。笙六管，作二尺……笙节参差，吹且歌，手则翔矣，足则扬矣，睐转肢回，旋神荡矣。初则欲接还离，少且酣飞扬舞，交驰迅速逐矣。”苗族文化经历了历史上从中原经黄河、洞庭湖、长江流域的不断迁徙，直至进入西南山区发展的漫长过程，芦笙就是在这样一个漫长的历史过程中逐渐衍化成为一种民族文化的浓缩体。

现在的芦笙分大、中、小等多种类型，由笙斗、笙管、簧片和共鸣管构成。笙斗又称气箱 ，多用杉木、松木或梧桐木制作，

图 72　芦笙独奏

以杉木最佳，纹理顺直、质地松软、少疤结，外观呈纺锤形，细端再接一根竹管为吹口。制作时，将整块毛坯料从中破为两半，分别挖掏出内膛，待装入笙管后再用胶粘合，外部用细篾箍圈而成。笙斗呈淡黄色，外部涂饰桐油，木纹清晰，外表美观；在笙斗中，呈 75°—90°纵向插入两排笙管，常用的芦笙管有 6 根，也有四管或八管，每管入斗处装有一个呈长方形、梯形、菱形或三角形的铜制簧片，尺寸依音高而定。簧料下好后，划出簧舌轮廓线，用小凿子凿透，锉削掉毛刺，放入炉火中加热，待到微红时，用钳子将簧框略微夹拢一些，使舌与框之间缝隙缩小，然后放入水中淬火定型，这种经过“火炙”的簧片，吹奏时省力。簧片也可用黄铜制作，但不及响铜制的发音脆亮。每管近斗处开有一个圆形按音孔，笙管上端管口通透，下端管口堵塞不通。每簧一音。音域可达两个八度又五度。在每两三根笙管上端合套竹管作为共鸣管。小芦笙的管长十几公分，大芦笙长四五米不等。低音芦笙类中，有在大竹筒内装一细竹管，称为“芦笙筒”。笙管多用白竹制作，白竹的竹径细、竹节长、粗细匀、竹壁薄。制作笙管的良材，要选生长 3 年以上、冬至到立春前砍伐的为佳，这时的竹管竹质坚韧、表面光亮、不易虫蛀。各种音高不同的苗族

6 管芦笙，笙管的高度也不尽相同，最高音笙（民间称五滴水）高 7.2—14.5 厘米（不包括笙脚，下同），高音笙（四滴水）高 14.5—30 厘米，中音笙（三滴水）高 30—58 厘米，低音笙（二滴水）高 58—105 厘米，倍低音笙（一滴水）高 105—210 厘米。以 c、c1、c2 三音为例，笙管高度分别为 97 厘米、49 厘米、25 厘米，加上笙脚后为 128 厘米、60 厘米、34 厘米，余者类推。芦笙音色明亮浑厚。[①] 川滇黔一带的苗族地区大芦笙比较少见，枧槽地区使用的芦笙以中音笙为主。演奏时，笙管竖置，双手捧持笙斗下部，拇指、食指、中指分别按左右两排笙管音孔，嘴含吹口，吹吸均可发音，站、坐、走、跳均可吹奏，形式活泼多样。芦笙演奏技巧，多用单吐法吹奏，常以腹部震动和口形变化相结合奏出气震音，可用于独奏、对奏、合奏或伴奏，独奏者常边奏边舞，既活泼又生动（见图 73）。[②]

图 73　芦笙欢歌

在苗族地区的社会生活中，芦笙的身份非常特殊，它是一种多功能的文化复合体。和苗族人民的生活息息相关，它是神圣的，是民族文化的集中体现和象征。在苗族人民的观念中，芦笙是一件神

① 关于芦笙的构造和制作过程等准确表述，本书参考中国少数民族艺术辞典编撰委员会编：《中国少数民族艺术辞典》，民族出版社，1998 年版，第 293—294 页。

② 叙永县图书馆宋永强同志提供。

器，在祭祀活动中，角色不仅是乐器，还是“通灵功能”的法器。葬俗中的整个过程，即穿衣、入棺、接鼓、吊鼓、献祭、交牲、送葬至收场以及接魂、安位、招灵、献祭、献牲至送灵等程序，无不有特定内容的芦笙语，并以鼓配合演奏，所以无论是发丧送灵，还是驱鬼祭祖，芦笙吹奏的是一种朴素而明确的“芦笙词语”，不是我们一般人所能听懂的神秘符咒话语。

芦笙具有巫师和寨老的双重身份，不仅“通灵”，而且“通人”，把某种具有神秘色彩的意念行为（祭），演化为直白的教化活动。所以说它是拟人化了的“神器”。作乐以通神，在很多地区的民俗活动中均有所见。而以芦笙为媒介，让生者与亡灵直接对话的祭祀，这在我国各民族祭祀文化中都较为独特；在传统教育中，它是件具有语义性的教化工具，是具有某种记事含义的文化物。在文化生活中，它则是一件不可或缺的乐器，由此芦笙在苗族社会中逐渐演化成为一种内涵极为丰富、外延不断扩张的、具有特殊身份和多种功能的文化物，这种历史赋予它的特殊身份和多种功能，广泛作用于苗族社会生活的各个领域。芦笙的音调与其所表达的语言内容融为一体，是一部口传心授以艺术形式表现出来的苗族社会的“百科全书”。

芦笙在苗族社会中的重要文化功能在枧槽一带的川南苗族中也表现得十分突出。但是在枧槽乡，芦笙多用于葬礼而唯独不能用于婚礼，这同周围的其他支系的苗族有明显区别，这一习俗反而更加说明芦笙的神圣性，即娱神鬼的作用。通过分析，本书认为这里的习俗比其他地区更古老，它提供了一个芦笙从神坛走向民俗的阶段和演化过程。

每一个苗族男孩子长到能接受芦笙知识的阶段，就要接受一切芦笙文化的东西，一是从小的耳濡目染，再就是家长和大人们有意识的灌输，一个四肢健全的男孩子不会芦笙的吹奏和谙熟芦笙的知识，是会被人耻笑的。通过学芦笙、背记芦笙词，获取知识和做人的道理。每首芦笙词，都有明确而稳定的曲调，内容极为广泛，包括历史传说、生产知识、社会公德、乡规民俗等方面。①

牛皮大鼓，由一节直径约为 50 厘米、高约 70 厘米的杂木或杉木树干和牛皮制成，两头都绷上牛皮。使用时，在堂屋靠大门口处由梁上搭的横杆（粗竹竿或新砍的柏树树干）吊起来，两面牛皮均可以敲击。20 世纪 40 年代芮逸夫前辈在叙永调查时，叙述的牛皮鼓同今天的无异，只是使用的方法有所改变。他的书中画的架鼓图是将大鼓用专门的支架架起来。② 鼓的造型也发生了一些改变。现在所有见到的鼓，都十分老旧，估计每面鼓的使用时间很长。这里的鼓一般专用于葬礼，用于娱乐神鬼，不是纯粹的民俗娱乐工具，不像湘西和黔东南聚居区的苗族鼓还多用于纯粹的音乐艺术表现（见附录四）。

口琴，又称口弦，是花苗女子的乐器。制法较为简单，以长约 3 寸的两片小铜片做成，铜片中间要刻出一个似舌般的尖三角形，吹的时候靠近唇边，并用大拇指轻弹铜片的末端，口中的气流通过时，根据气流的变化而发出音调来，声音有似蜂鸣，但音调清晰可辨。高手弹吹时音调缠绵悠长，恰能准确地表达女子们细腻的心思，所以往往夜深之时，女子们吹起口琴，常能引起人们的共鸣。③ 生活中已不常见了，枧槽的苗族年轻女子们几乎不会乐器，但是唱歌和舞蹈倒是整个叙永县一流的，每每遇上县里

---

① 见拙作《苗族的竹崇拜与芦笙文化》，《内蒙古大学艺术学院学报》，2005 年第 2 期，第 54—57 页。

② 芮逸夫、管东贵：《川南鸭雀苗的婚丧礼俗》（中央研究院历史语言研究所单刊甲种之二十三），台湾商务印书馆，民国 51 年版，第 186 页。

③ 1958 年枧槽乡民族社会历史调查也提到口琴乐器，现在已经绝少见到，仅年纪大的还能回忆起来而已。吴泽霖、陈国钧：《贵州苗夷社会研究》（民族出版社 2004 年版）中陈国钧的《安顺苗夷的娱乐状况》一文就此做了介绍，第 166 页。

组织农村和少数民族文化艺术调演或运动会等活动，文化部门都会先到枧槽乡挑选苗族青年做演员。事实上口琴这种几乎是女子专用的乐器广泛地流行在川滇黔的苗、瑶、彝、壮、侗族等民族中。

图 74　唢呐

唢呐，一种气鸣乐器。簧振类，空心木为管，设按孔 8 个（前 7 后 1），管上端插尖子（金属小管），尖子根套气牌，顶套双簧哨子（哨为油麦秆精制），管下端套木制碗口。音色浑厚深沉，饱满结实。演奏时右手食指、中指、无名指按下三孔，口含簧哨竖吹。演奏者的姿势有时是将左脚搭在右腿上，碗口放在脚背上。唢呐小些的也由乐手们端起来吹，站坐随意（见图 74）。演奏形式多样，齐奏、独奏并用。农村的“乐队”规模甚小，队伍中唢呐、锣鼓、钹、铓各有一种就足够。传统上每逢红白喜事，唢呐是必不可少的乐器，它那独特的声音伴着其他乐器的声音，给人一种泥土的气息和乡土亲和力。当地的汉族往往在举行丧葬仪礼的时候请“专业班子”——俗称的吹鼓手参与做“道场”，吹吹打打。因此，许多人认为，杂居区苗族使用的这种乐器是从汉族学来的，20 世纪 50 年代的民族调查材料，也是这样分析。应该说，唢呐是中国的古老乐器，普遍流传在我国中原和西北、西南的广大地区，仅仅界定是汉族独有的乐器未免有些过于武断，湘西的苗族对唢呐的使用也十分频繁。《湘西苗族实地调查报告》的乐器乐曲章节中是这样描述的：

> 唢呐，为苗区盛行之乐器。系以尺余长木筒一节，用烧红之铁钻钻之通心。木筒上端小而下段大。节旁上面，上端安一铜嘴，似葫芦形。嘴心安一铜盘，以便口吹送风。嘴上系水茅筒管一个。茅筒用沸水煮过，压成扁状，吹之即鸣。下端安铜喇叭一个，配备完美。吹声嘹亮，闻达数里，颇为社会人士欢听……故汉人结婚嫁女等喜事，多乐用之。为苗乡举行猪牛祭典，和接龙时更不可少……曲子不下数千种。①

石启贵先生调查的年代背景是20世纪30到40年代，那时的湘西还被称为“苗疆”，即是说其民族文化还具有较大的相对独立发展的时空，有其自身民族文化历史发展的特殊轨迹。那时的苗族唢呐吹奏艺术有书中记述所谓“曲子不下数千种”，即可知苗族的唢呐吹奏艺术已经达到的娴熟程度，或可以说已经自成体系、自成规模，自然不亚于掌握这种器乐艺术的其他民族。因此，这一古老的乐器应该是中华民族共有的一朵艺术奇葩。

本地使用的唢呐也广泛用于婚丧节庆，而本民族会吹奏的人已经鲜见，高山苗人公认汉族的唢呐吹得比他们好，所以每逢办事的时候，他们总是将汉族的吹鼓手邀请为座上客。但是，这是一个收费的“业务”，一场下来，收费在100—200元之间。

唢呐一般不单独吹奏，就像芦笙和大鼓搭配一样，唢呐也要和小锣鼓、钹、铓等合为一组。正式场合下，唢呐总是芦笙的“配角”。

唢呐乐声高亢、悦耳、嘹亮、音符跳动，这种表现艺术富有强烈的感染力，表达人们心中的一种喜悦欢快的心情，而芦笙给人一种低吟、绵长和幽怨的感受，引人去追思。可见唢呐和芦笙

① 石启贵：《湘西苗族实地调查报告》（增订本），湖南人民出版社，2002年版，第335－336页。

本来是两套不同的器乐演奏方式，无论从调子的表现形式还是要表现的文化内涵都大相径庭。但是在这样一个民族杂居地区，不同风格和表现力的音乐不仅可以“和睦相处”，而且还能相得益彰。

笔者在调查中也曾询问过他们对这完全不同的艺术形式组合在一起的原因或感受是什么？他们说，芦笙太忧郁了，加入唢呐是为了热闹一点。的确，在葬礼的现场，我的感受也是如此。

两种音乐形式，两种不同文化的内涵相互交融，也充分体现了民族散杂区内各民族之间的影响和文化的互动。同时也展示了少数民族文化中的生死观念。在西南各民族丧葬文化中普遍存在一种“娱死”现象，在这里也表现得淋漓尽致。“生者究可哀，死者长已矣”，人们并不想长时间地停留在无比的悲伤中，总希望死者的故去并不是一件坏透了的事情，兴许是一种解脱，兴许到了轮回的时刻……人们总是将痛苦和苦难赋予了宗教的含义。芦笙曲调太忧伤了，让人往往沉溺于悲伤而不能自拔，因此，在芦笙和大鼓做完主祭后，唢呐就会欢快地响起来，这一时间里也可以见到人们的脸上缓缓地出现了一种轻松下来的表情，甚至有了久违的微笑。活着与死亡，是人类自身最为关注的终极问题，欢乐与悲伤，是人类最基本的感情元素，此时芦笙和唢呐的此起彼伏，是否是高山苗人企图通过音乐的表现力来告白一种朴素的唯物辩证思想？直白而又透彻。

民族舞蹈。苗族是一个酷爱用肢体语言表达自己的喜、怒、哀、乐全部情感的民族，音乐和舞蹈就成为生活中必不可少的一个重要组成部分。川滇黔地区的苗乡可以说是一片歌舞的海洋，各种形式的歌舞俯拾皆是。因此，舞蹈也是她的民族艺术的一个重要的表现形式（见图 73、75）。群众性的大型节庆活动中，人们的歌舞艺术欣赏价值虽然不高，但颇具娱乐性和感染力。人们踩着笙乐和鼓点，围绕着花杆缓缓前行，手上基本上没有什么动作，主要是双腿或左或右或前或后的移动，常常体现出众人参与同乐的特点。

图 75 丰收芦笙舞

除了群众性的大型节庆活动中人们的集体歌舞外，生活中最具艺术表现力的，实际上就是在丧葬活动中由芦笙手和鼓手们合着节拍表现出来千变万化的肢体动作，即祭祀舞蹈。每一个乐手就是一个舞者，他将音乐和舞蹈有机地结合起来，乐曲声用于表达生者对死者诉说，而舞蹈则能表现一种状态和程度，使丧葬文化表现的层次更加丰富，恰到好处地表达出仪式中的寓意。芦笙手们舞蹈时，总是一边吹着芦笙一边围绕着吊鼓舞蹈，主要的舞步有滑步、踮步、前进三步后一步、前进三步再以左腿为支点原地转一圈收腿、迅速从吊鼓下滑过、快速右旋转、快速左旋转等等，花样迭出，有较大的原创性。祭祀芦笙舞蹈有单人舞和双人舞两种。鼓手的舞蹈比芦笙手简单，主要表现在他们对鼓的敲击上，一般是双手各执一小棍，不断地比划出不同的姿势，身体也随着鼓点不断地晃动。有时候，忽然来个优美的旋转。

按照过去的传统习俗，妇女不跳男子的祭祀舞蹈，只是在大型的群众文化活动中，参加集体性的舞蹈，艺术效果不甚突出，但以唱歌和吹奏小乐器见长。解放后，随着群众文娱活动的开展，女子们也开始表演作为文艺节目的舞蹈，主要是男子芦笙舞的伴舞形式。近年来，当地文艺工作者创作了不少苗族歌舞，因此舞蹈动作变得丰富起来，男子们的芦笙舞更增添了跨、蹲、踢、倒立、跳跃等等复杂的动作，女子们的各式舞蹈动作也多起来，丰富了舞蹈的艺术表现力。因此，每每参加各级各类的民族文化艺术展演或比赛，叙永县最有地方和民族特色、最具竞争力的仍然多是以苗族音乐舞蹈为题材的节目。

## 第二节 节日是记忆之痕

民俗节日的构成，是按照人们的思想意识、社会环境和生产生活方式而呈立体多元状态的。节日的目的，一是精神的满足，这有着原始宗教崇拜和敬奉的含义，这种观念的形成和发展成为人的社会性的凝聚剂；二是生活需要的满足，这是顺应自然规律的一些祈祷祭祀活动和生产方式；三是传承和教化的需要，这是形成一个民族文化特色的必行轨道。在枧槽乡，高山苗的传统节日仍然是丰富的。由于长期的苗汉杂居，表现在节日上的传统文化也明显带有文化互动的色彩，常常我中有你，你中有我。对于苗族，大凡汉族的传统节日都不同程度地纳入本民族节日文化的范畴，并不排斥。与此同时，他们也极力地维持着本民族的文化特色。

团旧年，夏历大年三十、除夕。过去人人在这天要穿新衣服，户户要打扫清洁，还要宰杀牲畜。晚饭时，要先将做好的晚饭交由户主盛一些摆在堂屋门口，呼唤逝去的祖先们回家过年，一般是包括亲房在内的三代近祖，口中还念念有词，祈求先祖们保佑全家老小身体健康，来年五谷丰登，然后全家才开始吃晚饭。

团新年，大年初一、春节。也是一年中人们吃得最好的一天，肉食丰富，吃中午饭的时候，仍然要呼唤先祖们回家吃饭过年。人们在饭后开始计划过新年的日程。

过大年，正月十五、元宵节。内容与上面的大同小异。整个这段时间内人们不做活计。初一至初三这三天，人们要去“踩花山”、串亲戚。节日期间，人们还模仿汉族贴春联，期年不换，待其自行脱落。到来年，才有换新的。“文化大革命”时期，民族传统活动被禁止，改革开放后得到恢复。尤其是20世纪80年代，在各级政府的关心支持下，民族传统节日还过得红红火火，曾经吸引了贵州、云南各省边界上的苗族群众。近五年来有所减弱，询问原因，主要是没有活动资金，开展不起来。

踩花山，现在很大程度上是和汉族的过春节合为一体，或者成为其中的一个组成部分。但是，它仍然不失苗族文化的特色，从感情上说，苗族群众一年一度的节日中最盼望的就是“踩花山”，它是节日文化的灵魂。

关于“踩花山”的传说有好几种“版本”，有的说，是由于夫妻结婚后不会生育而做的祈子仪式，届时邀请附近的年轻人到家中的场院里，竖起一根竹竿，上面挂上一些彩条，彩条预示着生育的祝愿，人们就在花杆的周围唱歌跳舞，象征着祈子人家的儿孙就像现在正在场院里的人一样多，祈求儿孙满堂、人丁兴旺。这种“踩花山”的时间不限，但一般在农闲时节举行，那时大家才有时间参加。

另外一种传说讲的是很久以前，有一对夫妻只生有一个女孩，长得十分美丽，姑娘长大后也出了嫁，但是不久就得病死去了，夫妻二人悲痛欲绝。尤其是每逢过年的时候就十分想念他们死去的女儿，可是按传统习俗姑娘长大出嫁后就不再是家里的成员，即便是家族祭奠亡灵也不在其列，更谈不上每年请姑娘的灵魂回家来过节了，于是夫妻俩想了一个办法，就在自家的门前竖起一个花杆，摆上饭菜和糖果，以另一种方式唤女儿的亡灵每年也能回家过年。久而久之，村上的年轻人也到这里来玩耍，逐渐就由一个习俗演变成了节日。

从文化的象征含义来说，前一个故事说明了人们对生命延续的祈愿，即对多子多孙的企望，可以用民俗学学科的祈愿习俗加以诠释和考察；后一个传说尽管有着凄凉的故事情节，但实际上是与子孙兴旺和人丁繁衍的意象——生育符号有着必然的联系。

同属西部方言区的云南省文山壮族苗族自治州苗族对这个节日的解释有着更深刻的涵义——踩花山与祭奠神话时代的蚩尤有关。这与我在分析1958年的调查材料①时发现的一个十分重要的线索相印证，由此，本文疑为这才是“踩花山”真正来源。50年前的枧槽乡，人们在踩花山时，要选择半山坡（因为枧槽乡一带多雨，沟边有一个能容纳上千人的“簸箕洞”，人们就在那里举行活动，平时不用，就用砖石将洞口封住），立花杆，过去花杆顶上挂着一幅画像，画的是同黄帝打仗失败的蚩尤，后来画像遗失了，人们就挂上一个简易的十字架作为象征（文山的花杆上是五颜六色的彩条，上方悬挂着三尺六寸长的红布，象征“蚩尤旗”②）。活动共3天，第1天、第2天人们唱歌、跳舞，尽情欢乐，一派喜气洋洋的气氛，第3天忽然就大不相同，老人们围绕在花杆下，一边低声吟唱古歌，一边轻声抽泣，有的时候说到伤心处还会号啕大哭。吟唱的内容主要就是诉说先祖蚩尤如何为保卫家园而战，战败后，人们如何被迫离开富饶的家园，诉说逃亡过程中的苦难，痛哭的原因是说蚩尤战败后大家以为他仍然活着，所以人们才跟着他逃亡。但实际上蚩尤早就战死，很多年以后人们才知道蚩尤确实死了，所以痛哭失声。“多当甲啊”（现在云南文山苗族唱任何一首歌的歌头仍然是唱这样一句，意思为“天亡我啊”），3天之中气氛迥然不同，原因在于人们想要表达

① 叙永县档案馆馆藏1958年枧槽乡社会历史调查油印本。

② 参见颜恩泉：《云南苗族传统文化的变迁》，云南人民出版社，1993年版。

③ 叙永县政协文史资料委员会副主任颜林提供。

图 76　“苗场”与芦笙节[3]

的历史场景的不同。[1] 实际上这 3 天是对远古历史的缩写和演绎，而后成为重大的祖先祭奠活动的主要内容，即前两天表现的是远古时期人们生活在故土时候的快乐景象，后 1 天表现的是人们逃亡、痛苦、迷茫和失去民族领袖的惨况。“寓教于乐”，代代谨记。新中国成立后，从 50 年代末到“十年动乱”、“破四旧”[2]把很多传统民族文化的东西都统统当成“封建迷信”和“四旧”加以“破除”，极“左”思想干扰了两代人，人们不再去关注这些带有厚重民族历史背景的民俗活动，或不得已隐去，或只留下表层的东西。

“赶苗场”，时间是每年夏历的正月初三到初五、夏历七月初一到初五。有人说过去苗族学着汉族赶场，上街买东西，看见热闹的街中央戏台上有人搭班子唱戏，很感兴趣，也爱看，每次赶

---

① 这里传说和古籍记载有着惊人的相似之处。武新福、龙伯亚著：《苗族史》（四川人民出版社，1992 年版，第 6 页）记载：“蚩尤虽战败被擒杀，但其余威尚在，影响仍然很大。《龙鱼河图》云：‘蚩尤殁后，天下复扰乱，黄帝逐画蚩尤形象以威天下，天下咸谓蚩尤不死，八方万邦皆为弥服’”。

② 所谓“破四旧”，指的是破除旧思想、旧文化、旧风俗、旧习惯。1966 年 8 月，林彪号召红卫兵“大破一切剥削阶级的旧思想、旧文化、旧风俗、旧习惯”，要“弄得天翻地覆、轰轰烈烈、大风大浪、大搅大闹”。于是，由北京到全国，发起大“破四旧”的运动。

集苗族都来看戏，把它当作过节一样，于是，就穿上自己最漂亮的民族服装，久而久之，由于这一带的苗族居住比较集中，赶集的人中苗族逐渐占了大部分，遂形成了有苗族特色的集市。主要地点不在枧槽乡，分布在附近的摩尼、白沙、麻城等乡镇，但是枧槽乡高山苗过去是一定要去“赶苗场”的。“文化大革命”时期曾经认为是“陈规陋习”或者“封资修”停过一段时间。改革开放后，从尊重民族风俗习惯和发展地方经济出发，恢复了这一习俗，地方政府鼓励本地区的各民族把它办成民族团结的盛会。由于时间不凑巧，我本人没有参加过，但从有关文献资料和报道上可以看出，这一具有节日特色的赶集，在当地老百姓的生活中的确有着较为重要的物质文化生活的分量（见图 76）。

清明节，夏历三月三日。过去乡里有一个庙宇，苗族的祭师会带领众人去庙里祭奠祖先，解放后就不再有这个集体祭祀活动。后来，接受汉族的习俗，每至清明节，一些人也以家庭为单位在这一天上坟烧香祭奠亡人。

端午节，夏历五月五日。每年的端午节这天人们都会结网捕鱼，尤其是年轻人，之前要修补渔网，也是一种娱乐活动。据说这一天最好捕鱼，运气好的还会捕到十几市斤重的大鱼。详问其中的原委，竟也说屈原的故事，说屈原是我们的老祖，是他在保佑我们。当然是附会而已。几十年来，由于环境破坏，森林大面积的砍伐，水土流失严重，河水明显变小，河里面的鱼也

图 77　端午节结渔网

少了许多，连小鱼也很难捕到。不过这一习俗还是一直延续下来（如图 77）。

献天，夏历的五月二十八日到六月六日，众人会推举祭师带领大家一起设坛祭天。在神庙里祭奠，就称作“瞻天”，在野外祭奠，就叫作“见天献”。解放后不再举行，开始疑与当地汉族的道教关系密切。后来在《湘西苗族调查报告》[①]、《湘西苗族实地调查报告》[②]两书中得到启发：所谓“献天”就是祭奠天王神，无论凌书还是石书的说法谁人正确，但都说明这一祭祀活动原是苗族本原的，解放后枧槽苗人已经没有这一祭祀活动。

节日活动是人们对惯常生活劳动的一种乏味行为的反行为方式，目的是使自己紧张或麻木的状态得到松弛，也是一种刺激功能，起到调适行为和情感的作用，是以一定的经济基础为背景的精神文化现象。同时，节日内含许多民族文化的内容，可以说是民族文化的精华和浓缩部分。通过对民族节日文化的研究，我们可以了解到这一民族的民族性格、行为方式、审美情趣乃至经济生活等方面的内容。枧槽高山苗特有的节日，在特定的生存环境下表现出这样一些内容和意义：

1. 在艰难生存环境下对种的繁衍的渴望，多子多孙多福气的思想根深蒂固。

2. 居住稀疏，平日少于联系，对相聚的渴望。

3. 民族杂居，维系民族传统的渴望。

4. 好歌喜乐的性格要得到张扬和表现。

5. 宗教信仰的外延和物化体现。

---

① 凌纯声、芮逸夫：《湘西苗族调查报告》，民族出版社，2003 年版，第 114－115 页。

② 石启贵：《湘西苗族实地调查报告》，湖南人民出版社，2002 年版，第 430－431 页。

节日文化是社会运行的“调节阀”，是社会兴衰的“温度计”，是社会发展的“推进剂”，其中芜杂的成分是社会的“腐蚀剂”。节日文化是文化质体的大规模聚集和发散的运动现象，伴随着这一集散运动会释放出巨大的社会能量，这种社会能量通过各种社会模式，就会转化为各种社会功能，发挥出各种社会作用，为其创造出一个繁荣兴旺的文化环境，并产生出强大的凝聚力和外向力，并对稳定社会、增强认同意识、繁荣经济、推动文化交流和发展都起重要的作用，有着连锁的反应。

## 第三节 “七彩衣”

在川滇黔交界的苗族地区，普遍流传着一个美丽的爱情神话传说。很久以前，有一对恩爱夫妻，丈夫勤劳善良，妻子贤淑美丽，二人过着男耕女织的幸福生活。由于丈夫每天劳动的田地离家很远，思念妻子，所以妻子就作了一幅自画像给丈夫带在身边，丈夫劳动的时候就把画挂在树丫上，一抬头就能看见妻子。有一天，一阵风吹来，吹走了妻子的画像，画像一直被吹到了京城里，皇帝见了画像起了贪念，将农夫的妻子抢到了皇宫里。农夫按照妻子被掳走时留下的话，用两年的时间在山林里猎来野兽的皮和百鸟的羽毛，编织了一件由兽皮和鸟儿羽毛制成的色彩斑斓的“七彩衣”，穿着它吹着芦笙来到京城，骗过皇帝救回了自己的妻子，一路逃亡，最后在走投无路的时候，天台山的石门洞开，二人进去后又“嘭”的合上……

高山苗说，那兽皮和鸟羽毛做的衣服是“七彩衣”，就是我们苗族的服装。但是，服饰本身记载的并不都是甜蜜的故事，服饰作为一种文化符号，它的蕴意往往是多方面的。枧槽高山苗的百褶裙就记录了民族的苦难和艰辛的迁徙史。包括高山苗在内的西部苗族都有一个先祖自东方跋山涉水迁徙而来的哀怨传说。由于没有文字，于是就在妇女的百褶裙上“记录”下民族的历史足迹。罗氏族谱的封面上就是一幅百褶裙图谱。上面横条部分代表着跋涉过的浑水河（黄河）和清水河（长江）以及歇息过的大小河川。交错的几何图案，代表曾经的家园，家园里鲜花盛开，蝴蝶纷飞，还有阡陌纵横的良田，遍地金银（如图 78）。服饰就是他们的文字、文献、史料，服饰的文化意义如此深刻，因此，一个民族在她的服饰上倾注的心血是可想而知的，高山苗即是如此。

**图 78 高山苗百褶裙图谱**

这里暂且不过多论及服饰的文字和史料价值，从本书考察的角度，仅仅企及分析表现在传统工艺制作、审美取向以及作为高山苗民族文化因子之一的服饰文化发展趋向和意义等内容。

考察苗族的传统手工及水平和他们的审美意识，最突出和最有代表性的是表现在复杂工艺水平上的服饰文化。最为典型的传统手工艺是妇女的刺绣、挑花和蜡染技术，也是苗族文化的精髓。枧槽高山苗主要的手工艺特点表现在四大方面：

1. 纺织工艺。主要是织布、织锦、编织花边和编织花带等。传统土布的制作过程工序复杂，主要有瀵丝、绩麻、轧棉、卷梃、纺纱、加捻、捣练、煮纱、络纱、浆纱、牵纱、理纱上机和织布等。织品棉麻混纺、麻织品、棉制品等，一般为平纹布。大概在50年前，随着生活水平的提高，内地大量的棉织布匹销入民族地区，家庭式的纺织工艺很快退化，人们不再自己织布。走遍整个苗村，唯听说有一户人家的老人仍会纺纱织布，慕名前往，不巧老人去城里女儿家。她的儿子将织机从堂屋里抬出来以及一些附件，并亲自上机演示。

图79 纺纱

据说他的母亲是远近苗族村寨中唯一还在自己纺纱织布的妇女了，她主要是为自己的女儿们制作传统服装。加之我在县统战部得到的一些10多年前的照片，对川南地区苗族的业已消失的传统纺织有了一个粗浅的了解（如图79、80、81，其中图79由叙永县统战部副部长杨学东提供，图80见杨学正《苗族服饰文化》，第216页）。

图80 纺麻线

图81 纺线机

2. 染布。包括蜡染的工序也因为专业作坊出现而变得十分简便，人们只要在家中将黄蜡（蜂蜡）溶化后点在布匹上，拿到染坊靛染，回来后放入热水中化去布上的蜡迹，染布就算完成了。蜡染布主要用来制作百褶裙。

图 82　刻蜡花

图 83　蜡染花样 1

图 84　蜡染花样 2

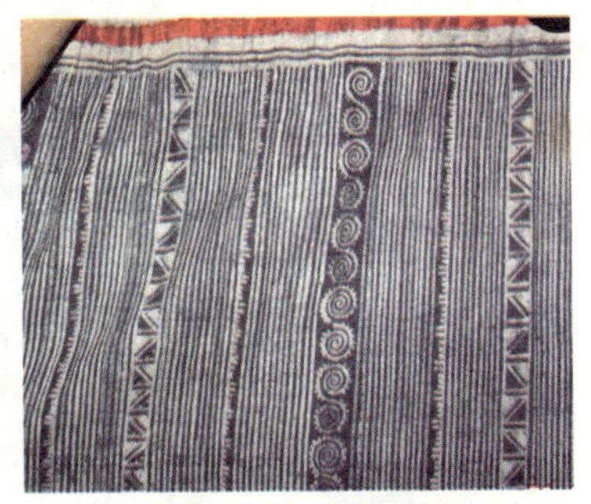

图 85　蜡染花样 3

3. 蜡染。此工艺被现代印染学称为“蜡防染色”，在苗族服饰制作过程中运用十分广泛。常用的“纺染”材料有蜂蜡、虫蜡、枫脂和牛油等，制作方法为先用蜡绘花于布上，将布送去染，再“去蜡则花见”。蜡染工具主要有一套大小不一的蜡刀，都为弧形刀口。此外也有印染和扎染，但没有蜡染这样运用广泛（见图 82、83、84、85）。

图 86 挑花

4. 刺绣。工艺运用较多的有平绣、挑花、锁绣、堆花、贴布、打籽绣、破线绣、钉线绣、辫绣、绉绣、锡绣、马尾绣等。如平绣，光亮平滑，清秀鲜明，应用广泛，其图案多为动、植物形象。挑花，基本针法有十字挑和平挑两种。技艺多以反面挑、正面看为特点，挑花图案多为变形花蝶鸟兽和几何纹，构图整齐、对称，配色繁多；贴花、粘花、补花、堆花系同一类型的工艺，所谓花样制作好后再贴上服装的各个部位，领圈部袖襟部等。织花，种类较多，即以单色棉、麻、丝线作经线，以各色彩线为纬线编织，花纹多属几何纹和动植物等变形图案，针法技巧十分复杂（见图86、87、88、89、90、91、92）。

图 87 领圈绣样

以上是服装制作工艺的简单描述，实际制作起来是一件十分麻烦的事情。一套完整的苗族女装专门制作的时间大概要达两个月以上的时间，一般妇女们都是在闲暇时间里才能制作手工，所以做一套服装前前后后的制作过程通常都需要花去半年的时间。首先，先把袖笼、领边等需要的平绣花边按花样绣好，大概要半个月，再缝到缝制好的衣服上，即成上衣。下身是百褶裙，百褶裙的制作也十分复杂，尤其是盛装的裙子，要先将蜡染布（多为麻织品）中的图案中空心部分用五彩细线填绣，再用十字绣

图 88　腰带绣片

的绣法丰富图案和花样的层次，折叠成细小的皱褶（宽度为 1—2 厘米），再用粗棉线或麻线将其扎紧固定，还要用青石板或石磨压上一段时间以定型，再取出缝制上腰带等。用时打开，不用

图 89　围裙腰部绣样

图 90　一对吊帕

图 91　左袖绣样

图 92　绣花鞋

时百褶裙就原样扎好以保持线型，一条成人穿着的百褶裙要用去4米以上的布料。由于苗族妇女服饰十分漂亮，而且花费较大的人力和财力，所以每一件服饰都价格不菲，普遍认为那是一笔财富。

图 93—98 女装的穿着

高山苗妇女过世时，要穿上最漂亮的服装去“见”老祖宗，剩下的传给儿女。据说峰岩和沟边过去有许多苗族古装，工艺水平也是附近最高的。50多年前的三年“自然灾害”，川界这边的苗民饥饿难耐，而云南威信县老百姓还有粮食，人们就在夜晚偷偷地背上服装（家中唯一值钱的东西）到云南去换粮食（抓到了不但要没收还要批斗）。所以现在古装已经绝少了。调查中，有幸见到了一套大概逾百年的服装，服装的主人是兄弟二人，母亲临终时将上衣留给哥哥、裙子留给了弟弟。这套服装是兄弟二人

的母亲年轻时的盛装，上衣为丝绸面料，刺绣工艺十分精美，百

**图 99　百年苗装——上衣**

褶裙为麻织品，麻线纤细，十分柔软，蜡染的图案复杂，图案空格处还填上刺绣，被儿孙们视为传家之宝（如图 99、100）。过去，女孩子是不读书的，很小的时候母亲就向她们传授服装工艺，即女红，穿针引线、挑花刺绣成了她们一生中最繁忙的工作和最富创造性的工作，有的妇女甚至将女红作为一生中最大的乐趣和荣誉。妇女要制作家里所有人的衣服，还要为她的女儿、儿

**图 100　百年苗装——百褶裙**

媳和自己制作多套盛装，心灵手巧的妇女一生会拥有十几套盛装。现在，尽管多数年轻女子由于上学、打工的原因没有足够的时间学习这套手工艺术，但是，我调查所到之处，几乎每一个在

家务农的村妇手中仍然掌握着一套完整而娴熟的服装制作工艺，妇女们最高兴给你展示的仍然是她们亲手缝制的各种绣片和盛装。一套齐全的苗族妇女服装由包头、右衽上衣、百褶裙（1—3条）、围裙、飘带（4、6、8条）、吊帕（2幅）、绑腿、绣鞋等几部分组成（如图101、102、103）。现在的中青年人平时几乎不穿民族服装，老年妇女也不大穿着，他们说主要是穿着干活不方便。小孩子和青少年更是喜欢现代时髦的服装，常听到年纪大一些的人叹气，“传统”要消失了。

图101 **枧槽高山苗女装**

就我个人的观点，服饰文化中蕴含着人类丰富的文化信息，人们对服装的选择有着特定的文化规定性。历时地看，不同的历史时期、身份地位、生境生计、审美方式等等都制约着人们对服装的选择。共时地看，服装总是分为劳动装、

图102 **枧槽老年女装**

便装或节日盛装，平时由于要活动，人们总是选择方便舒适的着装，只有在特殊的场合下人们才会根据需要和规定选择与平日里不同的着装。同时，服装本身的功能也在发生着变化，便装是功能的选择，而盛装则富含象征的意义，后者的价值更体现于它在民族精神文化中的符号意义，上升到了精神层面。比如，汉族妇女喜欢的旗袍，过去是满族妇女的服装，200 年间，到 20 世纪 50—60 年代前，逐渐成为我国妇女的服装，而现在已经衍化为盛装、礼服，成为汉民族的标志，只有特定的场合和环境下才适合穿着，否则总给人一种不合时宜的感觉。那么，本着这样的态度来看待我们少数民族的传统服装以及穿与不穿，怎样穿的问题也就不觉得难以理解了。

**图 103　枧槽高山苗女装**

# 第五章 社会组织——婚姻家庭与家族

婚姻家庭、亲属称谓制度以及家族，是民族学学科研究的主题之一。诚然，作为由婚姻关系组成的家庭组织是社会组织结构中最基本的单位，是整个社会的缩影。因此，研究乡土社会的民族学对家庭、婚姻的研究应是重中之重，它是社会研究的基础。

## 第一节 婚姻“潜规则”

婚姻本身从程序上讲是先于惯常的家庭组织，有了婚姻的缔结，一个新的家庭才会孕育而生，并开始了由家庭中的夫妻关系派生出来的一系列社会关系，如直系和旁系、嫡出和庶出、血亲和姻亲以及各种经济关系，乃至于其上的家族（或房支）之间地位的关系确立，诸如此类。

就传统社会来说，婚姻是由一位男子和一位女子由于人际关系中经过各种选择①而缔结的一种为社会公允的两性关系。其直

① ［美］C. 恩伯、M. 恩伯：《文化的变异》（杜杉杉译，刘钦审校，辽宁人民出版社，1988 年版，第 320—321 页）指出：“每个社会都告诉人们，不能同什么人结婚、能够同什么人结婚，有时还告诉人们应该同什么人结婚。在相当多的社会中，婚姻是由一对男女的亲属集团结合包办安排的……确信两个亲属集团结合在一起以形成新的社会和经济纽带非常重要……有些社会具有外婚制规则，它要求人们与自己的亲属集团或社区以外的人通婚，另外有些社会具有内婚制规则，它要求人们在自己的群体内通婚。”

接的结果就是传统模式的新家庭的产生。他们有了最基本经济利益的一致性以及对性伴侣法律意义上（有的是为习惯法所认可）的独占性，还有对所生子女抚养、教育的权利和义务。尽管婚姻缔结表现为男女双方之间的事情，但由于它涉及有关范围内人际关系的重新整合、经济关系和经济利益的重新分配以及人口繁衍（血脉的承继）等等，又极大地成为整个社会关系的重要内容。不同集团人们之间的联姻涉及人际关系和实力的此消彼长以及相互经济上的利害关系。和谐的婚姻关系是社会的稳定剂，起正面作用，失败的婚姻很可能对当地社会稳定以及人们之间和谐相处造成一定的社会问题。因此归根结底，婚姻又不是个人的事情，它属于社会问题。对传统婚姻研究，有助于进一步了解一个传统社会内部的人际关系、伦理道德、价值观念、经济制度和精神文化等等。婚礼过程尤其是一个社区风俗习惯、信仰和禁忌体系的集中表现。

民俗是一个传统社会因循沿袭的方式和表现，越古老的民族，相沿成习的内涵就越丰富。至少在50—60年前，枧槽高山苗从议婚、订婚到备婚，再到结婚，一般都要花上半年到一年的时间。对于经济并不宽裕的人们来说，则可能花更长的时间。它是人们民俗生活中的一件大事，同时也是一个沉重的经济负担。

枧槽高山苗对婚姻的缔结有着一套极为繁琐的过程和仪式。

首先，是男女双方自由恋爱。这一点在苗族社会里一直是十分突出的，青年男女双方无论是由父母从小“指婚”（定娃娃亲）、旁人介绍和社交结识等等形式，最终婚姻缔结还是必须经过双方自愿结合，否则若是父母强行包办，不仅会引起“逃婚”等现象出现，而且社会舆论也不会支持当事人父母的做法。苗族社区，长期民族内婚，方圆几十公里的同一民族几乎都是亲戚，彼此有着千丝万缕的联系。因此，有的包办婚姻连当事人自己也心甘情愿，比如“赶姑娘（妈）”（娘即母亲，姑娘就是姑母的意思，当地人对父亲同胞姐妹的称呼）。作为旧俗，“赶姑娘”的女子可能生下来就在姑母家成长，被称为“童养媳”，这与内地的

“童养媳”概念有一定区别。所以她们与表兄弟们青梅竹马、两小无猜，长大后多数都顺理成章地成为夫妻。但是，在川滇黔交界民族散杂区，苗族青年情歌中也有不少《逃婚调》，内容就是反映父母包办婚姻，有的是唱出年轻人终于逃出了父母的控制而幸福结合的喜悦心情，有些则唱出青年人由于父母的反对而不能结合的悲伤情愫。反映出近现代苗族地区婚姻关系中纯粹的感情结合，正逐渐被经济因素和社会关系调整的内容所替代，这不仅仅是出于受主流文化的影响，也是苗族几百年封建社会私有制经济发展中，私有观念增强，把婚姻作为一种契机，实现对财富的重新分配、利益集团之间的关系重新整合的手段。因此，婚前允许社交自由的习俗，带有传统文化的原始内容，而最后婚姻的缔结突出社会关系和经济利益的内容则是私有制观念的产物，二者形成一对矛盾，并且在社会生活中往往表现为此消彼长。

其次，男女双方分别将结婚的愿望告诉父母，于是双方家庭开始进入一系列繁琐的婚俗程序。先由男方家请本寨或本家族的两个“媒人”（这里没有专职的媒人，只是在他们充当媒人这个角色时，人们才称其为媒人。苗族认为双数为吉数，所以媒人必须是两人），带上男方家的酒肉、香烟和礼金前往女方家，住下。3 天之内东扯西拉绝不谈婚事，女方家也明白，故意装作不懂，媒人们还游走全寨，去每家每户送酒、递烟，唱人类为什么要结婚的《古老话》。[①] 实际上女方寨子也秘密请好两个“内媒人”前去与他们周旋，男方家的媒人必须在众多人中找出这对内媒人，然后才开始进行议婚。议婚是一个是否同意缔结婚姻关系的

① 《古老话》是一首流传在川滇黔西部苗族地区的古歌。也称作“结婚调”。有一定的固定格式和内容，包括人类为什么要结婚，苗族最早如何缔结婚姻，祖先对婚姻缔结有些什么内容以及男方选择女方符不符合祖先的婚姻规定要求，为了这桩婚姻的缔结，人们跋山涉水，付出了许多艰辛，历经了许多磨难等。表现形式是说唱形式，男女双方的媒人们一问一答，即严肃又诙谐，即朴实又机智。文学的、历史的、民俗的内容十分丰富。

商议和婚礼用度花费的“讨价还价”过程，确定好男方为此要筹备多少酒肉、交多少礼金、办多少酒席等事宜，并决定交礼日期，男女双方家庭都要设宴招待至亲好友、媒人。苗语没有“结婚”这一专有名词，而将于结婚有关的“议婚”、“订婚”都统称为“捞谙”（吃肉），只要听说寨中哪家人在“捞谙”，全寨的人都明白他们是在谈婚论嫁。“劳谙”的第一个过程就是“交允口肉”（“允口”，当地汉语，答应的意思，又称“吃小肉”，也称为“吃姑娘耳朵肉”）。可以吃“允口肉”了，就意味着这桩婚事可行，剩下的只是敲定具体内容和按部就班地进入各个程序而已。双方伯爷叔侄吃“允口肉”时就商定“吃大肉”（正式订婚）的日期，即交纳聘礼——纳征[①]的时间和内容，聘礼多少视男方经济状况而定，可多可少。这是一个特有的民俗现象：议婚过程中，人们更关心主事人家为婚事前后要用去多少酒肉，尤其是人们在整个过程中吃了多少肉，喝了多少酒，而将礼金（现金）的获得看得没有“吃酒肉”那样重要。从“订婚”和“吃肉”用了一个完全相同的词汇这样一个表达方式来看，结婚和吃肉初始含义一致，属于一个相同层面的内容——人类的消费活动（见第八章对“劳谙”文化因子的有关分析）。这是本书理论探讨的高山苗特有文化现象中的一个，它是苗族文化中最基本的文化因子之一。

到了约定交礼的日子，男方给女方交上商定好的聘礼，主要是一定数量的肉、酒和礼金，就正式订婚，并在女方家摆宴席，称之为“吃大肉”。定好婚期后，男女双方家庭都进入备婚阶段，为婚礼筹办钱财，女方主要是为出嫁的女儿置办衣服和床上用品。

---

① “纳征”为当地汉语，“纳”，即交纳的意思，“征”，即费用或过去人们纳贡、赋税，是一种征讨。由于婚姻礼金在女方称为陪嫁，在男方则是一种对女方的支付，亦似一方对一方的征讨，故将婚约聘礼简言之纳征。

最后，举行婚礼。结婚当天的早晨，新娘收拾停当，穿上最漂亮的民族服装，带上娘家为其准备的黑伞，女伴们为她拿着，新娘在兄嫂、相好的姐妹和“迎亲夫妻”[①]陪伴下步行前往夫家。同伴们还要背上甜米酒，当地人称“酒米饭”。男方几乎也在相同的时间里出发，新郎出门前要由长辈给他“挂红”（与汉族结婚时给新郎挂红一样），并由男方的陪伴人带领下迎接女方婚礼队伍。双方在中途会合，停下来吃女方带来的“酒米饭”，叫作“包晌午”。然后一起进寨，寨口由男方寨子里的女子们组成六或八人的迎亲阵容早就等在那里，每人手里都拿着一把伞，站在道路的两旁，新娘必须从伞中穿过，然后把自己的伞交给她们，她们用伞将新娘罩住（伞不能全开，开至刚好罩住新娘的头颈部即可，恰如汉族婚礼中新娘的“盖头”）。新娘跨进堂屋门槛的同时才将伞收起来。之后，新娘被迎进男方家的堂屋。女方送亲队伍则先到寨中广场或宽敞的地方，由男方代表请他们喝酒，称为“接路”，有接风洗尘的意思，然后才进入男方家堂屋。

伞在枧槽高山苗精神文化中作用独特。这源自于高山苗鬼魂崇拜的信仰。他们认为，一个完整的活人具有魂魄和肉体两个部分，不能分离，两部分分离即意味着人的死亡。新娘结婚时她的魂魄必须随之一起从娘家到夫家，否则新娘会成为没有魂魄的人。伞里则携带着新娘的魂魄，路上无论遇到怎样的事情伞都不能打开，否则魂魄会掉下来。过去结婚，婚礼要等到天黑才开始，新娘也必须在当天晚上抵达男方家。这是否和新娘带着她的魂魄一起出发有关？因为魂魄是不能见光的。据说，现在出发的时间已有所改变，原因是有时两家相距太远，怕新娘一个晚上不能徒步到达而发生什么不妥或不测。所以，后来送亲队伍就在天

① 当地称为“迎亲婆”，实际上是夫妻二人，这也是双数为吉数的道理。二人必须是勤劳善良，儿女双全，生活富裕，还有好的德性和名声。取一个吉祥之意。

没亮的时候出发，中途，无论刮风下雨，伞是绝对不能打开的，待新娘和她的魂魄一起进入夫家，伞的作用才告结束。以后这把伞就和其他的伞一样使用。婚礼中伴随新娘的黑伞具有庇护她及她的灵魂的重要功能。为了得到这一现象的合理解释，我拜访了一些当地人和对苗学颇有研究的人士，没有人对此予以过足够重视。后来一个十分偶然的机会，结识了一位美裔苗人 Kou Meng Ly，他告诉我老挝、美国苗人信仰中伞和灵魂的关系，使我茅塞顿开。在湘西和黔东南苗族聚居区也有把伞作为结婚过程中一个必不可少的道具，但是我所能接触到的研究资料都只有简单描述而没有对这一细节进行过深入考察，十分遗憾。笔者认为，作为文化考察，应尽可能把一些看起来并不起眼的细节纳入自己的考察视野，并将它们有机地联系起来进行系统研究，这不仅仅是对这一细节合乎情理的解释，更重要的是，通过对细节的理解，可以对研究对象总体及他们的文化系统有一个更接近真实性的诠释，尽可能避免在理解研究对象时出现偏差，从而失去文化研究的价值和意义。

震东乡的“下方苗”结婚时，女方进入男方家堂屋时还有一个重要的仪式：请祭师或村寨里有威望的人为新婚夫妇取“婚名”——在乳名（一定是苗名）前加一个语气词，比如新郎名叫“露”，其婚名就叫作“阐露”，新娘就叫“孛阐露”。[①] 然后再由祭师杀鸡念鬼告知先祖。枧槽高山苗早已不取婚名，取苗名的人

① 婚名的取法有一定的规律，即必须在男子已有的苗名前加上一个不断沿用的各种语气词、虚词。男孩取苗名多用排行或当年的属相，有的则是解释不清实意的古苗名。例子中，苗语“露”是兔子的意思，“阐露”的“阐”就是古音，虚词，没有实义。依照他们自己的解释，祖先就这么取名，遵古训而已。因此，叫“露”的男子结婚后取的婚名就是“阐露”，他妻子的婚名则是在丈夫婚名前面加上一个“孛”，即“孛阐露”。“孛”是苗语妇女的意思，指有一定年纪或结婚的女人，未婚姑娘不能称“孛”，叫“彩”，小姑娘就叫“咪彩”。

在两代以前也十分少见。普遍取汉名，中间加字辈。

新娘到婆家后，要先去厨房灶台边转三圈，意思是以后这里的事情就交给新媳妇去做了。事实上，对灶台的巡礼有着文化象征含义，新娘的举动不仅表明她将在夫家劳作的内容和区域，更重要的是表明她已对灶台实现所有权和支配权。这是她成为夫家家庭成员的标志，也可以说是辈际之间（婆媳）主事权象征性移交过程的演绎，获得主事权象征着家庭主妇地位的确立。最后，新娘进入洞房，婚礼即告完毕（见图 104）。女方送亲队伍当天并不离开，人们汇聚在堂屋和周堂里谈天说地，适逢天冷还会围坐在周堂烤火、唱歌、娱乐，通宵达旦。子夜，男方家将女方家带来的“姑娘饭”（雌雄鸡一对和酒米饭）加上自家的饭菜做好，请所有的女宾吃（有的人家也请同辈的男宾吃）。婚礼集会一般要三天才告结束，其间，新婚夫妇不能圆房，由女方送亲队伍的女伴们和新娘同宿。过去还要“回门”，即新娘和新郎一同回娘家拜亲，这可能是传统上“不落夫家”习俗的残留，[①] 同时也反映出受汉族婚俗的影响。

**图 104　20 世纪 90 年代峰岩一家婚礼仪式**

---

① 我国西南少数民族的一种婚俗，主要流行在壮、苗、瑶、彝、布依、哈尼、侗、黎等民族中，又称为“坐家”，即新娘在举行完结婚仪式当天或一两天以后，就返回娘家居住，住娘家的时间不定。每逢农忙或夫家有事，由丈夫带礼物到岳父母家接回妻子住一段时间，妻子在夫家形如做客。待妻子怀孕生子或为社会认可的其他原因，才常住夫家，正式成为女主人。

罗氏族谱将婚俗作为其族人应遵守的一个祖训加以规定，详尽地写在族谱之中，不失为一个有意义的民俗学材料：

一、送礼求婚（纳彩问名）

罗氏婚姻，通常为男求女嫁。男方对女方有意后，即托媒人带上礼品到女方提亲。如女方答应，即收下礼物，如此先后重复三次，尽无拒意后，男方即找自己伯叔同媒人一道，和女方伯爷叔侄一起商谈并吃“允口肉”（本文注：又称吃小肉），至此，算是订婚。

吃“允口肉”时双方伯爷叔侄即商定“吃大肉”的日期及聘礼等有关事宜，聘礼多少视男方经济状况而定，可多可少。

聘礼交接常以“阳嫁”方式办理，即男方将双方约定的聘礼——纳征，一次性送交女方，今后迎亲时男方不再过问衣物嫁妆，一概由女方操办，男方只等按期迎娶。

问名，即开根。“吃大肉”之后一段时间，男方媒人带上礼品和红纸到女方家，女方父母收下礼品，将纳彩时双方所议女儿之姓名、年龄、生辰八字一一写在红纸上，由媒人带回男方。

“开根”后男方将女方“八字”相合，并以此为据确定一个迎亲日期写在红纸上。托媒人拿着红帖日期和礼品到女方家去征求对这个日期的意见（称“送期”），女方接下红帖表示同意如期嫁娶。

二、迎亲过门

到了约定的完婚日期，男方请接亲夫妇二人，带雨伞两把，并同事前双方协商所需人员一道（本文注：迎亲应有以下人员：媒人、男方伯爷叔侄，男方背礼品人员），按约定时间到达女方家。到女方家坐定稍息后，女方婚事总管即约请男方伯爷叔侄，先约叙原先双方商定各项事宜的办理情况，以认可婚约完善。然后由男方接亲夫妇约请女方伯爷叔侄商定接亲有关事宜，男方接亲夫妇最后应向女方伯爷叔侄明确恭托嘱咐明日按时接亲启程的礼语，女方即回复并开始做按时发亲的各项安排。

第二天早餐后，男方接亲娘必须亲入新娘房中，牵引新娘出房，到堂屋辞别爹娘、祖灵。辞毕，由新娘之兄或弟背新娘出堂屋直至上路。

途中接亲婆夫妇做前导，各执雨伞一把，但无论天晴下雨其伞一律不许打开。新娘跟随接亲婆夫妇之后，新娘之后是接亲伯爷叔侄及随员，再是送亲伯爷叔侄及随员，按顺序而行。行至男方住地近处，新娘即洗脚更衣，穿戴婚装，然后开始进入男方住所。此时有男方一对未婚少女前来为新娘遮伞。行至堂前接近家门前时"回车马"（本文注：这已经是汉语的用法，苗语的说法直译就是祭拜神灵的意思），"回车马"后新娘由一未婚少女遮伞等候新郎，新郎至大门口，新郎由两女遮伞在前，新娘由两女遮伞随后，直入大门。大门内男方有夫妇二人在大门内为新娘招魂接伞，新郎新娘进入堂屋后，从堂屋进入周堂，进入周堂后，新郎引新娘同入洞房歇脚。

新郎新娘入周堂的同时，接亲伯爷叔侄即将送亲的亲友接陪至堂屋坐定，随即向送亲亲友敬奉烟茶一次，酒两次。敬酒毕，新郎父母、伯爷叔侄上前同女方亲友相认，伯爷叔侄逐一问候相识，道谢路途辛苦，谢毕即安桌设凳于堂屋及周堂火边。桌数宜双，宾主相陪入席，座无虚空。男宾在堂屋入席，由男方伯爷叔侄陪席，新娘母舅陪席；女宾在周堂入席，由接亲婆带数个男方姐妹陪席。入席坐定，相互寒暄，即称"接路"，"接路"后开席吃饭。

当天晚上，新娘谢席。男方将女方随带的两只鸡（一公一母）宰杀煮好，公鸡应从头颈连左翅砍出一块，母鸡应以头颈连右翅砍出一块，其余宰割合煮，通常设四席，各桌先上鸡肉一盆。由送亲婆先从各桌鸡肉中各夹出一块鸡肉，其中两块和公鸡头颈翅一起送给男方父母，另两块和母鸡头颈翅一起送回新娘父母，以示双方联姻诚意并谢过双方父母养育之辛劳。

通常新娘谢亲设四桌边席，摆于堂屋上方，送亲婆为新娘请送亲的陪伴姐妹及两个侄儿陪新娘一起入席，并邀接亲婆和几位男方姐妹陪同进餐，席间双方姐妹亲情尽放。

第二天，为留客交亲。先将双方宾主贵客安排入座，新娘及双方姐妹入侧席就座，然后交亲仪式是：在堂屋内安置四桌连席，再另安置一桌于侧为侧席，由男方主婚人当众祝贺两家开亲联姻大喜大吉，新郎新娘定将白头偕老，终身相伴，勤俭持家，家业兴旺等等，并表明婚事已就，千言万语挽留女方宾客安心留下，走亲访友，畅叙情谊……然后由新娘叔子（本文注：是指新婚夫妇，这是当地对新婚夫妇的说法，叔子有时候用作称呼年轻的男子）用苗语以歌代说，追叙双方婚姻缘由，回顾双方亲情，并当众指教新娘日后尊老爱幼，为人正派，持家勤俭，创业兴家，夫妻和睦，善待公婆之类，而且望男方父母伯叔教育好夫婿，使其敬老爱妻，阖家和睦，勤耕于外，理家于内，恩爱终生……再由男方父母或伯叔当众表态，承诺日后教子之道及重亲爱友之情。双方歌毕话尽之后还应当众付清婚事中双方事前已议定的各项约金，如陪伴费、家具运送费等等，以示人财两清。然后，新娘将自己准备的礼品由女方负责人当众请男方主婚人分送给公婆、丈夫、姐妹兄弟，什么礼品送给谁都由女方负责人一一细述无误并当面点交。之后，男方也通过主婚人将准备好的聘礼当面请女方负责人代为向女方父母赠送，以表联姻情谊。以上礼仪完毕主婚人即宣告交亲仪式结束。

第三天早饭后，举行“送路”仪式，安置若干桌于堂屋内，双方亲人混席而坐，除女方送亲宾客之外，男方伯叔、姑娘、母舅应入席陪伴，主婚人照例祝宾客一路平安，祝日后双方亲情倍增，双方尽表辞送惜别之情，然后起身上路。

新娘可随送亲宾客一道回门，也可三日后新郎新娘双双回门。[1]

从上文可以看出，婚礼过程中苗、汉婚俗交融的现象（见图104）。

新中国成立后，传统婚俗作为陈规陋俗，同时被认为浪费生产生活资源，在各级政府号召下予以革除，提倡婚事从简，繁琐的婚礼习俗逐渐简化。改革开放后一些苗族地区有所恢复，但总的趋势仍然是大大地简化了婚礼过程，受汉文化影响颇深的川滇黔交界一带的高山苗即如是。尽管如此，缔结婚姻的家庭双方仍然会视各自家庭的经济实力送新婚夫妇们一些钱物表示认可这桩婚事，给予一些经济上的支持。

笔者在调查中也观察到，事实婚姻[2]的比例相当大。当地农户多数表示不到乡镇有关机构领取结婚证，法律意识淡漠。他们认为，祖祖辈辈都没有办过结婚证，都没有影响家庭生活和人际关系（血缘和姻缘等关系），因此办不办无所谓。其实最根本的原因在于办不办结婚证不会与他们日常生活发生什么直接联系。自从农村家庭联产承包责任制实施后，所有的田地都分配到每家每户，新报户口也分不到田地，所以把领结婚证和报户口不当一回事。当前枧槽乡土地由于几十年来人口增加过快，已经显得十分紧张，加上“退耕还林”，坡地开垦也受到限制，所以，没有新的土地可以承包或划分，外村妇女嫁到这里，上了户口也不再分得田地，所以干脆就不上，户口都不办就没有必要办结婚证，这是她们的理由。当问到她们如果夫妻感情出现危机时拿什么来保护自己，维护自己的合法权益呢？她们说不关事的（当地汉语，没有关系的意思），我们没有离婚的习惯。由于绝大多数婚

---

① 摘自2000年续修《罗氏族谱》中内容。

② 指不举行民俗仪式或法律手续，男女就在一起共同生活的婚姻。

姻是出于自由恋爱，所以夫妻之间感情相对稳定，离婚现象极少，自然也就谈不上诉诸法律对财产和子女进行裁决的问题。也有夫妻长期不和的极个别现象，奇怪的是，如果男方希望离婚，只要妇女不愿意，就根本没有离婚的可能，而往往是男方离家出走，或打工、或走亲戚长期在外。妇女的理由很简单：这是“我”的家，不待在这里待在哪里呢？娘家已经是兄弟们的家，“嫁出去的女，泼出去的水”，不可能再回去。的确，土地联产承包到户后，嫁进来的妇女都没有自己名分下的土地，在娘家的户口也会在她们嫁出去之后注销，实际上她们成为没有户口和“自己的”（承包）土地的农民。如果夫妻双方矛盾确实很深，女方家族会联合男方家族出面干预，明断是非，化解矛盾。可见，枧槽高山苗婚姻的缔结首先是基于感情基础，这样的婚姻比较牢固，婚后逐渐转移为以经济利益为基础，同时又通过习惯法和家族势力得以巩固。过去，男子提出离婚，要赔偿女方一定的钱财，通过娘家与夫家家族之间协商解决。如果女子提出离婚，男方则不负责任何经济赔偿，女方带上属于自己的衣物离开即可，一般不允许把孩子带走，尤其是男孩子，除非孩子太小需要母亲照料。现在，如果是夫妻双方都愿意离婚，财产和子女一般是各分一半。令人费解的是，枧槽高山苗（农村社会）除了离婚率几乎为零以外，感情不和的家庭，只要妇女不离开家，男人是没有任何办法让她离开的，仿佛社会舆论更有利于女方。如果是原配的话，则更理直气壮，作为家庭的女主人，家庭主妇的地位不会因夫妻感情不和而发生丝毫动摇。社会舆论偏向女方不仅是传统观念而更有着现实基础，高山苗妇女勤劳善良，家里家外劳作不分昼夜，尤其是近10年，青壮年男子大都打工在外，妇女承担了所有的家务劳动和农田活计，是家庭经济的重要支撑。历史上高山苗社会男女平等意识较强，男子的家长地位弹性较大，妇女在家庭的经济能力也决定了她们对财产的支配能力。因此，在离婚问题上，男子反而没有妇女有发言权，从而大大降低了离婚率。

除惯常的自由恋爱结婚外，解放前曾长期存在过其他一些婚姻形式，如转房，即弟死兄娶，兄死弟继，寡妇在家族内重新婚配，但必须在同辈之间转房。解放后提倡“一夫一妻”，转房自动废止。高山苗没有主流文化“从一而终”的禁锢，不提倡妇女守节，普遍不反对离婚、再婚和改嫁。

再一种就是“赶姑娘（妈）”，即单方面的姑表婚，姑母的儿子可以娶舅舅的女儿。50 年前，单方面的通婚系还比较固守，违反通婚方向的人，比如，舅舅的儿子娶姑姑的女儿，会被称为“捉猪分子”，受到人们的嘲笑，并要向族人公开道歉，设酒宴道歉。后来由于通婚圈的扩大，人们就不太遵守这种传统习俗，单向婚制就变成双向的了，“赶姑娘”习俗至今仍很流行。

至今苗族内婚、近亲通婚仍十分普遍。在川滇黔交界地区，甚至是身为公务人员的苗族同胞，仍然会娶自己的表姐妹为妻。究其原因有：其一，保证血脉纯洁性。在苗族历史上，内部不同支系之间也不通婚，由于人口极少加上同姓不婚，不同辈分之间也不通能婚，加上三省交界的苗族人同一支系的人们之间，居住地域十分分散，呈大散居、小聚居，增加了通婚的难度，所以，传统通婚圈越来越窄，为缓解这一矛盾，人们便倾向于同附近的近亲通婚，逐渐放宽了通婚的范围，除同姓外表亲之间都可以通婚。在枧槽乡，罗氏和古氏彼此之间由于居住相对集中的原因，自然形成稳定的通婚圈，彼此通婚达百年以上，两大姓氏的人们都是关系很近的亲戚，现在还出现了不同辈分之间的婚姻关系。这条严格的禁婚界限被打破，主要是由于解放后提倡恋爱婚姻自由、打破传统观念的原因。实际上，同辈之间年龄上的差距也限制了通婚范围，异辈通婚也是通婚圈子狭窄的表现。其二，异族不通婚。异族不通婚是历史上民族压迫和民族歧视的结果。苗族出于自尊不愿意和外族通婚。至今枧槽乡的大部分高山苗还是本族内婚。尽管现在已经不排斥不同支系之间的通婚，但对异族之间的婚姻关系仍持保守态度。异族婚姻多是外出工作的人选择的婚姻形式。其三，文化间的差异性也影响到人们之间的深度交往，形成文化涵化底线，并通过风俗习惯顽固地表现出来。通婚习惯体现了这样的一个文化背景：苗汉杂居几百年，彼此的心理认同仍然存在一定差距，甚至有本质的区别。加之从20世纪早期，高山苗汉文化水平的迅速提高，从1919年始，到20世纪50年代，枧槽乡的一些乡土杰出人物，高山苗比例大大超过了汉、苗两族人口比例。[①] 增强了高山苗的自豪感，主观上更愿意民族内婚。

苗族的社交观念较为开放，父母均不反对儿女们的社交活动。甚至一些已婚的男女还会有家庭之外的情感生活，尽管整个社会对这种事情持反对态度，但也没有严格习惯法加以约束。我们在云南省威信县双河乡一朵寨参加一次做斋仪式，到傍晚时分，内总管在门口大声呼喊，我们以为又要进行下一个什么仪式了，但看见一部分人呵呵笑起来，忙一打听才知道，主管是在用苗语宣布——请男人们管好各自的女人。这条纪律引得我们也大笑起来。当然，因此引起的矛盾也时有发生，一般是通过家庭或家族的调解，以一方认错作为了结，没有大的惩处。

总之，枧槽高山苗在与汉族长期杂居过程中有效地延续了自己的习俗以及伦理道德观念，且长期有效。只是到了解放后，由于革除所谓的封建迷信和陈规陋俗，人们在长达30年左右的时间里没有正常地沿袭本民族的民俗文化活动，尤其是婚俗。20世纪80年代农民生活有了一定改善，人们恢复了一些民俗传统。

① 《崛起中的枧槽苗族乡》（叙永县政协文史资料委员会、政协民族宗教委员会编，第171页）中列举本乡杰出人物10位，9位是苗族。而全乡苗汉比例为1∶3.3，而杰出人物的比例是9∶1。

进入20世纪90年代后，改革开放深入，随着内地新观念迅速传入（以媒体传播手段为主）和本地年轻人踊跃外出打工，加之我们长期宣传计划生育带来的新型结婚生育观念，使传统结婚礼俗受到冲击。另外一种原因可能出于大多数农户的经济状况。20世纪90年代的农村，广大农民的实际收入不但与城市市民有了巨大差距，而且差距在不断拉大。[①] 因此，婚礼巨大开支使得农民不堪重负，一种极为简单的婚姻方式自然而然出现，这本来是过去的“逃婚”习俗，现在逐渐为人们接受：即一旦男女双方中意，女方将衣物收拾好，自己去男方家生活就算完成一桩婚姻。在本人调查期间接触到的30岁以下青年夫妻大多数都这样完婚。

由此可见，传统习俗的保留与改变，以至于改变程度和速度，外界给予的作用是较大的，同时经济水平高低对传统习俗的保留与消失亦起到重要作用。这不足为怪，因为精神文化创造的前提要求就是一定的经济基础，这是人类文化发生与发展最初始和最一般的轨迹。但想说明的是，在一种不甚正常的状态下，即在传统社会受外界影响较小的前提下，内部经济基础有了发展和提高，其精神文化的内容会沿着自身的发展轨迹而不断丰富，并为社区内人们广泛接受和遵守；一旦这一社区赤贫之后（生态环境艰苦的地区，出现天灾人祸更是如此），经济生活长期得不到恢复，与经济层面密切相关的传统习俗也会随之发生改变，因为人们更关注自身的生存，便出现不遵循传统习俗的行为，传统文化链条会发生断裂。一种新的不付多少代价的行为习惯则容易在当地确立。因此，20世纪50年代到80年代改革开放前，传统婚俗变化如此之快除外界的影响和压力外，经济条件是其中较为重要的原因。

---

① 从叙永县1999年统计资料看，枧槽乡人均年收入为1071元，2003年人均收入1100元，都明显低于全国农村人均收入的水平，甚至低于一半以上。

我们说，婚姻关系透射出人们之间的经济关系，除此而外其他的任何关系都是表现于其上并受它影响制约的，因此，经济特征是婚姻关系的本质之一。尤其是在有了财产观念之后。除了婚姻中男女双方家庭投入实质性的财力物力外，其他人的参与实质上常常具有象征意义。那种企图在婚礼习俗中得到及时经济收益回报的功利行为，在生活水准低下的社区里是不可能实现的。通过对高山苗婚俗中“吃肉”所作的文化分析看出，他们的婚姻除感情因素的结合外，也极大地带有一定社会关系的人们之间各种利益的结合，其中经济利益的交换和资源的重新整合占有很重的比率。最初这种交换是实质性的，而后衍化为一种交换仪礼。因此，对于家庭来说婚礼中的全部费用对于多子女的家庭是沉重的包袱和负担，对于其他人来说，婚姻是一种象征的礼俗，在经济困难的前提下，人们都愿意暂时放弃沉重的传统婚俗仪礼方式而使其表现方式发生改变。

但是为什么婚俗流变如此之大，而葬俗却保留得较为完整？原因是葬俗同人们的宗教信仰有着极大的关系。葬礼、做斋是集团性的，比婚礼具有更深厚的社会伦理基础，关于这一点笔者仍在思考之中。但无论如何，丧葬礼仪在人们的参与度和重视度上远远高于婚礼，是否因为人们更普遍关注来世人与神鬼的交流？或更能体现人们的经济背景和与主人家的亲属关系以及应承担的责任？答案是肯定的。于是，人们带来的礼品往往较多，“众人拾柴火焰高”，尽管由丧家主办，但最后丧家的收支基本可以两抵，有的还略有盈余。所以，人们更乐意丧仪的办理，并且严肃认真地对待。但婚礼的举办，参与的人们更多了一些娱乐性和一些凑热闹的成分。所以，在经济水平降低时，视其（俗礼和信仰）取舍很自然地将后者保留了下来。乍一看，这种结论似乎过于牵强，但是胡先生1943年的调查[①]，对各项活动都做了一个详细的统计和计算，做过一系列数字的对比。尽管他的最终结论并不支持我的看法，他认为，这给主办者家庭带来经济上的压力，乃至可能招致破产。我不能直接考察胡先生在60年前所面临的情况和事实，但就我亲身参与的几桩葬俗和做斋，主办家庭更多付出的是精力和精神上的压力，经济上的收支境况较过去的说法有了很大不同，甚至同1958年社会历史调查资料中所做的调查结果也有很大差异。在宗教活动中，几乎绝大部分的经济负担都由参与者分担或化解。出于双赢的考虑，人们对彼此的馈赠和“还赠”都规定了一套约定俗成的方法。本书中也有涉及并予以关注和考察。在我分析，习俗的形成不仅仅是有用的，而且是以人们能够在精神上和物质上都能够承受为前提的，这种承受为一个平均值的概念，不泛指所有人都属于能够承受的范围，或可以理解为是那个社会所能承受的程度。徐新建在考察了黔西南苗族的“鼓藏节”后得出了和我十分相似的结论，他认为“鼓藏节”为什么要13年才举祭一次，除了宗教上的规定外，人们对做“鼓藏”财力的积蓄，应该是它的经济原因。因为，“只有经过差不多这么长的时间……才有能力再次承担新一轮的一次性‘投资——消费’”。[②] 同时，“过去外人认为杀牛祭祖耗损耕牛，影响生产，其实是对具体情况了解不详的推测……准备吃牯脏的人家也是将牯脏牛和耕牛分得很清楚”。“牯脏牛不做活，是专门用来吃牯脏的”。[③] 因此，所有有准备和预测的事情只有在能够承受的前提下，人们才可能去做。人生几大必须的消费事件，是人们

---

① 胡庆钧：《叙永苗族的生活程度》，载《边政公论》1944年，第3卷，第6期，第28—29页。

② 徐新建：《生死之间——月亮山牯脏节》，浙江人民出版社，1998年版，第79页。

③ 徐新建：《生死之间——月亮山牯脏节》，浙江人民出版社，1998年版，第21页。

意料之中的，并有所准备的，正像人类社会生产的目的就是为了满足人类的各种消费，不断地消费又促进社会的不断发展一样。而且，精神文化本身就包含人们为精神需要所作的物质消费，这里不仅有人们个体通过自己头脑所作的思考，而且有整个社会机制调节机理的作用贯穿其中。

本人参加过一个葬礼和两个做斋（当地人也叫“烧灵”），询问过开支情况，其中两户人家都表示，支出和收入的差距不大，作为物质和资金上的开销压力并非很大，但主事人家事先还是要对做斋的花销预先有所准备，礼金礼物的收入是不可预知的，所以预先的准备必须充足，办事过程中出现费用不够，那是贻笑大方的事情，总之最终结算还是极有可能节余的。后山镇马氏的葬礼即是如此：余下现金 10 000 多元（当中儿女交付的礼金比重较大，约 7000 元），所以，丧事结束后，还在县城举行了一次答谢宴会，似乎很圆满。震东乡落叶村西湖社陶氏的“翻尸”（二次葬）主人计算下来也表示，除 3 天投入了精力外，最后经济上的开销并不大，也基本上做到了收支两抵。

于是，有一种文化对比：在都市里，人们更注重现实，世俗婚礼举办得十分隆重而热闹，大凡参加婚宴的人们都要送“红包”。大概 10 年之间，婚礼中送的“红包”由每人 50 元增加到 200 元或 400 元或更多，主办人家往往邀请众多宾客大摆宴席，有的人在邀请名单上几乎将单位的所有人一一列出，不管有多少交往。本人参加过的一次婚宴，至少有 50 多桌，热闹非凡，照一桌 10 人计算，参加者达 500 余人，每人平均 100 元的“红包”，主事人家收入达 5 万元，婚礼费用除去一半，盈余 2 万多元。城里流行着这样一句话：“零存整取”（即别人的结婚“我”送钱，等“我”办事的时候再还给“我”）。

这里有互惠与赠与的关系问题。人们赠送的礼金背后有着复杂的文化内涵。首先，礼金的多少代表了主人与客人之间的亲疏关系，也代表了赠送者的社会地位和经济实力，还代表了赠送者自身的面子；其次，礼金的背后是债务问题，所有的送礼者实际上都是放（还）债者，受礼者接受的实际上是人情债务，所以挂礼单必不可少，礼单上体现出的是双方的债务关系。在枧槽乡一带称作“挂人亲”，每挂一笔“人亲”，主事人家都要请吹鼓手敲打一阵锣鼓和吹奏一段唢呐，以示颂扬和感激。所以，文化现象背后所表达的是一个经济关系问题，人们的选择源自于利弊的权衡，以最终哪个获利高的方式来截取文化的内容。都市人普遍重视现实和今生，所以婚礼的大操大办自然成为首选，而在乡土社会则相信“今生是短暂的，来生是永恒的”这样一个信念，人们更相信来世才会有幸福。因此，人们用现实社会中不多的花费(尽管事实上他们投入了平生的大部分积蓄和财富)，换取进入来世的荣华富贵。比如，在每一次献祭或做斋等仪式中烧一些花不了多少人民币就可以买来的纸钱，认为到冥世就会换取花不完的钞票，宰上一头牲口献给神灵，不但来世会有牛羊无数，而且还可以马上吃到这个牺牲，于是认为这样的代价和成本还是划算的，甚至是一劳永逸的。

而尽管婚姻被赋予了重要的文化内容，包括传嗣和财产，但毕竟不具有这样的成本运算“潜规则”，因此俗世和超凡的价值观有所不同。加之解放后，打破传统通婚规则，迅速扩大了通婚范畴，包括不同民族、不同辈分、相同姓氏（五代之后的堂表亲）的通婚关系以及人口的迅速增加等诸多因素，扩展了人们的择偶范围，使当地苗族从择偶难的困境中摆脱出来，这似乎也是枧槽高山苗不再过多关注婚俗的一个原因之一。

## 第二节　小家庭和大家庭

婚姻是家庭的前奏，而家庭是婚姻的结果和归宿。家庭是以婚姻和血缘两种社会关系为基础组成的人类最古老且最普遍的初级社会群体。说它是最古老的，是因为它是人类最原始的、唯一的社会关系的结合形式。说它是最普遍的，是指它存在于任何民族和国家之中，不论过去和现在都是如此。通常说家庭是社会的细胞，就是说，家庭是社会最基本的群体组织。说它最简单是说，它通常只要有夫妻两个人，或加上自己的孩子，就构成一个人类非常理想的小群体。即便如此，家庭的社会功能却是极为重要的：第一，它是一个生产单位，担负着生产供自己家庭成员消费的生活资料，并提供市场交换的产品，在目前我国实行的农村家庭联产承包责任制下农村的家庭生产功能十分重要；第二，家庭承担着生产哺育子女和赡养老人的功能，特别是生产哺育子女是任何其他组织所不能代替的；第三，满足性生活的功能；第四，家庭一直是人的教育特别是幼儿教育的基本场所；第五，消费功能，家庭是一个消费单位，家庭成员的收入汇集在一起，满足家庭成员生活开支的需求；第六，休息和娱乐的功能。尽管随着社会的发展，越来越多的文化娱乐和设施已经社会化，但是至今还很难说已经能够完全取代作为个人休息和娱乐场所的家庭。

枧槽乡高山苗家庭至今仍呈现出传统社会的基本功能和特点。

首先，其家庭依然是父权制小家庭，在一些基本特征上表现出父权制的特点。如男性为一家之长，家庭经济活动一般由家长主持和决定，子女从父姓，女儿长大出嫁就与家庭断绝经济关系（表现为财产的继承）。儿子留在家中，父母年老后，或儿子成家之时，父母即主持平分家产，父母也从中平均获得一份。如果父母随其中一个儿子同住，就将父母的与这个儿子的财产合并，待父母相继去世，这份财产再由儿子们平分。“皇帝爱长子，百姓爱幺儿。”父母一般都会随幼子居住。在黔西北、黔中、黔东南等地苗族聚居区，过去盛行一种“不落夫家”的习俗，结婚妇女长期住在娘家，直到有了身孕，才回丈夫家中。所以，第一个孩子不确定是丈夫所生，而小儿子最能确定与父亲的血亲关系，所以，大儿子结婚后，均另立门户，而幼子在家中继承父母的财产。在岘槽乡，父母多数也与幼子共同生活，但主要是出于幼子年幼没有独立的生活能力或需要父母更多帮助等客观原因考虑，否则也不一定。这与苗族聚居地区流行的“不落夫家”习俗关系不大。缘于经济状况，儿子们分家，多是分家不离家，父母将一座房屋平均划分几份后分给儿子们，有经济实力的儿子可能会自己另建房屋，否则兄弟们及其子孙世代就共同居住在一座祖屋里。有的人家子孙多，显得拥挤。目前，峰岩有一幢由儿子分家后自建的砖瓦房，造价约 20 000 余元。这种现代式的房屋结构与传统房屋形成鲜明对比，尽管是寨中首例，也预示了一种趋向，即年轻人崇尚新的生活方式，渴望有所改变。

高山苗的传统住房都十分结实，最老的房屋已经超过 200 年历史，至今仍然结实，甚至比解放前夕修建的房屋还结实。由于高山苗的家族观念十分浓厚，兄弟们虽然分家，实际上大多仍亲密无间，妯娌们也能和睦相处。婆媳之间难免龃龉，但尊老爱幼是主流，婆媳关系也多为亲姑甥，几乎没有难以相处的情况。由经济等问题引起的问题虽在所难免，但如果发生小辈顶撞老辈的事件，要受到家法族规问究或受到族人的遣责。由于地处高寒山区，生活都较贫困，这一地区的男子在外地或附近找到中意的姑娘后即带回家中居住，草草完婚，所以也常听说某某家的儿媳妇跑掉了，某某人家的儿子又带回来一个姑娘“窟”（当地土语，即待着的意思，引申为到家中居住）的事。贫穷使得人们简化了婚俗，从而也一定程度上影响了核心家庭的稳定。例如，一位高山苗妇女在丈夫病亡后很快就随人“跑”了，留着几个孩子无人照顾，由亲戚和族人抚养长大，谁想这位母亲年老后，后夫去世，晚景十分凄凉，而早年被她遗弃的亲生子女知道后不计前嫌，前去将她接回同住，人们交口称赞。当然我们不便去探问那位母亲的感受，仅仅从报告人的讲述中就能看到枧槽苗家人那颗金子般的心。是的，母亲不是圣人，但母亲就是母亲，只要她愿意，做儿孙的就必须为她养老送终，这样朴实无华的思想感人至深。

图 105　**峰岩的贫困家庭**

家庭之上还有亲房和家族，于是传统继承制还外延到家族。如果兄弟中有人先逝，且没有儿子的话（女儿无权继承不动产，如房屋田地等），兄弟们则平分他的财产，同时也承担他的债务以及为他举丧和做斋。如果没有兄弟，则由亲房继承他的财产并承担责任和义务。如果亲房无力承担，那么由家族出面协调，依此类推。时至今日这一习俗还在乡土社会里传承着。

图 106　**失去母亲的四兄妹**

枧槽高山苗家庭多数是以核心家庭为主，并以外延式家庭为补充形式，三代及四代同堂家庭现在比较常见。只要父母有劳动能力，经济上一般都与成家的儿女们保持独立，父母年纪大以后，儿女们在农忙时必须抽出时间，帮助父母做农活。逢年过节也必须筹办礼物送给老人。家族内部经济状况十分困难的人家，往往会得到族人帮助，也不计报酬。尤其是农忙时节互助换工，这已成为家族内一个不成文规定。例如，峰岩的一家，儿媳妇在 2004 年 1 月某一天突然肚子疼暴毙，留下 4 个孩子，最大的 9 岁，最小的才 1 岁多，儿媳妇的丈夫长期在外打工，家里只有一个 60 多岁的老婆婆，也羸弱多病，这个家庭几乎到了无法生活的地步，由于众亲族人的相帮，才使他们摆脱了困境。现在孩子们的父亲仍然在外打工挣钱，学龄孩子可以去上学，奶奶在家里带年幼的孙子，田里的活计交由族人代理，生活基本正常。我们去看望的时候正好开饭，孩子们围坐在小桌边吃饭，饭菜十分简单。尽管已是 6 月份，但仍然有腊肉可吃，孩子们也很快乐，家里陈设虽然十分破旧，但毕竟这个贫困潦倒的家庭还存在，孩子们没有失去家庭，还有书可以念（如图 105、106）。

家庭之间联系的纽带基于血缘关系，但生活中真正情感的交融和积累靠的是平时互相支持与互相帮助，其次，是社会舆论，这在传统农业社会里有着较强约束力，是一种道德力，是一种对事物好坏的判断标准，这种美德教育始终贯穿于家族中人们的一生，制约着人们处理事物的行为和观念。在传统社会，社会舆论的无形力量是极大的，它甚至能够决定生活在这种生境下的人们的喜、怒、哀、乐，乃至决定人们是否还能够在这里生存下去的勇气和信心。当社会舆论与某一个人发生激烈对抗时，失败的往往是那个敢于对抗的人，这时候个人的力量显得是那样无能为力，甚至有的人会为此付出代价。

枧槽高山苗家庭内部父母、公婆、伯爷、叔侄之间的辈际关系有严格的界限，尽管平日里关系融洽，但老幼尊卑较为严格。父亲在家中是家长，如果祖父母在世的话，一切都要听从他们安排，年老男子多数不干农活，在家休息，而年老的妇女们仍然要操劳家务，儿媳妇一进门就开始做家务、做农活。过去，媳妇们进门吃饭还不能与大家同桌。公公与儿媳妇绝不能同坐一条板凳，大伯与侄媳，哥哥与弟媳也不能有太近的距离，平时公婆在场，媳妇总是主动站在旁边次要位置，不能大声说话、谈笑。只要公婆健在，儿媳妇不能上楼（阁楼），虽然这些习惯是受所谓“长幼尊卑有序”和“男尊女卑”等习俗的影响，但是也不尽然，如“温、良、恭、谦、让”是中华民族道德伦理观念的主流、共识和美德，每一个民族都以此为修身养性、立世为人的准绳。

家庭不仅是以婚姻和血缘关系为基础的社会单位，而且也是一个独立的经济核算实体。在私有制经济条件下，中国几千年的封建社会，一夫一妻、自给自足的小农经济，即是这样一个基本模式。解放后，尽管实行了30多年“一大二公”的集体化、人民公社化的公有制农村经济，中国农村以一家一户为经营核算实体的形式仍然没有退出历史的舞台，并在改革开放实行农村家庭联产责任制下得到复苏，尽管这同历史上的男耕女织小农经济有本质区别，但独立经济核算单位功能仍具有极大的相似性。根据1943年胡先生在此所作的社会调查，可以了解到60年前当地苗民的生活状态。他估计当时在沟边、峰岩、草坝山三地调查的146户高山苗家庭根据经济状况可以分为上、中、下三级，上级为自耕农，约占总数的5%，中级为佃农（包括略有土地权的半自耕农），约占总数75%，下级为没有田地的佃户，约占总数20%，这三级人代表着三种不同生活程度。[①] 就是说，146户高山苗家庭中，富裕户约有7—8户，一般生活状态人家有109—110户，生活贫困人家29户。1958年编写的四川少数民族社会

① 胡庆钧：《叙永苗族的生活程度》，载《边政公论》1943年，第3卷，第6期，第26页。

历史调查材料[①]中，对叙永县枧槽乡南凹村（当时的南凹村主要就是由峰岩和沟边村等组成）139户（高山苗127户，占总户数的92.7%）居民，统计的阶级成分和经济状况（主要是对耕地的占有情况）表明："地主2户，占总数的1.4%，占有耕地为总耕地面积的4.5%，平均每户占有耕地45.68亩；中农5户，占总数的3.5%，占有耕地面积的17.88%，平均每户占有耕地14.65亩；富农26户，占总户数的18.60%，占总耕地面积的26.51%，平均每户占有耕地17.29亩；贫农92户（其中有12户完全没有土地），占总户数的66.50%，仅占有耕地总面积的30.70%，平均每户仅有耕地5.95亩。"据了解，这些地主和富农中两户地主是汉族，其余富农是高山苗。因此1943年和1958年贫富户数比例似乎有一定差距，两个调查相隔15年，富裕人户变化不大，而中等户和贫困户的差距显然太大，因此，1958年的调查，疑有失实的成分。就目前情况来看，枧槽高山苗社区生活十分贫困的人户也在极少数，贫困原因主要不是土地的多寡造成，而恰在以下三点上：第一，不执行计划生育，孩子过多，夫妻生活负担加重。第二，性情懒惰，个别的夫妻好吃懒做，坐吃山空。第三，家中劳动力不足，比如，家中强劳力外出打工，留下老人和小孩，生活困难。

枧槽的生存环境链条十分脆弱，过去即使是最富裕家庭，家中主要劳动力也都要参加劳作，财富积累十分缓慢。据报告人之一回忆，国民党统治时期横征暴敛主要表现在派粮、派款和抓丁上，由于当地苗民有家族武装，同时也领有伪国民政府委以保路打匪的"官差"，所以，尽管受到国民党军队和土匪的威胁，在地方上所受的盘剥还是较其他民族略轻。他们抗争过国民党军队

① 《中国少数民族社会历史调查资料丛刊》，四川省编辑组：《四川省苗族傈僳族傣族白族满族社会历史调查》，四川省社会科学出版社，1986年版，第7页。

的抓丁，对峙过国民党的派款，具有无畏的斗争精神。从1952年起，尤其是“三年自然灾害”到“文化大革命”10年，是枧槽百年来最贫困的时期。尤其是执行“统购统销”，农民的粮食大部分上缴，余下的粮食每人仅100多斤，老百姓的生活可想而知。那时还经历过大炼钢铁、吃公共食堂，老百姓被搞得家徒四壁，怨声载道。[①] 改革开放后，农民的生活有了起色，枧槽乡高山苗生活变化也很大。客观地说，从横向来看，枧槽人民生活仍有较多问题，自然条件艰苦是客观因素，人的文化素质和各级政府部门行政工作的好坏也是个重要因素。叙永县至今为国家级扶贫开发县，而枧槽乡为贫困民族乡。一位乡镇干部在我们访谈时也谈到，每年统计人均收入，连农民的柴火也折价计算，不知是否属实。这说明农民的实际收入与统计数据有差距，他们的生活可能比我们想象的贫困和艰难，经济收入的绝大部分主要用于农业简单生产再投入和解决肚子问题。

---

① 1958年县馆藏油印内部资料，《枧槽乡社会历史调查》（第五部分，第1—2页）中，记录了一段当时被认为是对现行制度不满而进行恶意攻击的言论材料，即当时部分苗汉农民曾以说唱形式表示对错误路线的强烈不满：“老乡们坐下来听我辩论，解放后八年时（事）一二说明：……走到了五三年开始统购，每个人留粮食三百多（市）斤，五四年二三月人民叫饿，领导上一听就是批评……栽秧时又号召少秧密植……有肥田和壮土全没收成，到秋收办统购全家老伙（本文注：当地土话，意为发愁），大多数把粮食卖光过生……夸（跨）过了五六年饥饿更甚，搞生产没饭吃实在伤心。上山坡干活路硬是没劲，走路上处（柱）棍子空匀（肚?）难行……吃的是野菜蔬（薯）木根，到乡村找干部贷点粮食，一开口把话提又招批评。说闹粮要判管制，还说是罪恶大要挨判刑……不了解不料理不管农民，到秋收又搞起定产订购，逼得我贫苦人泪珠滚滚，光看到工作人吃肉吃饭，贫困人还吃的草头木根……到年底才只有猪肉三斤……今年的增收数大大增加，如果是把任务完成数字，每个人剩粮食一百多（市）斤。”“大鸣大放”时，光是枧槽乡就定了18名“反社会主义坏分子”。今天看来，当时“左”的错误路线确实使人民生活出现很大困难，有许多值得我们直面和反省的地方。

## 第三节 亲属称谓规律及术语

亲属称谓是有亲属关系的人们之间相互称呼的一套术语，亲属称谓反映了当地对血亲和姻亲的分类特点。纵观当地高山苗家族的亲属称谓，其主要特征是既反映出远古血缘关系和婚姻关系的母系制特点，又突出长期的父系继承制特征，同时由于苗汉长期杂居，亲属称谓相互兼容并蓄，因此，表面上显得杂乱无章，其实在它的内部存在着一系列规律性内容。归纳起来，主要包含了如下几个基本方面：

第一，高山苗家庭在现行的亲属称谓上表现出明显的女前男后的称呼顺序，如汉语的爸妈、夫妻、男女的称呼，在苗语中均为妈爸、妻夫、女男等等。

第二，姑妈在本姓家族中特殊的权利和社会地位，从“赶姑娘”的习俗上可以看出。又如，古氏家族捕鸟祭祖，由于特定的用来祭祀的太阳鸟已经濒临灭绝无法捕获，于是请辈分最高的本姓姑妈来做咒，家族才可以用其他的鸟代替祭祖。

第三，母舅的权利。母舅在社会上的地位也十分重要。例如，母舅在重大祭祀活动中，总是主事人家邀请的重要宾客。如果母舅在社会上有一定的地位的话，那么当事人家对于母舅的到来，将感到很有面子。人们往往也把主事人家会不会将母舅邀请得来，看作是这家人会不会为人处事的体现，主事者也会被人们看得起，而且有母舅撑腰的事情往往很好处理。

第四，从称呼上凸显远古时期的婚姻制度。例如，岳父、丈夫、中年男子的称呼是一致的，母亲和姨妈、婶娘的称呼是一致的，情人、丈夫、美男子的称呼也是一致的，等等，这可能是远古时期苗族先民通婚中没有排除不同辈分的性关系的原因，同时世系继承很长一段时间是从母系的痕迹残存在亲属称谓中保留下来的表现。

第五，不同辈分的亲属称谓体系也同时存在语言词汇中。

第六，借用汉族亲属称谓较多。例如，有的家庭不用苗语“在”称呼自己的父亲，而称其为“伯”、“叔”。在传统的观念里，父亲和伯伯、叔叔同是一辈人，远古时期的通婚规则中甚至都是自己的父亲，因此，尽管借用了汉语称谓，但实质仍然保存了本民族意识中的亲属称谓体系和观念。

第七，当地不论汉族还是苗族，在亲属称谓上还呈现出性别倒置的称谓方法，比如被称“大妈”的人实际上是舅舅，被称“大大（伯伯）”的人可能是姑妈。姐姐常被弟妹称为“姐哥”，但是哥哥却不被称为“姐姐”，这体现出苗族社会由母系向父系过渡时期，尽管辈分高的女性称谓还具有为社会公认的尊贵意义，但总的女性称谓随着女性社会地位的降低而变得卑微，女性期望借男性称谓提高自己的社会地位。

第八，严格家族内部男性的字辈排列。体现出以父系为特征的家族观念十分浓厚，聚族（家族）而居，家族是由同一个男性祖先的后裔组成的。经历了十几代人仍然清晰地记得自己的来龙去脉，根据罗氏族谱来看，每房每支的发展情况十分清楚。所有男性子孙皆按字辈排序。古氏、杨氏等亦然。

关于亲属称谓术语见本书附录二。

## 第四节 苗人的家族

所谓家族，是一种以血脉关系为基础，以父系家庭为主要单位而派生出亲房，再结合成亲族的血缘集团。一个家族中“家有家长，和若干家成户，户有户长，和若干户成支，支有支长，和若干支成房，房有房长，集若干房而成族，族有族长。下上而推，有条不紊。”[①] 一个典型的家族组织由五大元素组成：（1）族谱。家谱是记载家族各宗支情况的文本形式，主要意义在于用文字形式将家族谱系、人名、重大事件、重要人物、族规以及家族成员姓名等等加以记录并借以传世，使人不忘根本。在家族内部，谱牒犹如一本成文习惯法，对族人有着震慑和约束等重要作用。谱牒皆不外传，亦不多制，系各房支的族长、房长等人手一册，多为手录，限时不断增录，代代相传。一本完备的族谱往往是诸社会学科重要的研究资料。（2）族祠。家族的标志性建筑，议事活动中心。它是家族合力的物化形式。（3）族规。家族自定，能起到习惯法作用的规范和准则，族人必须遵守不怠，它是惩恶扬善的依据，是教化的工具，是族人行动的指南。（4）族产。家族的共同财产，包括祠堂、公田、公墓，一般表现为不动产，族产收入往往作为族内的善举用于资助贫困家庭和教育基金。族产具有增强族人凝聚力，弘扬家族美德的作用。（5）族长。家族的核心，家族对外的代表，对内的调节剂和平衡力，是家族的领导，有着组织能力和行为美德的人。由于不同地区和不同历史各家族的发育程度和受外界影响的结果不同，以上五大元素各有表现。

其一，枧槽高山苗家族已有上百年的历史，由于深受汉文化影响，带有汉族家族文化的明显特点。其家族组织发展是个特例，从 1950 年、1956 年罗氏和古氏两家族修撰谱牒情况来看，其家族制度恰恰是在全国范围内以内地汉族家族文化走向迅速衰

---

① 林耀华：《义序的宗族研究》，生活·读书·新知三联书店，2000 年版，第 73 页。

落的时期得以完善。这符合边缘文化对中心文化的消化吸纳总是随着时间的推移来实现这样一个文化播散的特点，即中心文化在可能已经有变化的前提下，边缘文化接受的信息却是尚未变化的文化内容。

其二，以峰岩为中心的罗氏家族从 200 多年前开基，到 20 世纪 50 年代前已发展成几千人的规模。完整意义上的罗氏家族散居在川、滇、黔三省交界地区，峰岩罗氏仅仅是罗氏家族中的大幺房下小长房、小二房、小三房、小五房的几个支房部分，但是峰岩罗氏家族组织形式表现得最为成熟，并对其他地方的罗氏同族人产生向心力和凝聚力。

罗氏族长之职已传三代。出于血缘组织和地缘组织相结合，罗氏族人解放前不断出任当地乡土社区的乡长、保长、里长等职，运用国家基层政权手段，壮大和保护自己的家族组织。叙永县解放前夕，第二任罗氏族长，毅然选择跟共产党走，在 1950 年，我党组织的征粮剿匪的几十场战斗中，战功卓著，至今仍在当地传为美谈。据族谱记载和族人讲述，当时的家族武装被共产党改编为“叙永县人民保家自卫队第一中队”，全队调入解放军的一个排协助剿匪，指导员是上级指派的，除此而外的另外 34 人中，全是枧槽乡的苗族，其中一位周姓和两位韩姓，其余为罗氏（22 人）和古氏（6 人）族人。半年时间里经过大小战斗 46 次，以仅牺牲 1 人，而歼敌 150 多人，俘虏 200 余人，击溃残匪 1000 多人的战绩，圆满完成了党交给的战斗任务。罗氏族长被当时的川南军区记“大功”一次，授予“人民功臣”的称号，并参加全国英模大会，被授予“西南民族剿匪英雄”。1952 年 2 月，参加西南民族参观团，受到了毛泽东、刘少奇、朱德等党和国家领导人亲切接见。解放后直到他 1984 年去世的 30 多年的时间里，屡任叙永县副县长，县人大副主任，四川省民委委员，第一、第二、第三届全国人民代表大会代表，第五、第六届全国政协委员。

其三，族田，传统族田最早的作用是用于缴纳赋税。峰岩罗氏族产出现在清末，由于地方官吏很难到达这一封闭山区，当时的苗族会讲汉话的极少，就请汉族乡绅代为申报，由于核定的田赋负担较少，族人辟出一块半亩不到、上好的水田作为专门缴纳官府田税的公田，各家轮流耕种以尽责任，其余各家田地收成都由各家所有，直到民国时期。

其四，高山苗还没有接受族祠这一汉族家族组织的概念，由于有关祭祀祖先的活动都以各家堂屋为主要场所，所以族祠的修建也就显得没有必要。另外就是强烈的自我意识，虽然形式上接受了汉族的家族文化，但其内核仍是苗族自身的文化内容，尤其突出地表现在其祖先崇拜的宗教信仰观念和行为方式上。

其五，族规。尽管大部分少数民族地区长期以来没有汉族内地家族制度完善，但是以血缘关系为纽带的乡土组织实质上就是家族社会，他们遵守着本民族的伦理道德和习惯法，由于人类对于善恶理解的普同性，在定族规的时候大量吸收了汉族主流文化的内容。

罗氏族规有八条：

本族以房大族宽一本源流分居各地，川滇黔省毗连各县人数甚多特拟族规八条以供遵守：

一、孝——为百行之首，凡我族人须各体亲心俸养高堂，冬温夏浸，毋忒疏懈倘有忤逆不顾强颜犯尊者立予严罚以儆效尤。

二、悌——记云亲峡睦九族协和万邦，凡我族人，须兄爱弟，敬而长幼有序，尊卑有伦，如敢犯上逞豪辱骂尊亲者，由族会公议重处不怠。

三、忠——教人以善谓之忠，凡我族人务必以善相勉以恶相戒，推己及人，于家于族必以忠恕待之，如敢诈欺奸伪励挪族中者众责令偿之。

四、信——论曰人而无信不知其可，凡我族人如受族会嘱诧，务必竭诚办理，如敢故意延误则按事之重轻议之。

五、礼——记云：亲知以德皆股肱也，凡我族人尊卑少长，男女老幼须持相以礼，徐行长前，兄先弟后勿得紊乱违者当以大义训诫之。

六、义——记云：以恩待人之谓义，凡我族人必以恩相待，事得其宜，见利思义，抑强扶弱，矜孤恤寡如敢故违当议处之。

七、廉——辨别取舍之谓知廉，凡我族人，须当辨别取舍，当得者取之，不当得者去之，言满天下无口过，行世天下无怨恶，则与世无争矣。

八、耻——记云：不耻不若人何若人，有凡我族人须知耻如逆父侮兄凌少欺长，甚至为非甘罹法网，乱伦常以辱先人，是皆族之大耻永予严禁违者由族会公议处之。

文字规定往往是一个广泛意义和象征意义的东西，习惯法和民族的伦理道德规范仍然是事实上的行为准则，他们至今还在继承和遵守着。

家族内有关字辈的规定，这是家族世代发展以文字的表现形式记录出来的血脉的延续性，这是家族的一个共性，因为家族组织最重要的核心内容就是世代繁衍绵延不绝，字辈就像一条线将整个家族的脉络十分清晰地勾画出来，它增强了家族内一脉相承的个体之间的连续性和认同感，增强凝聚力与亲和力。罗氏族谱的字辈为：正廷徵兆显，天锡凤麟经，崇德毓英俊，贤才继世兴，荣华光藻翰，大化永昌明，传家忠孝义，圣哲定乾坤；古氏族谱的字辈有：康成文学德，盛哲启家邦，光辉传万世，大道定霞昌。

族内是按照班辈来排行的，年纪再大仍然是小辈，当平常年纪和辈分形成剪刀差的时候，辈分低而年纪大的仍然按照规矩称呼年轻的为“老辈子”，而年纪轻的也十分尊敬对方，按照自己孩子的辈分来称呼辈分低的老者，一般都是提高一辈，以示尊敬。但也有这样一种现象，就是辈分太高了，降一辈称呼之反而显得不伦不类，在这样的情况下，往往采取平辈关系的称呼，由辈分高的一方按照年龄大小来称呼年长者，如“姐姐”、“哥哥”等，年长者还是按照辈分继续称呼年轻的“老辈子”，或者干脆就称其“某某爷”、“某某婆”。

图 107　罗氏家谱的“家族树”

祭祖活动，罗氏有固定的祭祖活动，每 10 年一次。古氏族人与罗氏有着非常密切的联系，相邻 200 多年并世代通婚，古氏家族组织与罗氏有着一定的相似性，人口发展也基本相近。古氏家族核心在枧槽乡沟边村，古氏保留本民族文化的成分较罗氏为多，例如，古氏有着其独特的太阳鸟祭祖仪式，至今尚有遗风。他们在 1985 年前还较为完整地保留着苗族的“翻尸”（二次葬）遗俗。这同与汉族有着直接血缘关系的罗氏有明显区别，但这并不影响两大姓氏之间的通婚和民族认同，而且一定程度上正因为两大姓氏居住地紧紧相连，形成一定的社区规模，才使得苗族文化在与大量汉族杂处的民族散杂地区得以生根开花。

谱牒的修纂。罗氏目前有新旧两个族谱，旧谱牒修纂于 1950 年，由现任族长的父亲老族长领衔主修，因为当时的族人的汉文化水平普遍不高，故外请了一位亲戚帮忙手书，故手书了四份，家族中每亲房一份。由于经历“文化大革命”，保留族谱的人都是经过旧社会而来，生怕这谱牒将不利于自己的情况显露，引来麻烦和灾难，有的人将其付之一炬，有的人挖去了一些与个人有关的材料后藏起来，现在几乎找不到完整的一份，只能东拼西凑，难以恢复原貌。

罗氏谱牒的内容涉及家族的发端、迁徙及发展，家族各房支的脉络，族人杰出人士事迹，婚配及后代状况，族人姓名等等。尤其绘有一张“家族树”（见图107），可以说是高山苗族谱的一大特色，或是地方特色。硕大的一棵树生根发枝，形象生动，可以说是族谱最直观和有意义的一页，这对于一个对汉文化不甚通晓的少数民族来说，无疑是很直白的描写方式，也可以说是边缘文化的一个创造。[①] 另外，族谱里尽管有大量汉文化影响的成分，但是，从中也体现苗族男女平等思想，族内男女子孙皆在谱牒之中，可以说是苗族文化特色的一个具体体现。

现任族长开始组织族人于2000年续修族谱。古氏族人也在现任族长组织下修纂新族谱，古氏过去的那份族谱据说是在“文化大革命”中销毁了，甚为可惜。在叙永县苗族当中，家族修纂谱牒的有罗氏、古氏和后山镇的张氏等，据说罗氏和张氏的老族谱最为有价值。一来它们记载的历史较长，谱系较清楚，内容较丰富。二来两家族长期在叙永县苗族中有一定影响，解放后培养的人才和领导干部较多，有一定的文化水平，研究其谱牒能为研究西南三省交界的高山苗历史文化提供重要的历史线索。再者，张氏解放前是有大量田产的地主，整个家族在当地经济实力雄

① 罗氏族谱旧谱牒的编纂者之一、手书者名杨其文，苗族，已去世。他早年读私塾，精通汉文，后随裴光华牧师在川南传教，在教会学校教授汉文和苗文，并随传教士到过云南省的怒江地区，解放初期回到家乡。这棵“家族树”是他亲手所绘。这一含中西文化内涵的少数民族族谱确有其独特的文化特色。

厚。

家族武装。罗氏（含古氏）曾是当地绝无仅有的能与汉族民间政治势力（解放前的民族矛盾尖锐时，常以政治上的争夺和武装上的抗衡来一决雌雄）抗衡的一个家族。罗氏有家族武装，古氏成员是重要的参与者。解放前，国民党地方政府利用他们的实力打击土匪，保路护路。据当地地方史志县志记载，更早以前，明朝政府、吴三桂、清王朝都利用过当地的苗族打击过彝族土司势力、支持地方割据势力或平定叛乱。

枧槽高山苗家族武装有100多年的历史，成员们个个身怀绝技、英勇善战，通常是在没有或绝少牺牲的情况下换来决定性的胜利，至今当地还流传着他们的故事。罗氏族谱就这样描写和记载着："清末明初，罗公海也曾被任命为分水枧槽乡团总，为保境安民久战沙场，匪寇闻风丧胆，英明远播。"① 族人在传说这一故事时，还会自豪地讲道，我们苗兵尽管穿着破烂，衣衫不整，但也曾浩浩荡荡开进叙永县城接受过官府嘉奖。"剿匪"壮举也使全县人对苗人刮目相看，大长了民族的志气和威风。

峰岩和沟边以罗、古两家为代表的家族制度已经延续了约200年时间，最近他们都在重新撰写和正在撰写族谱。调查中我们还看到他们50年前修的谱牒。峰岩罗氏家族谱牒上十分详细地记载了9代或11代族内各房分支、繁衍和居住情况。

在民族散杂地区，占人口绝大多数的汉族和占人口少数的少数民族，无论在政治、经济和文化各个方面，客观上有着密不可分的联系。在漫长的民族融合发展过程中，你中有我，我中有你，各自汲取着对方的文化精华，又创造着各自的区域文化。居于主流文化地位的民族往往以人口占多数、经济文化相对发达等

① 明清以来，川、滇、黔三省交界处匪患无穷，直到1950年在大规模武装"剿匪"后，匪患才告绝迹。

客观因素，实现着对少数民族文化的吸收、涵化。同时，少数民族文化也实现着对主流文化的汲取、筛选，乃为我所用，直至壮大自我的目的。总的来说，这是一个双向的自然同化过程。同时由于当地各民族经济水平发展相当，加之族人对本民族家族文化的顽强护卫，民族自我意识强烈，使得这种同化趋势相对缓慢。

散杂区少数民族家族组织形式在外壳上很大程度接受了汉族家族文化的内容，属其初级形式，同时体现出本民族自身文化特色。因此，家族文化形成一堵墙，阻碍着外界力量对其“民族壁垒”的完全渗透和影响，其本身所独有的内涵形成规槽高山苗文化中一个特有的文化因子，为本民族自身文化发展提供相对独立的空间，维护着本民族自身文化发展的轨迹。然而，有时候它也是一股顽固的逆动势力，对少数民族乡土社会发展造成缓进趋势。所以，它的影响具有历史性和现实性，我们分析传统文化中的思想观念、物质文化的精神作用以及文化教育、计划生育等现实问题时都不断牵扯出家族话题。

# 第六章　信仰方式——神祖巫术与宗教

乡土社会的原始信仰方式和祭祀活动是民族学学科研究的重要部分之一。苗族本原的宗教信仰是祖先崇拜和神鬼崇拜，这种信仰认为世间万事万物都是有灵魂的，包括人本身，人的肉身和万物的具体形式都是有生有灭，而灵魂是不死的，尤其是人本身，生与死无非是人类以肉体和灵魂的两种轮回形式。生活在两个无法自由往返的世界里，是有限对无限的跨越。现世是临时的，而来世才是永恒的，除了彼此的承继关系外，来世的灵魂由于具有超凡的能力，实施着对现世的保护和惩治，为了得到它们的保佑，人们必然对它们顶礼膜拜，听从它们对有限生命的安排，同时有限的生命也采取隐讳、婉转和变通的形式实施着对灵魂世界的抗争。为了达到这个目的，人们光靠一种信仰观念是不够的，还必须采取一种"赂神"、"娱神"的方法来达到目的，巫术就是这种方式和手段。

枧槽乡高山苗在近代接受天主教和基督教信仰有一定的特殊性。世界性宗教信仰通过西方宗教势力的渗透，于 20 世纪初到达川、滇、黔三省交界地区，而尤其以少数民族的趋众化信仰为其传播方式，这段历史尽管只有大约 30 多年的时间，并且真正的宗教信仰观念并没有牢固地扎根下来，但是它对高寒山区苗族社会从封闭、愚昧走向开放与启智客观上起到了促进的作用。

苗族巫文化历史久远，巫教在广大苗族地区十分盛行，在聚居区域有系统化、复杂化、功能化等特征。枧槽高山苗长期处于聚居区的边缘，因此其宗教信仰中巫文化的特色，一方面具有本民族历史遗留的痕迹，一方面也带有明显的地方性特色。观察枧槽乡宗教信仰活动，在平常生活中表现得并不十分明显，村寨里既没有专门从事宗教活动的人员，也没有公共的宗教活动场所。但是，通过深入观察可知，在人们的思想意识里，宗教信仰在一定程度上还不断影响着人们的行为方式和生活态度。这里的高山苗和其他杂居区的苗族在宗教信仰上最大的一致性就是祖先崇拜、神鬼观念和巫术仪式，构成与周边汉族十分鲜明的差别，而且为本民族内涵和具体表现方式在长期的不同文化的交融过程中保存得最为独特、最为完整和最有代表意义。在与当地人相处的一段时间里，甚至可以感觉到苗族的宗教信仰以巫文化的附着方式得以延续，并且成为人们精神世界的一个支点，由此他们安于艰苦的劳作和生活，对生与死的理解表现得淡漠与坦然。

在现实生活中，具体的巫术形式比信仰更具有实用性，尤其在人们遇到难以预见的灾难和病痛面前。具体的一套巫术形式可以使人们在短时间内从精神上得到一定安慰，有一定的精神治疗作用。至今枧槽乡的医疗水平和农村医疗条件仍相当初级，远远不能满足人们治病和卫生保健的需要，遇到难以治愈的或者无法支付大笔医疗费用的疾病，人们仍然倾向于巫师的“治疗”。巫师一般略知一些民间草药，更增加了其巫术的“神力”。因此，具体的现实问题，宗教信仰本身不能解决，而代由巫术的实施产生效果。

## 第一节 神鬼及祖先崇拜

苗族的宗教观念，散布在其精神世界的各个角落，而作为宗教观念的外化形式，尤其对生与死的看法上表现得最为淋漓尽致，作为人类共有的精神文化现象，这种表现是一致的。祖先崇拜和神鬼信仰是苗族本源的宗教信仰的两个主要内容。

在此，姑且不谈枧槽高山苗宗教观念的源出以及与广义上的苗族文化中宗教信仰的联系等等，因为长期与汉族杂居和内部相对封闭的状况，过多地论及根源与联系，显得有些牵强附会，而关注其宗教信仰状况和对民族文化的作用则更具实际意义。首先，宗教观念至今仍然保留在人们的精神世界和物质生活中，本身就说明了它对现实生活的功能和作用。从当前枧槽高山苗宗教信仰主要作用在以丧葬为主的系列活动中，就充分表明它提供给人们的一种精神的支持和思想的慰藉，帮助人们克服对艰苦生存环境的畏惧心理和对来世的不解和焦虑。丧葬活动中，人们在一种宗教的氛围下，将哀死变为“娱死”，鼓乐的鸣奏将亡灵送到“天国”的门槛，甚至由人鬼世界的媒介——多能带着亡灵要走一段长路，为其指路然后让它留在神鬼的世界里，并用芦笙专门为它们（神鬼）演奏，为它们献上丰盛的“食物”和“牲畜”。所有这一切对活人都是一种生死观的教育，宗教帮助人们去面对现实生活中的许多不确定性，也帮助人们对死亡和来世怀着平静的心态和永生的希望。尽管生活是不断变化的，但万变归于其“终”（生命的终结），尽管来世谁也没有见过，但万变不离其“衷”（设想和希望）。重要的是，共同的宗教信仰实际上是一张“身份证”，它使有着同种信仰的人们产生一种认同，进而增加排他性和凝聚力。本人调查时明显感受到这一点。在举行仪式的过程中一些人十分肯定地对我说，这是我们的做法，我们同他们（汉族）是完全不同的，等等。因此，“宗教通过向人们提供某种特定组织中的成员资格，帮助人们回答‘我是谁’的问题”。[①]当其他一些习俗如婚俗等由于不同的文化影响和社会变革而发生较为迅速的变化时，但是人们偏偏在不断强化葬俗，尤其是其中的各种意识和各种程序，尽可能地表现出与周边不同民族之间的差异性，就充分说明了这一点。还有，宗教信仰有一种传统伦理道德的教化功能和约束力量，使得心存信仰的人们循规蹈矩。在乡土社会，往往习惯法的源出都来自于宗教，是人们价值评判的尺度，于是对一定范围内社会稳定和良性运转提供了可能，同时这种对社会的稳定功能也不同程度地成为异质（指不同的文化）之间交流的阻碍。多年的杂居生活，共同的经济生活圈和广义的文化氛围，仍然使不同的民族产生不同的归属性和认同感，宗教信仰因素不能说不是最根本的原因之一。乡土社会的人们主观上并没有刻意去思考这一点，但是他们在强烈的族际认同下，顽强地维护自身发展中不知不觉地运用了这一功能，保持本民族文化传统的延续。理论上，我们也曾提出形成民族的四个基本特征（共同地域、共同经济生活、共同语言以及表现于共同民族文化特点上的共同心理素质），其中最根本的一大特征就是“表现于共同民族文化特点上的共同心理素质”。心理素质是一个抽象的含义，它是通过各种具体的民族文化形式、组织、制度和性格得以体现，而宗教信仰是一种特殊的社会意识形态，是信仰者的世界观和方法论，因此，虽然一切文化的内容和形式都与宗教信仰有着密切的联系，在我看来后者往往是指导性的，即宗教信仰产生的

① ［美］戴维·波普诺：《社会学》（李强等译，第10版），中国人民大学出版社，1999年版，第454页。

文化特色和文化现象，最终构成不同民族之间的民族心理素质，是一种本源的现象。因此只有当一个民族放弃了自己特有的信仰而接受他民族的信仰后，才可能动摇本民族的特有文化形式，进而改变其文化内涵，再进而实现民族间的融合。可以说，以枧槽高山苗为典型意义的西南三省交界地区西部苗族的较为频繁、日趋隆重的葬俗活动，正与这一趋势相悖。

所谓祖先崇拜，在枧槽高山苗地区主要表现在两个方面：首先，对于同一家族的人们，拥有共同血系的强烈认同，对各自的血脉源流脉络清晰代代相连，由此上溯到可知的第一代的老祖并对他产生尊敬和崇拜。过去世代都有举行祭祖追思活动，或通过葬礼、做斋和逢年过节的献祀活动。其次，在枧槽乡不同的姓氏对祖先崇拜有着不同的具体形式，有的还保存有图腾崇拜的痕迹以及浓厚的巫文化特色。例如古氏的鸟祭，每年古氏青壮年男子都会潜入深山捕猎太阳鸟，一定要有所获才能返回。大年三十那天晚饭时，古氏每家都要做同一件事，将鸟肉拌入供奉给祖先的饭食中，用一只碗盛上，并在碗中插入 12 个木勺（据说是给祖先吃饭用的），由每家的男性家长主持，呼唤列祖列宗回家过年。此习俗延续至今，只是太阳鸟现已濒临绝迹，连见到它的人都屈指可数更何况捕获了。因此，不得已请本家姑妈出面做咒语，请祖先们允诺以后只要抓住任何一种鸟来祭祀即可。

据考古发现，我国新石器时代早期东方部落就有凤鸟崇拜，神话时代关于鸟崇拜也有着不少记载，比如远古东夷族群的鸟崇拜，殷商主体民族以“玄鸟”为图腾等等。而神话时代之后关于鸟崇拜却愈来愈鲜有记载，现在作为活的民族学鸟祭材料十分稀少，而直接用太阳鸟祭祀就更为罕见。本人才疏学浅，就当前所了解和掌握的用太阳鸟祭祖个案在我国民族志材料中，古氏家族为绝无仅有。古氏早年从湖广迁徙入川，家族保留这一仪式是否与古籍记载的古代巴地族群或更远的对“咸鸟”、“凤鸟”、“朱雀”等图腾崇拜的远古东夷族群是否有某种关联？据亲眼见到过此鸟的古氏老人描述，这种有着红色羽毛和燕尾的“弄珞莱”——红鸟，极可能是太阳鸟。太阳鸟，古汉语朱雀，用现代白话讲就是红鸟。在中国神话史上，太阳鸟是四圣兽（青龙、白虎、朱雀、玄武）之一，北方叫“凤”，南方叫“朱雀”。太阳鸟在我国数千年来一直是华夏人民心中的瑞鸟，象征吉祥。有关太阳鸟的传说年代久远，《山海经·海内经》云：“西南有巴国，太嗥生咸鸟，咸鸟生乘厘，乘厘生后照，后照是始为巴人。”[①] 董其祥也认为：“咸鸟应当就是凤鸟，也叫‘玄鸟’……‘玄鸟氏’就是‘咸鸟氏’。传说太嗥氏继太嗥王天下的一个东方部族‘少嗥氏’……是以凤为图腾。”[②]由于古巴人远古图腾是龙蛇和白虎，今天作为巴人后裔土家族也鲜有鸟崇拜的民族志材料，因此，他认为鸟图腾与古巴地有联系并非鸟一定就是古巴人的图腾。[③] 古代武陵山区（今川、渝、鄂、湘交界诸地）巴、氐、苗、瑶族群的先民们长期杂居，有着地缘、血缘等多方面的联系。从古氏祭祖仪式和苗族确源自东方等有关史料研究来做一个分析，可以进一步对苗族与远古鸟图腾的东方古族群有某种渊源的思考。

这一民族学田野调查的发现很有学术价值。

另外，古氏在1985年以召开家族会议的形式放弃了一个古俗——“翻尸”（二次葬），苗语称“阿裴”（意思为修房子），这是一个极富本民族特色的葬俗。关于为什么实行此俗，他们的解释是：过去苗族不会讲风水，第一次下葬的时候可能压不到好的龙脉，家中有天灾人祸，认为是祖坟风水不好的缘故，所以必须

① 罗梦山编译：《山海经》，宗教文化出版社，1998年版，第133页。

② 董其祥：《巴史新考》，重庆出版社，1983年版，第37—38页。

③ 董其祥：《巴史新考》，重庆出版社，1983年版，第38页。

施行“翻尸”。据报告人回忆，按照过去的做法，将亡人的尸骨挖出来，洗干净再用红布包裹好，制作一具小的棺木，将尸骨放入，重新选择好的地方再葬，旧的墓穴就放弃，接着回到家中就要为亡灵做斋，方毕。如果家中仍有不好的事情发生，那么还要再“翻尸”。如此反复不断，直到状况发生好转。据说，尽管是解放后破“四旧”，他们也没有放弃过这样的习俗，而放弃的原因是由于亡灵的一次托梦和一次“翻尸”的发现。托梦的故事是：大概3—4代前，人们为一亡灵“翻尸”，开棺发现尸体竟然骨肉完好，老人的脸上还有似露珠样的水滴，按照习惯，必须将尸肉和骨头分离，将骨头洗净，才能再葬。于是决定到对面山上去砍些树，支上口大锅来烧开水，将尸肉从骨头上分离，但是砍柴的时候他们都听见老祖公在凄厉地叫喊：“你们这样整，我吃不消哦!”这时，死者的老伴正在家中睡觉，忽见死者哭着回家来，对她说：“哎呀，他们在用铁锅煮我呀，我怎么受得了呀!”说罢就不见了。老伴慌忙跑去看个究竟。尽管人们很惊异，但还是按照祖训进行了洗骨并包在红布中把它再葬了，但是这件事使得族人们都心有余悸。人们最后决定不再“翻尸”，是1985年一族人为其祖母组织的一次“翻尸”。这族人的婆婆（四川汉话，是爸爸的母亲）已经死了好多年，但是在人们将她的坟挖开时，她的尸骨仍然十分完好，死者的胸口还盛着一汪像银子般亮堂的水，银子就是财富，是否这是老祖婆借以告诉后人，这里是风水宝地不能迁移。人们又联想到一直在族人中流传的那个故事，于是人们认为这是先祖们一再暗示后人不要再迁坟了。所以古氏召开家族会议，一致决定放弃“翻尸”。

“翻尸”在我国古籍中早有记载，如清代《百苗图》等。《百苗图》中对第五十幅图“六额子”的解释：“在大定、威宁二属，有黑、白二种……亲死时，葬亦用棺。期年后，卜吉，延亲族至墓前，以牲酒致祭。发冢取馆，取枯骨刷洗，以白为度。用布裹骨复埋。过一二年，仍取骨而洗之，七次为止。遇家人有病，则曰：‘祖先之骨不洁净也。’仍取而再洗，所谓‘洗骨苗’是也。近［经］禁诫，此俗渐息。”①

循着这一线索，调查中对此进行了更为详尽的了解。其实“下方苗”中部分人至今还保留着这一古俗。叙永县民族宗教委员会的同志们也帮忙做了安排。2005 年 1 月 20 日，我们从北京启程来到了至今仍保留此遗俗的叙永县震东乡落水村西湖社参加陶氏为其妻举行的“翻尸”仪式。陶氏膝下有三女，其妻项氏 1973 年病逝，因家境贫寒一直未了却为其妻做“翻尸”的心愿，由入赘的小女婿主持，为其岳母做“翻尸”祭祀，历时三天。由于我们来前做了充分的准备，因此，整个葬俗记录拍摄得比较完整。

具体过程是：凌晨 3 点左右，人们从家中备好祭祀的物品，包括一口长 1 米左右、宽和高约 30 厘米的木制小棺材，形状与大棺材相似。到墓地举行开场仪式，杀鸡、献酒，多能不断地吟唱，歌词的意思大概是：这么长时间了我们才来帮你整理房子……（见本书附录四），接着多能和 3 位男性老年人一起用稻草在小棺木内大致摆出一个人形来，实际上呈支架状，约 1 米长，很细。开始为稻草人穿衣，衣服是亡人的女儿们制作的，很像玩偶穿的小衣衫，但包括全套的苗族妇女服饰，包头、上衣、百褶裙、围裙、绑腿等一应俱全。人们在小棺材内十分仔细地给“稻草架”（象征亡人的尸骨物）穿衣，穿好后抽去稻草，钉上棺木。此时鞭炮、唢呐、芦笙齐鸣，人们开始在原坟茔旁边两米处挖出一个小坑，将小棺木放入其中再掩土，并搬来石块垒成同大坟墓的一样形状，

① ［清］陈浩：《八十二种苗图并说》，此为一系列抄本的总称，原本已经散佚，民间有很多抄本。本文主要参阅中国民族图书馆《百苗图》，河北教育出版社，2002 年版；刘峰：《百苗图疏证》，民族出版社，2004 年版。

多能又来到小坟头前献酒、唱祷告词，结束后，人们吹起芦笙和唢呐回到家中，家中的祭祀活动就正式开始。连续三天三夜的祭祀活动，程序十分繁琐，程序基本上同丧葬仪式相似。

显然“翻尸”就是古俗“洗骨葬”，或“二次葬”。刘峰[①]文中对“这一古老的葬系在整个川滇黔支系苗族中，已逐渐失殆尽”的判断，是在没有深入实地进行考察的前提下而草草做出的结论，带有主观臆断。西部苗族仍然保留“二次葬”习俗的族群和区域远比个别不符合实际的判断要多，甚至保留完整，据报告人介绍，如果由于实在不得已的各种原因（家中遇大难或修路架桥等非迁坟不可），实行的所谓“翻尸”，还是会依照古俗进行。作为根深蒂固的信仰，除非是人们自愿放弃，仅仅靠用外力的作用是不可能消失的，或者仍可以在他们的文化体系中发现它的某种痕迹。现存的“翻尸”过程是对过去二次迁葬的演绎，多能唱的《翻尸词》显然带有远古遗风。

史料记载，不再开棺洗骨是由于官府认为此俗为陋习，是不仁不义的“蛮行”，予以干预并强行禁止。但是据了解，事实上苗人并不轻易“翻尸”，对此他们有着自己的一套解释，即墓地本来是不能随便动的，但是如果家中的确发生了许多不祥的事件，多能打卦也认为是风水不好，先人作怪，所以才要“翻尸”。习俗的改变最终是受外界的影响和压力，还是内部自我调整，不好妄下断言（仪式录像剪辑照片，见附录四）。

这两种习俗，都是古老的民俗现象。随着发展，其存与废，反映出各民族宗教观念中对生死的不同信仰和态度。

苗汉的祖先崇拜信仰中存在着一个复杂的灵魂世界，这与主流文化宗教观念有着一定的区别。汉族对神鬼世界的看法，与其说是充满宗教意义还不如说是充满畏惧心理，人们对神鬼之间在

① 刘峰：《百苗图疏证》，民族出版社，2004年版，第129页。

具体概念上已经有了善恶分野，善者为神，恶者为鬼，并且等级分明、系统庞大，人、神、鬼生活在迥然不同的世界里，一个是人间，一个是天国，一个是冥界，平时互不干扰，若有联系，无福即是祸，诸如此类。而苗族宗教信仰形式必然涉及我国远古的巫觋文化，尤其是谈到其宗教信仰的具体表现形式时，巫教内容跃然纸上。在巫的世界里神鬼是一致的，每一位神鬼都有着善恶双重性格，所谓二元一体结构。当人们敬畏、侍奉它们时，它们就行善庇护人间，如果不恭敬且怠慢了它们，它们就会生气，就会作恶于人间，让人们遭受灾难和病痛，弄得人间六畜不安、鸡犬不宁，于是，人们对所有的神鬼都要膜拜和敬奉。有时候神鬼也有意想给人间制造一些麻烦，所以常使人们偶有小恙，但不能迁怒于神鬼，反而要认为这是神鬼的提醒。枧槽高山苗大部分仍笃信之，尤其是面对生活中无法解决的难题，碰上了天灾人祸，往往求助于巫术。因此，不孝敬祖先不祭祀神鬼是不行的。枧槽高山苗祭奉祖先和神鬼却是一个复杂的多层结构，在他们看来，远古祖先生活在一个更为遥远的世界里，凡人是去不了的，还没有去到祖先那里的近世祖先和鬼魂都生活在与凡人空间上几乎重合的同一个世界里，实际上神鬼就和大家生活在一起，只是它们有自己的作息方式，它们也和人间的凡人一样有七情六欲，也要吃要喝，人们对它们虽然偶有遇见，只是肉眼凡胎，浑然不觉罢了，它们来无影去无踪，让人无法琢磨。另外，祖先、亡灵和神鬼在概念上时而区别之，时而重合之。各家各户祭祀亡灵时，认为它们是死去的祖先，平日里它们“兴妖作怪”时又认为是神鬼。有时候人们对神鬼和祖先虔诚供奉，有时候又行巫术对他们施咒遏制，敬与罚、爱与恨交织其间。虽然枧槽高山苗的宗教观念里面也接受了汉族的“天国”、“地狱”之说，但实际上他们在概念上还是较为模糊的。因此，他们自己的理解是，肉眼看不见的神鬼既与人们生活在一起，又有区域的划分，远古的祖先居住在东方，去世后还没有做斋的亡灵和鬼魂仍然留在人间，人们必须不断地举办祭祀活动把它们一个个送到祖先居住的东方去，否则只要后人们不做完一系列的祭祀，它们是不会离开的，时间长了还会迁怒于后人。于是在高山苗的现实生活里就有一个充满阳气的人间世界和一个充满阴气的神鬼世界。在我看来，他们对凡人世界和鬼魂世界的划分，实际上是在头脑中对信仰概念进行了空间层次划分的结果。外人很难理解他们的信仰体系，觉得体系下的空间、时间和概念都混乱不清。实际上，他们的祖先崇拜和神鬼崇拜信仰体系既是多层次的，又是多维的，各种信仰概念交织其间，远不是一两句话就能完整概括出其丰富的信仰内容的。

苗族是一个历史古老的民族，其文化中巫觋文化的历史源远流长。可以说，这种巫觋文化的根本仍然是我国黄河、长江流域古代文化的一种遗存。春秋战国时期，楚巫觋文化乃为中华古代巫觋文化的极盛时期，后来逐渐以儒家文化作为传统文化的正朔、准宗教，极大地抵制了巫觋文化，使表现为“信巫鬼，重淫祀”、“荒诞不经”的巫觋文化，退居到民间信仰的层次，成为一种亚文化，甚至长期被视为封建迷信活动而遏制它的延续和发展。由于居住在高寒山区，社区相对封闭，同内地的交往有一定的局限性，枧槽高山苗的宗教信仰中或多或少留有巫觋文化痕迹，而且它信仰层面的主要内容由丧葬礼俗得到了极大的显现。

2004年1月2—9日，我们参加了一位老人的葬礼，按照当地高山苗的说法，这个葬礼完全是苗族式的。实际上，在苗汉杂居区，或多或少地有着受汉族影响的痕迹。另外，苗族社会不存在男尊女卑之说，无论死者是男是女，葬礼的隆重程度是一样的。死者为女性，姓马，卒年70岁。20世纪50年代从中央民族学院（中央民族大学前身）预科毕业，她和丈夫从中央民族学院回到叙永县，在60年代全国性的削减城市人口的运动中，又下放到农村做了一辈子的农民，生育了五个儿子两个女儿。长年的辛苦，使她得了一身的病，在认为病不会好转之后，家人将她送回老祖屋（位于后山镇），平静地等待最后那天的到来。几个月后，她终于未能熬过寒冷的冬季，走了。我们是在葬礼开始前到达的，其实葬礼的准备工作是在确定病人必将去世时就开始进行了，具体时间是我们到达的前一天。

首先，确认病人即将咽气，一定要有儿女在身旁守候接气，第一个是接大气，即指正常的呼吸消失，然后是接小气，就是常说的气若游丝，如果大气小气都被儿女们接到了，会被认为对死者和儿孙都是件极好的事情。死者会被称为善终，儿女们也被认为孝顺并将大福大贵。然后家人为死者洗脸、梳头、洗身、剪指甲和脚趾甲并更衣，将她收拾停当。这时候近处的亲朋闻讯赶来，开始分别上路到各处报丧。堂屋立即被清理出来，一般请来办事的本家姑爷姑婆、后家（娘家）舅爷舅婆、儿女亲家、掌坛师[①]、祭师、内外总管、鼓手笙手等，大概在正午时分到齐，丧家在堂屋摆上酒肉，开始商量办丧事的具体事宜。商量结束后，开始布置灵堂。死者被放入棺材，抬到堂屋里神龛下方。人们砍来一棵直径约有7—12厘米的青竹，截好搭在堂屋两侧的阁楼门框上，其正中间和一棵与地面垂直的柏树（只留树干，约2.5米，这在当地是有讲究的，只能用柏树，什么原因他们也说不清楚，只是认为习惯就是这样。但是我后来在震东乡西湖社的落叶村见到的却是用青竹竿）捆扎在一起，并插上两把芦笙，于是开始吊鼓，鼓置于堂屋正中但偏靠堂屋门口。先在堂屋的上方放置

① 掌坛师：祭祀活动的主要程序主管。祭师：具体祭祀仪式的主事者。内外总管：内总管负责丧事活动中的礼仪活动的操作，代表丧家。外总管负责礼物的接收和管理以及收支安排。亲友们送来的礼物都是要挂账的，比如，纸钱、牌匾、粮食、蜡烛、香烛、烤酒、鞭炮、鸡、鸡蛋、牲口等。除孝子外凡是能够吹奏笙鼓的都可以参与。

一张小方桌，放置一倒扣着的饭碗、一个鸡蛋、一个调羹（里面装上菜油，搓捻子点上灯），右上方也放置一张小方桌，是为唢呐丧乐队准备的（有的时候是几个唢呐丧乐队，包括死者的娘家请来的，堂屋里安排不了的，就安排到其他的房间里），堂屋的其他地方放置不少的长条凳，主要是为大家休息而准备。

一切准备停当后，祭师左肩挎弩，腰间佩刀，手拿竹卦，杀掉一只鸡后，走到棺材前开始为死者唱《指路歌》。[①]它完全由苗语说唱，里面还夹杂着大量的古苗语，就是懂苗语的一般人听起

图 108　长明灯

① 死者去世必须由祭师指点死者的灵魂走上正确的上天之路。意思是祭师先带着死者的灵魂预先走一趟，认认上天的路，不要走迷路了而见不到祖先们，等仪式结束死者的灵魂就可以顺利地单独上天去了。实际上他们认为这样做了死者的灵魂还是不固定住在天上而是仍然在家中徘徊，所以又要在合适的时间里继续为死者“做斋”（解簸箕），死者的灵魂才真正告别尘世。沟边的古氏家族在 1985 年前还保存着一种“翻尸”仪式。待这三大仪式一一做完灵魂才最后离开尘世，到祖先们居住的世界去了。

来也较为吃力。唱完后，就要入殓，实际上就是盖上棺材盖子，棺材用两把长凳垫起来有1米高，死者头部位置棺木盖开一条缝，缝边露着一小块白布，问其详，“交东西给她带走的时候，要亲自交到她的手上，当然要开着棺盖啊！”他们不以为然地说。棺材两边各站一妇女（死者的女儿、儿媳妇或者侄儿媳妇等小辈女性），手持一把熏香，或点着明子、蜡烛，不能熄灭（如图108）。棺材的两头上方房梁上垂挂下来女儿们献上的“幡”（如图109），多数是买来的，看起来像灯笼，说只有女儿才能送幡，没有女儿就不挂幡。据说当地汉族的棺材在堂屋停放时，一定是纵向的，死者的头朝神龛、脚向着门口，而高山苗则是横放，这次死者的头向着左边（棺木横向对着堂屋的正门）。这时要由每一个子女分别交一头牲口给死者，枧槽乡的高山苗一般都是要“打牛”[①]的，家庭经济情况不好的用猪也可以代替。按他们的解释是灵魂上天后总要给它置

**图** 109　**幡**

① “打牛”即宰牛、杀牛，传统上是将牛用木棍猛敲致死，不能用刀，所以叫“打牛”。至今黔东南地区苗族“吃鼓藏”，仍然不用刀杀牛，先是将牛用木棍打死后，再用刀肢解之。峰岩过去做斋必打牛，由于经济原因，现在绝大多数人家不再打牛，而代之以猪牲。

办些财产，鸡、鸭、猪、牛等要给它养一些“玩耍”。杀牲也是有讲究的，具体做法是先象征性请死者的舅舅们和姑爷们来杀，这一“请”也是一一唱过，最后交由厨师来执行。先将拴牲口的绳子牵到堂屋里，从大鼓上方牵过，末端由祭师拿着，孝子也象征性地牵着绳子。祭师献酒、打卦，口中念念有词，意思是请死者的灵魂喝酒，喝不完就邀请家中去世更早的亲人们的灵魂都来喝，如果是阴阳卦就表明死者的灵魂已经收下了这牲口，于是祭师会说，交给你牲口你也要让你在世的子孙们以后有百头千头的牲口饲养。这时才杀死牲口。牲口杀了以后，还要献牲口的鲜血。我们注意到每次献祭，祭师都要不断请更早去世的亲人们都回来喝酒、吃饭，一个也不能缺。

图 110　鼓手

仪式结束，人们将正中的小方桌（祭台）移到堂屋的左边，在上面摆上一个升子（传统上使用的谷物量器），里面装满谷子，上面插上几炷香，这些点燃的香是不能熄灭的，常有人不断地更新，而且当孝子们在转鼓的时候，如果有人手上的香熄灭了，还有掌坛师和祭师为他们换上升子里的燃香。旁边放上杀掉的那只鸡，还有那盏燃着的菜油灯，还放着装满了酒的酒瓶，一个鸡蛋等等。孝子们（包括亲生儿女、儿媳妇、侄儿、侄儿媳妇）一起来到掌坛师面前，由他给他们挂孝，一般就是用白布包头（有的地区男子平时就习惯包白布包头，那么就缠上一段很细的麻线即可）。这里的高山苗隔辈不挂孝，所以即使是直系的孙辈也不挂孝。此时笙鼓大作，起始先为死者吹奏一段曲子，解释说是专门吹给鬼魂的，让亡灵把曲子带去给神鬼们听，让那里也热闹热闹。只要鼓声和芦笙的声音响起就不可以停歇，于是，一连7天我就在这悠长、缓慢的乐曲声中度过。始终有一个人不停地打鼓（不时有替换者）（如图110），吹芦笙有时是一个人有时是两个人，边吹边舞，十分辛苦，据说芦笙《祭祀词》有固定的吹法和舞步，如果不用芦笙吹的话就是一首极长的唱词，自古流传下来，局外人只知道他们吹吹打打，看不出个门道，但是他们做起来却是一板一拍。在枧槽乡能完整地唱《祭祀词》的已经不多，而且说还有许多禁忌：平时不能唱，在家里也不能唱。每当芦笙吹到某一个章节或者有亲朋前来悼念（悼念的亲朋进堂屋也必须是芦笙吹到某一个章节时才许可，否则先在门外等候），届时内总管就会大声地提示孝子们进堂屋里对着棺木中的死者叩拜，或者是围绕着吊鼓不断地转圈，一天就有无数次。到第二天，就见所有孝子的膝盖部位不但蒙上了一层厚厚的泥土，而且明显地被磨破，实在是跪不动了，人们允许他们在膝盖下垫上临时胡乱揉在一起的仅有膝盖头大小的两个小草垫，不用时揣在裤兜里，每当内总管的喊声响起，他们就忙不迭地垫上双膝跪下，又在内总管的指示下，磕头，无数次的磕头，有的时候还要跪行到棺木下方围在一个大铁锅旁（临时用来起一个香炉的作用，因为烧的纸钱太多，就不得不用一口大锅）燃烧纸钱。当然他们也会调剂这种绵绵的乐曲，就是请来专门做法事的唢呐乐队，时不时吹起高亢的唢呐，打起锣镲，一片噪音，似乎为压抑的氛围增添一点生气。所以现在办丧事等高山苗就必须使用两套乐器，相得益彰，缺一不可。

死者躺在内棺里（这里的内棺外椁比较完整，外椁暂时放在屋外的屋檐下，等待出殡时再用）横放在屋内，紧靠在神龛下。[①]堂屋门外、侧门内外贴满了含有悼念、追忆的对联。亲友的吊丧行动，一定要各自在即将到达的时候组成一支小队伍，自带锣鼓的就要敲打起来，意为告诉大家某某人来吊唁了。同时礼物的排列也是有讲究的，背着猪等牲畜的人们紧跟在锣鼓唢呐手的后边，其后依次是背着粮食、牌匾、香烛纸钱等物品的人员（有的人手不够也会请人帮忙），随后才是吊唁的主角（姑父、舅父、子女等等）和其他随行人员。队伍来到百米开外丧家就必须燃放爆竹，表示知道你们来了同时也表示感谢。“交礼”就是内总管的事，他出来迎接，并和队伍中的交礼人代表一问一答（全是说唱形式），交礼人如果没有合适的理由这个礼还不一定交得出手，有的时候几分钟就完成，有的时候要用去一个多小时才能交出去（这一般是针对小辈或子女时交礼仪式就显得十分的正规和隆重，尤其是平时不大走动的亲朋这个时候可能会碰到软钉子呢，但是也鲜有交不出去的，礼尚往来，高山苗十分注重这个）。如果是辈分高的亲戚或舅家来人，丧家的主人必须出门迎接，还要行大礼（双手下垂，双膝向下弯曲，或跪拜在地）。事毕，内总管在合适的时候把客人带进堂屋，并指导客人向死者叩拜（辈分高的鞠躬即可），再由祭师代客人给死者化纸，孝子们以及与死者是平辈关系的亲属都跪在堂屋两边表示感谢，掌坛师或内总管会倒酒给客人喝。之后还要举行答谢礼，也是一问一答的说唱形式，

---

① 苗族的神龛与汉族地区的不尽相同，其一制作十分简单，大多数人家就是仅约1米长、15厘米宽的一块板子，上面简单地放置一些香烛、纸钱，有的人家在墙上还张贴人物风景画，显得十分的随意。据报告人说苗族是蚩尤的后裔，当然敬奉的先祖们追根溯源到蚩尤，同汉族敬奉的“天地国亲师”是根本不同的，自然不能像汉族那样摆设。在我看来有一定的道理，但是也不得不承认汉族宗法制度文化对苗族祖先崇拜观念在形式上和内容上的渗透和影响，而且明显表现在丧葬文化之中。

一般是将子女、侄儿以及亲戚客人们送的礼，再退回去价值的三分之一左右。

当主要的亲戚们来齐以后，丧礼也即将结束时，堂屋里中央摆出桌子和凳子，邀请所有重要的亲戚和朋友，摆上酒，举行“责问孝家”的仪式，即由死者的本家（女死者为舅家）责问死者的死因是否属正常，如果平时亲戚关系好，只是一个形式而已。如果平时的关系不太好，那很可能孝家很难过这一关，甚至双方家族都会大打出手。这个仪式另一个内容就是询问对丧事的准备情况，孝子们要跪在地上直至结束。之后要向死者献一段芦笙鼓乐，并伴有对唱，主要是内、外总管的唱词，内容是对死者的劝言。结束后，在祭台前摆设九个大碗，倒上酒，由掌坛师开始祭奠死者和所有的先祖。祭师唱完后，打卦，如果两片竹片一阴一阳，说明死者及其先祖们接受了献祭，即收坛。

图 111 **出殡**

天亮时开始出殡。先奏礼乐，后由祭师打卦，这次必须是阴挂，说明死者愿意去阴间了，撤去吊鼓，丢掉架鼓的竹竿或柏树杆，越远越好。众人即从堂屋抬出棺木，前往墓地。出殡队伍由一位挂刀、背弩剑的“指路人”带领，到墓地后，将事先准备好的坟墓挖开，由祭师先下去在坟墓的四周做一下仪式，人们在墓地将死者的棺木打开一次，人们在棺木上方遮盖着一块席子，谓遮挡天光，由孝子们再整理一次棺木内的设置，即可将棺木下葬(如图111)。下葬三天之内，孝子们每天天不亮就要手提水桶和饭盒来到墓地，请亡灵起来洗脸、吃饭，就像死者活着时候一样。13天以后，举行“还阳”仪式。即死者逝去以后的亡灵再回来一次，家人杀鸡献祭，为亡灵做饭吃，然后才“真正”地离开人间。

这里有一个高山苗的禁忌：人死后棺木以停放在堂屋里为正常。在他们看来死亡表面上是一个人离开人间，但事实上这是一次活着的后人们通过亡灵回到祖先们的地方，并转达两个不同世界信息的时刻。因此，一切应该要在正常状况下才是好兆头，但这种“正常的状况”的前提是死者一定要在家中断气。否则，死在外面的人（即所有不在这间公认的老祖屋里断气的人）都失去了停尸堂屋的资格。因此，当得知病人已经无法救治，或者得了绝症，病人和家人唯一的希望和选择就是让他（她）回到老祖屋里等待死亡的降临。当然，死在外面的人的灵魂一样可以通过一系列仪式回到祖先那里，但是这毕竟有所不同。所以，人们都尽量避免客死异乡。

学术上常用一个名词概括我国少数民族丧葬文化中的一个现象，叫作“娱死”。此时此刻我似乎明白了这一概念的真正含义。可以这样理解：死亡并非仅仅是一种令人哀痛的事情，它还是更高意义上的快乐。就是，如果认为人的肉体和灵魂实际上是生死之间的轮回，能够把新生看成是一件令人欣喜的事情，又何必把死去看得那么沉重呢？因此，他们一定是这样想的，否则就不会在对死者表现出依依惜别的痛悼和怀念之时，又表现出对死亡的无畏和淡漠。其间，我国民间朴素唯物主义思想表现得如此淳朴而又自然。是的，就连我这个生性胆怯的人走动中观察他们的行为和仪礼时，常与死者仅就一寸厚的棺木板子相隔，居然没有一丝恐惧。所有在堂屋的人完全没有感到情绪上的压抑；相反，感觉到的是面对未可知的生命之旅，生活在乡土社会里的他们比生活在都市之中的我们更有着属于大自然的坦然。这种古朴的唯物主义辩证观，竟然在这个大山深处的偏僻山村，表现得如此深刻。①

## 第二节　西方宗教的传播

这里谈的宗教与苗族本民族的宗教信仰和活动有本质的区

① 芮逸夫在 1943 年 3 月至 4 月共计 40 天，在本县当时的大树乡马家屯古氏苗家做的田野调查，于同年 9 月 20 日至 12 月底又专程邀请古氏报告人到当时的南溪县李庄镇栗峰（芮逸夫临时寓所）又做了详细的笔录，并由语言音韵学专家（张次瑶）参与记音，后又经过反复整理，于 1945 年春，首次写成“苗语释亲”一文，其后又写成一些有关的文章，如“苗族亲属称谓制度探源”（1954 年，台湾）、“苗族亲属制的称谓结构”（英）及“川南鸦雀苗的社会结构”（英）。1962 年 10 月在台湾出版《川南鸦雀苗的婚丧礼俗·资料之部》。芮逸夫先生调查的地方从叙永县城沿着老川黔东路南下，大概不到 10 公里的地方，我所调查的枧槽乡，在它的南面，再往山区纵深 30 多公里，但是同属一个支系，过去他们统称为“鸦雀苗”。所以，我仅从西南民族大学图书馆仅获得芮逸夫先生的《川南鸦雀苗的婚丧礼俗·资料之部》，对我进行本章有关丧俗的对比研究帮助很大。尤其是采用国际音标、汉语直译和意译的形式，完整记录了云贵川三省交界处高山苗的婚仪、葬仪、做斋、“二次葬”等唱词和程序，为我们后人的研究提供了资料上的帮助和历史对比的参照。

别。所谓本质区别，要从它们的来源、目的、基本内容、信仰特征以及信仰体系等方面作具体分析。由于这些内容不在本书主要探讨之列，故略去不予赘述。本民族宗教信仰，在上一节就是针对其祖先崇拜和神鬼崇拜以及这种信仰特征主要在葬俗中的表现等等做了探讨，所以，本节所指的宗教特指在20世纪初叶，西方传教士由贵州传入的天主教和基督教。①它们传入的历史并不长，但是对当地新学启蒙作用较大。解放后，西方宗教势力的渗透活动受到遏制。尽管现在枧槽高山苗没有一人再信奉此类宗教，但是经过宗教传播影响的、至今仍健在的人们，对天主教，尤其是基督教充满了复杂的感情。

**图112 传教士夫妻与苗族教徒**

20世纪初，基督教传入叙永县。1910年美国牧师马述贤夫妇②来到叙永县传教。同时，当地个别汉族也开始对基督教发生

① 天主教和基督教及东正教属于同一种宗教不同教派，即广义上的信仰耶稣基督的耶稣（基督）教。1世纪产生于亚细亚的西部地区，奉耶稣为救世主。4世纪成为罗马帝国的国教。11世纪分裂为天主教和东正教。天主教是以罗马教皇为教会最高统治者的基督教派，明代传入我国，也叫罗马公教。16世纪宗教改革以后，又陆续从天主教分裂出许多新的教派，合称新教。我国所称基督教，多指新教。人们也形象地把这些外来宗教称为“洋教”。

② 马述贤牧师在1912年来叙永县行医、传教。云南都督蔡锷松坡起义讨伐袁世凯从叙永县经过，由于伤兵过多，马牧师为了抢救伤员，实施手术时不幸中毒感染病逝于叙永。因他对革命有功，蔡锷曾专门为他立碑修坟，以表纪念。

兴趣，募捐、修建教堂。1911 年，麻城乡小坑（现划归古蔺县箭竹乡的福音湾）的苗族少年杨亚伯，到贵州走亲戚接触到基督教，后来邀约几十名苗族青年再次前往贵州省的大定县（今大方县）做礼拜，接受了“洋教”。于是，从贵州的威宁县请来了海烈斯牧师（美），并于 1915 年经叙永县城绕道前往小坑和叙永的沟边，买地产修建了教堂（如图 112）。为争取民心，他们还运来粮食等物品，甚至购买农机具等散给农民，不收取任何报酬。后来，小坑被更名为“福音湾”，逐渐成为以此为中心辐射云、贵、川三省交界地区的传教中心，下设几十个分堂。主要聚会点有枧槽的沟边、峰岩、分水的桐子登、震东的野猪塘、观兴的鸡坡头、麻城的寨和等地，他们还举办“华洋赈济会”，据 84 岁的叙永县退休干部李正明老人叙述：海烈斯牧师在沟边和福音湾传教时，从内地运来粮食和棉布，无偿地发放给苗民和汉民，大概是每人大米 5 升、棉布数尺，据记载当时沟边教堂是用去 700 块大洋购买的民房所建，1919 年正式开始传教，到解放前夕，共培养了 5 名苗族传教士，发展了百多名教徒（其中有极少数为汉族），并从 1929 年开始办教会学校，聘请中国教师（教徒），最初有 20－30 名学生，到解放前夕，据统计超过 300 余名（绝大多数是苗族学生）。1958 年枧槽乡社会历史调查报告统计了当年仍然信教的家庭：天主教有 7－8 户，散布

**图 113　叙永县城福音堂**

在草坝山（现在的四齐村）、麻地沟和双凤村，基督教徒有十来户，主要在沟边村。

解放前，枧槽乡以沟边村等为中心区的基督教信仰大致内容和形式：

> 入教的信徒，要遵守教会严格的宗教约束，入教前要考察其德行，然后举行洗礼，在教堂旁的小河边，搭一小草棚，牧师手持法器先进入河中，受洗者脱去外衣后也走入河中，站在牧师的面前，牧师开始祷告，并沾水在受洗人的额头上，再用手摸他的头顶即告结束。然后一同进入教堂做礼拜，仪式结束，教徒们要鼓掌欢迎新教友的加入。教徒要坚守教会规定的清规戒律，每天清晨要祷告，每周日要去教堂参加礼拜，教徒的孩子出生也要接受牧师的洗礼，教徒必须放弃与基督教不同的其他生活方式和风俗习惯，不参加与本教无关的任何活动，包括本民族的风俗习惯和祭祀活动，教徒死亡要举行基督教式的葬礼，牧师将率领教徒们为死者念10天的赦罪经。

图114　福音堂访谈

基督教在我国少数民族地区的传入，有着一个全球殖民化和西化的背景，即从近代以来，西方宗教势力以资本主义工业化和殖民掠夺为前导和后盾，高举所谓弘扬耶稣基督精神的旗帜，对全世界非基督教地区进行传教活动。究其根本目的就是为资本主义的殖民政策服务，在宗教精神感召下，对基督教有着狂热信仰的西方人开始到世界各地传播基督教。中国在18世纪就有西方传教士进入沿海和南部地区，由于西方宗教体系与中国的儒教精神和宗法制度产生强烈抵触，传教活动在汉族地区受到强烈抵抗，传教士便逐渐将目标转移到了中国的少数民族地区，由于过去长期民族歧视和压迫政策，少数民族普遍对“大汉族主义”充满敌意，对基督教宣扬的“平等博爱”充满了幻想。西方宗教势力正是利用这一矛盾加速对少数民族地区的渗透，所以20世纪初，对川、滇、黔三省交界少数民族地区的宗教渗透也是其活动范围逐渐转移的结果。另外，宗教也利用少数民族极度贫困的状况进行“施恩于民”的贿赂手段，西方宗教势力迅速扩大它的势力范围，同时了解到少数民族渴望获得文化知识的迫切心情，大力开办教会学校，一方面是为了笼络人心，而另一方面则是为了培养他们的本地传教者。他们创建少数民族文字，用民族文字翻译《圣经》，以便更快地传播宗教。枧槽乡沟边村教堂，曾一度计划依据石门坎的“波德拉”（伯格里）苗文，创制叙永苗文，后因主持的牧师被调入云南怒江傈僳族地区传教而终止。其后的

图115 信教妇女

牧师根据当地汉化程度，开办了以学习汉文为主的教育学校，采用的课本与当时民国时期小学课本一致。西方宗教势力的渗透，不利于民族团结和国家的统一，甚至在同一民族内部也由于信奉基督教与否产生一些裂痕。所以，当时的地方政府和乡绅也深切地感受到这一点。于是上报国民省政府，要求与“洋教”争夺民心，关注边疆少数民族地区的发展，尤其是倡办少数民族教育，并给予一些特殊资金和扶持政策，鼓励苗族子弟进入民国教育的

**图 116　沟边教堂遗址**

正式学校求学，免除一切学杂费。但是开班后仅仅一个学期就因官场腐败、侵吞民教经费而告破产。

“洋教”传入半封闭状态的少数民族社会，带来了一些明显的变化，这些变化尽管有消极的一面，但也有积极的一面。尤其表现在教会学校的开办上，对许多苗族子弟来说是受益的。由于上教会学校不收学费，入教的苗族子弟都有机会接受教育。20

世纪20年代始到40年代末，“洋教”的发展和影响较为迅猛。据李正明老人的回忆，枧槽乡信教的高山苗在当时就达500余人，是当时叙永县信徒最多的地区。[①] 加上当时的古蔺县麻城乡一带信教者逾千人。教会还在青年教徒中选择聪慧者去重庆神学院学习，培养神职人员。从1910开始传教起到1950年“三自爱国运动”，曾经在这一带传教的外籍传教士先后有27人，其中美国19人、加拿大6人、瑞士和澳大利亚各1人。

解放后，枧槽高山苗逐渐放弃了对基督教、天主教的信仰，一方面必须承认，当地苗民信仰基督教的原因与时代发展和当时的社会背景有极大关系。另一方面，基督教毕竟是外来宗教，传入时间极短，缺乏根植土壤。因此据老人们回忆，尽管当时“洋教”在枧槽高山苗中发展十分迅速，枧槽高山苗多数还是不信“洋教”，有的家族甚至排斥放弃祖宗信仰的家庭。例如，60多年前，枧槽白岩沟几户古氏家庭信教，沟边村古氏家族就干脆不与之往来，直到解放后才恢复关系。罗氏也极少有信教者，有的人年轻时信了一段时间“洋教”，后来都主动放弃，理由是信了教就不能信祖宗，而不信祖宗就意味着大逆，因此决定放弃。

改革开放后，由于党的宗教信仰自由政策贯彻执行，信仰基督教、天主教的教徒才公开自己的信仰和宗教生活。枧槽乡已不再有人信仰基督教、天主教，但由于叙永县的基督教（天主教）传播史和教会教育史与枧槽乡高山苗多少有些渊源关系，于是在县民委办公室的专程安排下，拜访了叙永县城区教堂（如图

① 四川省叙永县志编撰委员会编：《叙永县志》，方志出版社，1997年版，第676—677页。

113、114）长老杨秀伦（苗族）[①] 和他的助手小王（苗族）。杨长老还拿来了最初传教的传教士、最早教会学校的教书先生以及最初接受文化教育的苗族学生照片（如图 112、115）[②]。

这是一段封存多年的历史，抛开世界观和奋斗理想的截然对立，我们居然能在许多方面找到共同点，特别是杨长老几十年经历坎坷，虽然历经磨难，依旧不改他忧国忧民的意识，令人敬佩。访谈中，思想上颇有一些触动，在我们搞社会主义市场经济的今天，我们各级主管部门将主要精力放到了发展经济的工作中，而忽视了广大山区各民族对精神文化的需求，导致许多人在关注他们经济收入，关注他们生活水平和赚钱机会的时候，并不关心自己的心灵世界，更不会花工夫陶冶个人文化修养以及精神追求。对于一个普通老百姓来说，为了生存他们不得不把全部心思放在多挣一些钱上，精神上和文化上的需求并不太多，但在一些地区，真正在精神文明建设上投入的力量和资金十分微薄。曾协助我一同调查的县图书馆馆长也坦言："多年来县里面的一些干部绝少有人造访图书馆，也很少真正深入群众文化生活。"群众文化工作难有起色。县城几万人，造访图书馆看书的人却寥寥无几，门可罗雀。那么在广大的乡村几乎没有专门的群众文化活动室，也极少有书店，也就不足为奇了。在偏僻高寒山区，艰苦的劳动条件和贫困的生活水平，加上枯燥的日常生活，老百姓精神世界的空虚是可想而知的。当然随着这几年广播电视进入农

① 1994 年泸州基督教爱国会贺昌平牧师，推荐了麻城乡退休教师杨秀伦（苗族）到重庆大渡口礼拜堂参加三个月的义工传道员培训班学习。回来后，于 1995 年 3 月到西用福音堂参加教会工作。1995 年 12 月县民族宗教委员会批准此地为临时活动场所。1998 年 11 月 1 日，杨秀伦被立为长老。2000 年 7 月，成都神学院毕业生王国银到来。2000 年 12 月 31 日，教堂正式被民族宗教委员会批准为基督教活动场所。现在全县有 13 个家庭聚会点，共 800 多人，大部分分布在全县的边远高寒山区。

② 图 112、115 均为杨秀伦长老提供。

家，在叙永县最偏僻的地方也有电视可以看，可这毕竟不是所有人都能拥有和做得到的，而且电视里的世界毕竟不能代替现实生活人与人之间的交流和沟通。劳务输出在叙永县主要是农村青壮年劳动力的输出，农村里留在家的多是老年人、未成年人和中老年妇女。当我们的文化科学知识还远远不能达到使宗教消亡的地步，而我们的物质生活水平也远远没有达到让老百姓乐而忘忧的程度，心灵上的空虚和对现实生活的不满不得不使人寻求精神上和感情上的慰藉，使人们转向接受命运的安排，最终都是为了得到来世的幸福，于是许多人选择了有神信仰。

## 第三节　巫术和它的手段

巫作为一种宗教和信仰体系存在了上千年时间，但是巫的衰落也是在很久以前就开始了。因此，现在存在的巫，仅仅在偏远的乡村和文化水平、物质生活都相对贫乏的地区，似乎巫一直同愚昧、落后联系在一起。在当今信仰多元环境下，行巫信巫范围已经受到大大的限制，因此，从巫的宗教体系来看，已经从信仰的层面渐渐淡去，其作用范围仅仅局限于巫技，即巫术。从总的趋势来看，我国少数民族地区巫风盛于内地，尤其是自古笃信巫教的苗族地区，在一些地区还小有规模。包括枧槽乡在内的川、滇、黔三省交界地区，苗族群众对巫术仍是颇有情愫。

从平日里对巫术的使用来看，高山苗巫术的系统性和完整性在这里表现得不甚明晰，但是生活中，在遇到不可预知问题时，他们对巫术仍是十分依赖的，尤其在病痛和终老问题上。在他们思想深处始终认为人之所以生病是由于神鬼情绪施加于人的结果，大凡受到神鬼施虐的人，就会表现出病灶，尤其是体内不知名的、不易治愈的疾病，人们对此怀有很深的畏惧，常不惜慷慨解囊以娱神。

巫术的表现形式为多能、仪式和行器，通常多能的主要作用就是通过施行巫术达到治疗疾病的目的。可以做多能的人是一种与生俱来或后天由于某种原因（生一场大病或出一次事故后人如脱胎换骨一般，与先前判若两人）的人担当，人们相信他们具备通灵的能力，从此开始行巫作法，被人们所迷信。多能不世袭，他的巫词也是自然生成的，密不外传，多能的语言能力仿佛自成套路。为此有这样一个故事：60 多年前，一位杨姓苗族男子生了一场大病，病愈后自称具备了通灵的本领，可以与祖先沟通，因此他自然成为多能。为了证明他具有超人能力，曾将竹林中一根很大竹子连根拔起，并且在芦笙和鼓乐的吹奏下，可以纵身跃上 2 米左右高的阁楼以及用舌头去舔烧红的铧犁，于是人们对他十分迷信。多能大部分由男性充当，或有女性。在我看来，暂且不管多能是否真的有“通灵”的本领，他们那个人具有的表演天赋也可谓之超凡。首先，他必须具有卓越的语言天赋和社交能力，还必须有超出常人的判断力和思维能力，用科学观和唯物观的角度分析，他们实际上是真正的乡土思想家和心理医生，他们用丰富的语言和宽广的思维能力迅速捕捉人们的思想，为人们打开心结，加上多能还必须具备一些基本的草医知识，用一种精神加治疗的手段达到行巫目的，常常事半功倍。即便是在当今社会医疗知识和医疗水平不断提高的前提下，当地人对巫医的信念往往高于对医疗手段的依赖，惋惜之余也感慨多能心理医生角色的成功扮演。正如马凌诺斯基所说巫术存在的功能就是由于它成功地填补了科学无法支配的另一部分领域，“这个领域永远是在科学支配之外，它是属于宗教的范围”。①

---

① ［英］马凌诺斯基著、费孝通译：《文化论》，华夏出版社，2002 年版，第 53 页。

对于巫术手段，行巫、仪式是少不了的，它们是巫术的表现和具体内容，是人的肉眼可以看得见的，尤其是对行巫过程中的那一部分。否则巫术只是多能与另一个世界的秘密沟通，凡人什么也看不见，那巫术势必失去它的可信度。于是，大凡越复杂、越系统的巫教，都将重点放在对仪式的造作上。平时作为疗病的巫术仪式，多能不一定在堂屋里举行，但若要治疗重病和疑难杂症则必须要在堂屋里举行仪式，叫“跳堂”。仪式中，多能的行为特征更多地表现在对冗长的祭祀词的吟唱和肢体语言的表达上。

关于行巫器具，由于长期迁徙，巫术器具似乎要更适合移动和携带，甚至普遍使用替代物。于是，行巫器具被尽可能地减少或简单化了，现在使用的行巫器具多是由生活物品和劳动工具替代，如量器——升子，用来盛玉米和谷子以便插香烛，木桌木凳可以用来做祭台，碗、筷、勺用来做盛器，专门用来行巫的占卜工具是两片新剖开的竹片（或有其他的工具），此外还有牛皮大鼓和芦笙。

平时用来疗病的、较大规模的巫术仪式有“还泰山”和“杀关门猪”。所谓“还泰山”就是某人得了一个久治不愈的病后，请多能治疗，多能就用白毛巾包上大米，在病人身体的上方转九转后便认为此病是由于得罪了某某神鬼或先人的原因，因此必须做一个大的巫术仪式。泰山，在苗族人心中是一个至高无上的地方，相传泰山是他们祖先发源地，也是先祖们居住的地方。因此，泰山在苗族人心目中是一座圣山，古时候苗族人常在那里举行大祭，因此尽管历经很多年，祭泰山的习俗仍遗留在他们的头脑中。“还泰山”时必须用“泰山猪”，该祭祀活动的规模和重要性并不亚于办丧事。形式和内容同葬俗近似。[①] 如果一个人的病并不太严重，就可以用“立筷子”来占卜一下（如图117），看看是得罪了哪个神鬼，如果喊到某个神鬼的时候，筷子在碗中立起来，就是得罪了那个神鬼，那就做一些简单巫术，娱乐或祭祀一下神鬼。或者杀只鸡看看鸡卦，有时也趁吃鸡看看主人家或客人的运程（如图118）。这一做法在当地十分流行。做“还泰山”和“杀关门猪”这两个仪式都要求在整个过程中只能讲苗语，同时也忌讳外人进入，因此，过去跳堂时，家人必须用刺荆封住家门或插木牌于路口，旁人一看即明白。

图117 立筷子

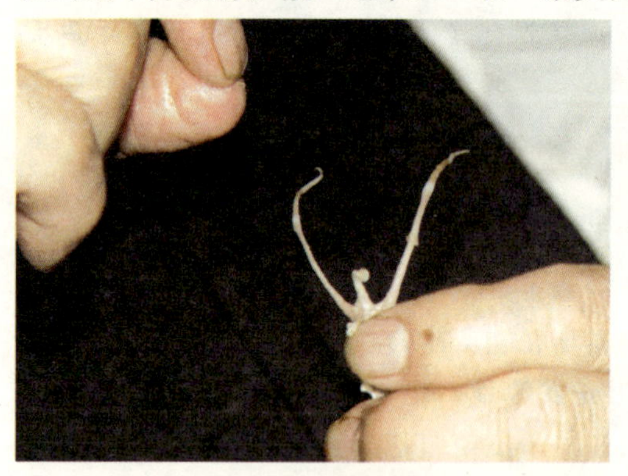
图118 看鸡卦

近年来，随着人们文化水平的提高和医疗知识的丰富，常

① “杀关门猪”流行在西部苗族中的一种杀猪祭祖活动。当遇有不吉之事时，被多能告知要祭“关门猪”，届时仅本族或本家人参加，由族长或家长主持，打卦占卜，吟唱古歌，古语甚多，多数人听不懂。外人进入视为不祥，门窗紧闭。

见的小病小痛还是到乡卫生院或私人诊所买药打针。多数人相信科学的医疗手段。但是，在乡土社会，人们还对现代医疗手段根治疑难杂症和挽救生命的能力缺乏信任感，使人宁肯信巫不信医。越来越昂贵的医疗费用也使乡下人望而生畏，农村人口没有医疗保险，一遇大病往往会倾其所有，影响生产生活，往往使人们望“医”兴叹。自 20 世纪 90 年代初实行医疗体制改革以来，西部民族地区村级医疗站基本瘫痪，乡卫生院也变成了纯粹治病挣钱的机构，不能深入群众开展常规性的防疫工作。在卫生防疫和保健工作上，只能依靠各县防疫站（疾病控制中心）有限的人力物力应对广大农村频繁发生的各类传染病疫情，捉襟见肘，顾此失彼。从 2003 年起全国农村新型合作医疗开始试点，四川省是全国七省市试点省之一，叙永县又是省内试点县，县里也在一些乡镇展开试点，枧槽乡为其中之一，由于过去没有经历过，农民还不甚理解新型医疗的优越性。

新型合作医疗的基本内容根据叙永县人民政府（2003 年）有关文件规定：“统筹起付线按定点医疗服务机构的级别分层确定：乡（镇）定点医疗服务机构住院医疗费的起付线为 100 元；县级定点服务机构的住院医疗费用起付线为 500 元；县外及三级以上医疗机构的住院医疗费用起付线为 800 元，统筹支付额度乡（镇）定点服务机构为超出起付线部分的 40%，县级定点医疗服务机构未超出起付线部分的 35%，县外及三级以上医疗机构未超出起付线部分的 30%。年最高支付额为 10 000 元……统筹病种大额医疗费支付与标准，经县人民医院以上的医疗机构体检认定，报县合管办审定的统筹病种的患者，在定点医疗服务机构就诊的全年医疗费用达到 800 元以上的，按期医疗费总额的 30% 的比例在统筹基金予以支付，年报销总额不超过 2000 元……农民领取‘医疗账户证’即可门诊治疗并列支账户资金，达到 30 日后即可在定点医疗服务机构享受住院和大病大额门诊的报销。

但只能享受规定范围内的医疗服务，超出规定范围的全部费用由自己承担。”农民反映，普遍不甚了解，按家庭参加合作医疗，每人一年缴纳10元人民币，全家的10元门诊费个人可以共用。由于是自上而下作为行政命令下达，所以有的地方将这每人10元的医保费当成了摊派或套购医保的手段，其中的问题不少。但这对农村医疗卫生机构的复苏有一定的积极作用。据了解，枧槽乡农民对新型合作医疗的看法：一是每人一年看不看病都必须交10元，以家庭为单位参加，人口越多交的钱就越多，觉得自由度不大；二是农民对其中各项繁琐的程序不理解，不习惯用票据的农民不胜其烦；三是规定看病必须到定点的医疗点和县医院，否则不予报销，没有选择性，并且定点医院的费用往往比民营诊所要贵2—5倍，即使是报了一定比例的费用，实际上的支出比过去看病要高，所以不大愿意投保。据统计，2003年底枧槽乡上报参加新型合作医疗的有7500人，农民自愿缴纳为62 710元，乡镇垫资3340元，实现挂钩部门及乡属部门筹资8950元，合计上缴农民筹资为75 000元。

因此，信巫不信医问题，往往比我们解决思想问题困难得多，精神的、物质的和一些现实问题掺杂其中，而且思想问题的最终解决，看来也不是一时半会儿的事。千百年来，巫教观念在乡土社会深入人心，巫教观念深深地根植在人们的头脑之中，人们相信，人世间的一切幸福与痛苦都是前生定好的，这种宗教观念促使巫术盛行。过去苗族人也说，他们的“大事小事”都要请多能来打扫（打理）才行，看卦、打卦甚至成为人们日常生活中决定其行为方式的指令，它成为一种力：神力、约束力、控制力和支撑力。因此，我们在探讨乡土社会人们信巫不信医，信巫也信医的行为怪圈，常常忽视了对这方面的分析。这一怪圈形成是有其根源的，在农村推广先进生活方式，除客观上加强农村公共设施和医疗卫生网络机构的建设外，解决人们心灵深处的思想问题甚为关键，过去我们仅仅认为人们对有神论和巫术的崇拜和信仰原因在于愚昧和落后，是文化素质低下所造成的，其实不然。众所皆知，宗教信仰与人类群体文化素质的高低无关，人类现存的各种宗教满足多种层次的人们对信仰的需要，而且巫术及其观念也广泛存在于不同的族群和社会之中。由于信仰的源出是复杂的，所以信仰的内容和形式也是多样的。经济发展落后的民族地区其信仰特征难免会带有强烈的地域性、民族性和层次性特征，乡土社会巫术和医疗卫生观念的对立，充分体现出顽固的巫术信仰力。因此人类学家也呼吁用科学的观念更正人们传统的看法，从而改进我们的乡土医疗现状，造福于民，为我们理解医疗、信仰与社会的关系提供研究蓝本和重要线索。

因此，信仰、宗教、巫术、仪式同医疗的关系，在乡土社会中实际是一个链接的状态，这个状态似乎表现出一种不同思想体系的碰撞，彼此对立，甚至是相互侵犯的，似乎没有内在联系。然而，它们却是一种密不可分的链接体系，有着密切的互动关系。互动的内容就是现实社会问题，用一句通俗的话说，就是乡土社会中医疗问题牵涉出的不仅仅是医病这一简单的技术问题，而是必须考虑尤以解决思想问题为主要内容的社会问题。尤其在现代化观念不断渗透的前提下，乡土社会尤其是少数民族地区，仍然表现出这种链接体系上的互动。这种互动，往往使我们的先进思想和科技手段遭到挫折，一定程度上还被巫术排挤，以至于不得不让出一部分空间使其大行其道，使我们的思想工作和技术活动显得软弱无力，我们的基层干部更是为此伤透了脑筋。工作的难以开展，是否与我们工作中分析问题及解决问题的理念和方法还不够拓展以及考察社会问题中诸矛盾因素彼此转化的关系和作用不够全面，甚至没有洞察到所产生的互动力效果所致？同时，似乎交通条件、农村医疗条件和昂贵的医疗费等等表面因素是造成农民看病难的主要原因等一系列客观因素，都使我们忽视了人们思想根源上巫术观念的深层作用。苗族人的祖先、神鬼崇拜观念根深蒂固，在他们看来生病是生病人冒犯祖先神灵的结果，如不运用巫术手段化解冤孽，医病到头来是治标不治本的事情。在此，有必要引述文化人类学家所作的理论概括来加以分析，这一理论观点认为，疾病不仅仅是生理上的恙症，除此之外，还程度不同地属于精神体系的问题，乃至社会问题，人们对疾病的克服程度，极大地透射出解决社会问题的“集体精神”：

“病”被看成为社会的事情，是某种社会的因素之一——如魔鬼或妖婆——从社会的外部渗透到社会中具体的人的灵魂和身体中造成的混乱。“所以，在治疗疾病的时候”，人们围绕着病人敲锣打鼓……平时不一定在一起的人群，这时团聚起来，病人在生病的时候，整个社会都要和他在一起，共度难关，希望从一个病态的人身心中取出对整个社会有害的因素……作为生、老、病、死这一系列人生利益的组成部分，古老的疾病治疗，于一个社会的道德秩序的重建有着密切的关系……是社会克服危机过渡时刻表现出来的“集体精神”。①

这种理论概括，在我们巫术和医疗关系问题的研究中是极富现实意义的。因此，农村医疗工作还应该是一种社会精神文明建设的问题，过分地排斥打击巫术观念和行为丝毫无助于问题的解决，在我们关注农村医疗制度改革，促进农村医疗卫生事业发展，保障农村人口身体健康的今天，这个问题应该为全社会所关注。

① 王铭铭：《人类学是什么》，北京大学出版社，2002年版，第94—95页。

# 第七章　教育模式——传统承继与互动

《说文》曰："教，上所施，下所效也。育，养子使作善也。"因此，即使是现代意义上的教育，总的来说也基于此，那么无论过去还是现在，无论先进还是落后，教育的基本特征是共同的，就是教人为仁，育人成善。从广义上说，教育是一种培养人的社会活动，是通过上行下效的家庭教育、社会教育、学校教育而使人得到各种生活技能、文化知识和科学技术，并让人形成一定的世界观和行为方式，以提高人的生存能力，增强人的社会作用，提高人们的整体素质。在当前世界范围内，现代化浪潮推进下，大多数的国家和民族不断融入现代化行列，使人们对教育有了更新的认识，传统的、民族的教育内涵和外延，均受到现代化意义上教育方式的挑战。我国许多少数民族教育都面临着这样的更新和挑战，山区民族教育问题便成为当前整个国家和社会重点关注的问题。因此，本书将民族文化传承与现代化教育作为一个单独的章节加以阐述，也是基于这样一个前提。

事实上，这涉及的是传统教育与现代教育（在我国的典型性就是主流社会文化意识对亚文化的影响和碰撞下产生的少数民族传统教育同学校教育、社会教育）的矛盾和互动问题。枧槽高山苗长期与汉族杂居，过去很长一段时间，由于处于封闭和半封闭状态，民族之间文化上互动较少，民族传统文化在十分狭小的空间里得到存留，各方面都表现出较大的差异性和不适应性。从教育方面来说，更多地体现在语言的差异性、普遍不懂汉文、风俗习惯迥异等方面。但是近百年来，每一次大的社会变革，都给这个封闭的少数民族社区一次次程度不同的震动，外部世界的影响和渗透势不可挡。同时，接受先进技术和观念是人类社会的天性，任何一个民族都是如此，那么教育方式的更新，民族传统与现代主流文化的冲突成为必然。对此，我们不应该是悲观主义者，毕竟一个民族的发展和振兴依赖于民族自身的觉醒，变化是必然的，发展是趋势，枧槽高山苗社会近百年教育发展轨迹，实际上就是我国少数民族散杂区民族文化教育发展的一个缩影。

## 第一节　传统教育和学校教育

在一个没有文字的社会里，教育实际上是人们对后继者生存能力的培养过程，在这个过程中，被教育者通过对施教者（通常是一定范围内有亲缘关系的人群和拥有特殊技能者）的观察、参与，尤其是模仿，达到积累人生经验的目的，这种教育使被教育者明显带有区域性、民族性和局限性特征。传统教育对于人类社会发展有着巨大的作用，人类是生物界唯一能传承文化的灵长类动物，而且文化代际之间的复制与创新全部仰仗于教育，在人类历史相当长的时期里，传统教育是一条红线，它连接人类文明的两头，人类文化通过它的作用而代代相传。

孩子的第一个施教者是父母，家庭是他第一个受教育的场所。在农业社会，一个普通的孩子在他能够较为熟练地运用语言，也能够用双脚稳步前行的时候，父母就教育他做力所能及的劳动了。因此，四五岁的孩子去割猪草、带弟妹、洗碗筷的事情这里常常见到，我们不能过多地去责备孩子的父母，他们从小也是在这样的环境中长大，事实上，这是一种学会生存的基本技能的过程。

家庭能教授给孩子的东西十分丰富，从牙牙学语到蹒跚学步直到成家立业，几乎许多生存能力的获得都深刻打上了家庭的烙印。孩子们不仅习得了生存的技能，而且还继承了家庭、父母的禀赋，直至影响他的一生。因此，家庭教育的作用是不可忽视的。

社会教育，在传统社会里仅指有限空间下的社区教育，当孩子们的年龄到了可以外出参加社交活动的时候，社区对他们的教育甚至可以覆盖前期的家庭教育。也可以说，在传统社会，社区教育实际上就是社会化的大家庭教育。人们一生的许多行为能力和思维模式都同它有着密切的联系，这些都是学校教育不能提供的。尤其在少数民族社区，传统民族文化的绝大多数内容都是在这种教育环境下获得的。民族文化的获取量，是同受教育者受民族文化作用的时间和力度成正比的，如果一个人终身生活在少数民族社区中，那么他的民族文化获取量是最大的；反之，获取量就小，这也就意味着受教育者可能会失去他的民族传统文化。

在规槽乡，有条件的苗族家庭都送孩子去小学校办的学前班接受学前教育，学前班的孩子年龄在五六岁之间，而且比例越来越大。学前教育成为正式上学前的重要准备阶段，学龄前孩子在学前班也和其他小学生一样按时上课、下课、放学，作息制度没有明显的区别，只是在教授的内容上极为浅显而已，是对学习、生活的入门教育。乡土社区里的孩子十分懂事，从来没见过由父母送孩子到校门口的，这与城里那种上学和放学家长们都站在学校大门口的拥挤场面是一个鲜明的对比。许多孩子的父亲或母亲，甚至是父母都双双打工在外，留在家里的大人基本上也无暇顾及他们的学习和生活，孩子们放学后还必须为大人们做家务和干些力所能及的农活。近年来，送孩子进学前班已经成为一种风气。农村没有幼儿园，学前班或多或少地弥补了幼儿阶段启蒙教育的不足。[①]

枧槽高山苗孩子无法选择地面临着两种教育模式的反复碰撞和筛选，这是目前我国民族地区，少数民族学生从传统民族教育模式实现向现代学校教育模式转化的必然，这是社会的要求，某种程度上也是受教育者对社会的义务。这是一座独木桥，少数民族学生要顺利地通过这座桥，必须首先实现语言的转换。

语言的转换是必须跨越的一个坎儿，几乎所有的苗族孩子在接受学校教育前主要使用的语言是母语——苗语，直到现在很小的孩子仍然只会讲苗语而听不懂汉语，逐渐长大后，通过从电视机和收音机以及对外界的接触中得到一部分汉语信息，但对苗语思维模式冲突不大。然而，苗族孩子的语言转换必须在正式进入学校教育阶段之前，就要有一个明显的突破，只有实现了语言的转换，才能实现不同文化背景下思维方式的转换，也才能开始学校的学习。但是杂散区的民族学校几乎都不设双语教学，语言的转换来自于孩子们的个体体验，我惊诧于他们的这种转换速度，绝大多数的学龄孩子都没有因为语言的障碍而无法继续求学。不仅如此，枧槽高山苗孩子优秀生的比例远远高出苗汉学生的比例。因此，是否双语转换过程对一个人的智能训练起到一个催化作用，提升了孩子们的理解力，进而提高了他们的学习成绩？这是一个值得探讨的话题。

但是，并不是所有的孩子都能顺利地度过这个转折，还有个别孩子到了小学四年级以后仍然不能适应学校学习生活。

枧槽乡地处民族散杂区，一方面，少数民族生活在汉文化的汪洋大海中，汉文化对苗族文化的影响无处不在。两种文化之间

① 叙永县多数贫困地区没有学前教育，家长为了图省事将三四岁的孩子送进学校，据说就有年龄仅 7 岁的小学四年级学生，这些孩子自然无法学到真正的知识，小学毕业了事。

的碰撞和交流时刻都在发生着，尤其是主流文化对亚文化的融合作用，自然融合的脚步在加快。另一方面，学校教育的内容往往又是停留在书本的知识上，许多内容拿到现实生活中没有太直接的作用，甚至是无用的，知识的有用性不突出，书本上描绘的生活，对于生长在高寒贫困山区的高山苗孩子来说，是无论如何也无法理解的。孩子们的唯一理想就是争取通过读书，再考到外面大城市里去读书，去过好的生活，家长也是这样要求。知识的有用性在穷乡僻壤的环境下不可能得到充分的展示。由于贫困，家庭经济水平一般的孩子初中毕业后都愿意考中专或技工学校，认为这是实现理想的捷径；去城里继续高中学业的孩子很少，要么他们是出自经济条件还能够支持孩子学业的家庭，要么就是孩子的学习成绩十分优秀有考上大学希望，使得父母竭尽所能供他们上学。总之，都是父母给予了最大希望的那少部分幸运儿。枧槽乡高中的升学率在整个叙永县还算是中上水平，按正常规律，孩子们多数都可以继续高中及其以上的学习生活，但是至今枧槽乡85％的孩子还是不可能按照这种方式发展，经济因素是最根本的原因，其次就是传统观念。过去历史上苗族长期没有自己本民族的文字，文化发展低下，加之统治阶级长期的民族歧视和压迫政策，他们深感没有文化受欺压的痛苦，渴望学习汉文化。但是，读书的愿望也仅仅停留在认识几个汉字便罢。遇到“外人”（外民族）欺负的时候，自己也能读懂那些状纸、文书而不会被骗。到了现在，也只是认为读书就是为了跳出“农门”，改变个人或家庭的现状，他们也只能有这样的想法。“那些字能吃能喝吗?”这是他们常说的话，对那些只会读书而不会做农活的人充满了鄙视。因此，他们希望自己的后代有文化，但是又不希望在自己的孩子学习成绩不可能跳出“农门”的前提下，冤枉花钱读太多“没用”的书。所以，这些留在本乡本土的孩子多数都是只具有初级文化水平，长大后他们基本回归到传统文化的轨道，传统教育的烙印成为他们进入社会的“通行证”，传统文化、社区文化将影响他们一生。一个上了大学留在城里工作的人，多年后回到家乡，惊异地发现与自己同岁的侄女仅仅 39 岁就做了外婆，而自己的孩子才刚刚 9 岁！而极个别跳出“农门”的人也就一去不回头，对乡土的回报基本为零。尽管这种现象并非是一种通则，但是在半个世纪里，发生在两代人身上的结果基本上就真是这样。

就目前的状况来看，毕竟现代学校教育对所有的人都具有极大的吸引力，对偏远乡村的人们也不例外。再加上政府和社会力量的推动，这是所有受教育者的必由之路，但是这条路给受教育者的压力同诱惑力一样巨大，它是淘汰制的，与传统教育的那种包容和吸纳正好成反面对比，因此，它们在传统社会里碰撞和筛选，其结果是可想而知的。书本知识有用性的缺陷和传统知识实用性的优点在乡土社会成为一道明显的界限，跳出“农门”的人深谙知识改变人生的真谛，而绝大部分回归到传统社会中的人们，他们得到的是传统教育决定其一生同他们的父辈一样的感受。因此，在乡土社会，书本知识和传统文化就像两条平行线，很难有相交叉的机会，传统社会的氛围客观上遏制了受教育者的求学欲望，人们对读书的重要意义仅仅停留在初级的和狭隘的理解里，因为传统社会生存能力的获得，靠的是经验而不是科学。另外，这种碰撞和筛选，也产生双向的文化等级主义思想，乡土社会的人们认为书本知识无用而鄙视“四体不勤五谷不分”的知识分子，而另外一些人开始鄙视自己的民族文化，有些人以自己常年在外为借口，不再讲本民族的语言，甚至一些打工者回到家乡也假装把自己的民族语言讲得像夹生饭一样，这种矛盾还在继续。

山区的民族教育，有着自身的许多特殊性，尤其是像枧槽乡这样的民族杂居地区，苗族文化作为亚文化，在接受主流文化的同时必然存在着自身文化被弱化的趋势，同时也存在着国民教育体制下教授的文化知识在乡土社会事实上的有用性问题，彼此之间的碰撞和筛选一直影响着人们的思想和行为。

实际上，亚文化群体出于自身的现实需要从来没有真正地拒绝过向主流文化学习的渴望。如果说文化的差异性，或者说一种文化的特点，可能是出于文化发展过程中的封闭因素，其实任何一个民族的文化都不是在绝对封闭的状态下形成的。文化是交流的产物，尤其是在一个多元文化的社会里，任何一种文化就更不可能孤立地存在和发展，文化之间的交流是一种必然。就像一棵果实累累的大树，主流文化是树干，亚文化像枝丫，只有树干供给养分，枝丫才会枝繁叶茂，并结出累累硕果，同时要支撑起这么重的身体，树干也必须长得更加粗壮。出于枝丫和果实对营养的需要，大树还必须把根须更加深深地扎进土壤里。因此，它们是彼此相依共存的关系。传统视角过多地看到文化之间的不相容性，这是孤立的文化发展观。国家走向开放，世界在我们眼里变得越来越小，文化之间的交流和碰撞都不可避免，文化的自身发展和文化的“适者生存”都不可避免。在枧槽乡我们也看到，亚文化的人们根据需要也不断地在两种文化的语境中实现着切换。

## 第二节　有基督教色彩的启蒙教育

中国的国民教育始于近代的开新学，不过百多年的时间，主要是在沿海和为数不多的大城市。而川滇黔苗族地区受新学教育的影响不是从内地到边地，却同20世纪初基督教的传入有着渊源关系。比如，以贵州威宁地区的石门坎为中心的黔西北、川滇黔交界地区的基督教传播对少数民族文化教育的影响。以枧槽乡、福音湾等地为代表的川南苗族地区即在这一范围内，同时，也与苗族的家族兴学关系重大。

用宗教彻底打开中国的大门，是西方殖民者的既定方针。最早从19世纪初叶起，从东部沿海向内地，从南部边境直入我国少数民族地区，200年左右的时间里西方各国的各种教会组织，向中国全面渗透，来势凶猛，他们的口号是“基督占领中国”。[①]1915年，基督教内地会从内地到边疆发展教民，先自滇黔两省北上，进入古蔺、叙永县境，在苗族较集中的大坪乡开办小学，招收苗族子弟入学。据李正明老先生（苗族，今年84岁，退休干部，解放前曾是小学教师，解放后任大树区区长、县民政局长）和杨秀伦长老回忆：“加上早从北部进入叙、蔺的天主教，也教会办学。入教苗族有两万余人……大坪小学第一任教师是由古蔺中城镇教会负责人陈双发推荐的邓云鹏（见图119）。据杨马可介绍，邓老师与家长、同学相处和谐，教学有方，然因诬邓是‘异党’，教书是掩护，使邓不得不离校他去。1926年，裴光华接任大坪教会小学校长后无教师，始与贵州威宁石门坎教会联系，聘请苗族教师王明光。王明光于1927年到任后，任劳任怨，教学有方，获得教会与家长之赞誉。不幸于1928年染病不治，英年早逝。葬于学校操场的山

**图119　20世纪初川南苗区教师和学生**

① 中国社会科学院世界宗教研究所：《中华归主——中国基督教事业统计(1901—1920)》(一、二、三)，1985年。

腰间，并竖有碑文纪念。王明光逝世后，仍从石门坎聘教师王明星，他教学无方，家长、学生意见很大，仅教了一年即被辞聘。1931 年因无教师，学校暂停。而枧槽沟边小学仍继续开办。教师是贵州毕节县的彝族王发祥。大坪小学定于 1932 年复课，决定王发祥离沟边去大坪小学任教，一直有三年的时间。1932 年，由于学生增多，增聘罗承宣老师、杨克明老师，此时大坪小学定名为明德小学。1934 年王发祥老师离去。1935 年又聘请纳溪县刘纯修老师夫妇为教师。大坪明德小学到 1939 年停办。明德小学、沟边小学的校长一职，一直由外国传教士主持，教会办学，时间从 1925—1938 年，历时 13 年，其入学子女超过 300 人以上，为叙永、古蔺苗族人民培养了小学文化程度的一批人才。尤其是为能深造的苗族子女，奠定了一定文化基础，如韩介休、马云、[①]杨克明，高中、大学深造成功，还有熊文明、熊文光、杨德英、

**图 120　20 世纪 20 年代的苗族女学生**

（由杨秀伦长老提供）

① 这些人中的绝大多数在新中国成立后的 1950－1960 年先后参加了革命工作，有的是一些地方各级政府和企业的领导人，有的是学者、教师等等。教会学校为我国民族地区解放后培养大批的少数民族干部奠定了文化基础。其中，马云、韩介休是当时学生中最为突出和悲剧性的人物。他们于 1926 年上大坪教会小学校，毕业后在毕节教会初中、高中（重庆求精中学）求学，韩介休回乡后回学校教书，解放后曾任叙永县民族宗教事务科长，20 世纪 50 年代错划为右派，“文化大革命”批斗致死。马云考入解放前的四川大学，在四川大学期间即参加中国共产党的组织活动，解放初期由党组织安排到云南文山工作，20 世纪 50 年代错划为右派后死因不明。后两人均已平反昭雪。

杨裕美、杨秀伦、赵质文、杨登全等也升入古蔺初中、简师学习。”县基督教福音堂长老杨秀伦先生回忆说，1925 年海烈斯、巴明道牧师在古蔺县大坪乡和叙永的沟边教堂附设办学，教学内容全部按照当时民国时期的全国统一规定的新学制和课程，苗族子女可以免费入学。1926 年澳大利亚人裴光华牧师夫妇到大坪继续教会工作，带来两台玉米脱粒机送给苗族教徒。大坪乡的小坑也因此成为传教的中心地区，从此以后被人们称为福音湾。裴光华不但扩大教会在民族地区的影响，而且也准备开始进行苗族文字的创制工作，拟以借用贵州石门坎传教士发明的拼音注音字母苗文，后因裴光华调至云南傈僳族地区传教而中断。从 1925 年到 1938 年，13 年来教会学校共招收 300 余名学生，绝大多数是苗族子女。

从此，枧槽乡的高山苗子弟最早在 20 世纪 20 年代或 30 年代进入教会学校学习新学，当初人数并不多。进入教会学校读书的条件必须是教徒及其子女或亲戚，抑或有入教倾向的人。教书的老师几乎都是教徒，所以要求孩子们一进校就用一个基督徒的标准约束自己，待洗礼后即可成为基督徒。每天按时做祷告，周末做礼拜等等。采用的课本是民国时期的小学课本，由于上学不收费，这对于一个连饭都吃不饱、世世代代文盲的高寒山区的少数民族来说，有很大的诱惑力和吸引力。所以这些教会学校在当地少数民族当中有一定的影响，并成为推动少数民族地区基督教传播的重要手段之一。

## 第三节　解放前的民族教育

由于当时的国民党地方政府办的学校，一是数量少，二是要交学费，所以少数民族中读得起书的子弟凤毛麟角。有一点积蓄的人家最多把孩子送去私塾认几个字了事。后来，全国普及新学，20 世纪 30 年代川南地区逐渐取消私塾，上私塾的学生全部转入新学堂。这时候苗族等少数民族地区教授新学的教会学校，成为没钱读书穷人子弟的首选。

当时的国民党地方政府，对“洋教”在少数民族地区发展的蓬勃之势深感压力，1940 年，古蔺县长肖端重和德耀乡乡长成养民在乡绅支持下，上报四川省教育厅称：“教会于苗区遍设教学，多方诱惑苗民子弟入学，藉以笼络群众，以遂其文化侵略野心”。提出开办苗民学校或在汉区学校设“苗民班”，与教会争夺苗民之策，获国民党省政府批准。首先在古蔺德耀乡中心小学，办起了免费供给食宿的“民族班”。并聘请苗族知识分子韩介休和彝族教师罗承宣二人任教。民族班开学后的第二学期，韩、罗二人发现苗族学生寥寥无几，徒具虚名，学校还虚报民族生名额，从中舞弊，骗取扶持资金，中饱私囊，各级政府部门还层层克扣教育经费，使得民族教育发展前途暗淡。他们任教不到一年时间便愤然辞职，“苗民班”也就无疾而终。

1942 年元旦，怀有正义感的韩、罗二位老师联合罗氏族长，发动叙永、古蔺各苗寨同胞，自筹钱粮创办自己的学校。商讨成立边民文化促进会，创办民族复兴小学事宜。会议通过选举由韩介休任叙蔺边民文化促进会会长，罗文才任副会长，罗承宣为秘书长。会议后经过筹划，报经四川省政府批准，正式成立“叙蔺边民文化促进会”和“民族复兴小学”。通过各苗寨代表的宣传，发动苗族群众，节衣缩食，自盖教室，自捐玉米作教师薪金。相继于叙永的枧槽乡沟边村成立了总校（见图 121），于峰岩、鸡婆头村，后山镇的合麻沟、潘山田、夜珠塘、黄坭坡村等苗族聚居的地方办起 8 所学校，古蔺县境内的柑子坡、跌马岩、尖山子、东边村等地办起 6 所学校，合计 14 所学校。1942 年在枧槽

图 121 边民复兴小学枧槽总校旧址

乡沟边村总校举行开校典礼，会场上有罗承宣老师书写的“百尺竿头初进步，万里鹏程始奠基”的横幅，贴在校门，开学的气氛庄严肃穆。他们还有自己的校歌，歌词为：“济济多士，边民之英，发祥昆仑山下，繁衍扬子江滨，古朴风雅灵秀，勤劳坚韧忠诚，奋发自强不息之精神，抱定立先定人之决心，树立齐一文化之基础，完成复兴民族之使命。”民族复兴小学共聘请教师 29 人，其中苗族 17 人，多系师范和初、高中毕业生，也有成绩优异的高小毕业生任教。一时间边民小学办得有声有色。由于教师多是出自教会学校，故学校难免有宗教的气氛。学校的教学质量在当时甚至超过当地的保国民中心完小，汉族等民族也送子弟来校读书。由于多数的教师和学生都是少数民族，深知读书的机会得来不易，他们吃苦耐劳，师生们同甘共苦，把学校的命运同民族的命运联系在一起，自力更生，艰苦创业。学校不收穷人的学费，学生们根据自家的条件主动给学校背来柴火、玉米、大米等东西。从校长到教师们都边种地边教书。学校办得好自然会引起一些人的不满心理，有些心怀叵测之徒，匿名诬告韩介休、罗文才等是借办学之名，实搞“异党”活动，当时的地方政府谈虎色变，听信谗言，查封了枧槽乡沟边村及其所属各学校。县法院和文教科，又传讯韩介休、罗文才、罗承宣等人到庭受审。理由是当地办有中心小学、保国民学校，苗家子弟完全可以上学读书，你们另起炉灶，是在搞异党活动。韩介休等人据理力争，他说我们为了少数民族子弟能上学读书，自筹经费，自聘教师，自己办学，没花国家一分钱，究竟何罪之有？法官理屈词穷，只好不了了之。可见解放前少数民族办学举步维艰。1948 年，终被取缔。①

据健在者回忆和统计，到 1948 年，培养的苗族文化人才有初小生数百人，高小生百余人，个别人还进入县中、省中。仅峰岩和沟边就有 40 多人读完了初中，1950 年到 1952 年间，全县在县城中学读书的少数民族学生有 20 个奖助金的名额，枧槽乡的少数民族学生就占了 19 个（其中一位是彝族），因此，“民族复兴小学”功不可没。新中国成立后，他们中的绝大部分人参加了革命工作，有的还上了大学，成为新中国自己培养的第一代少数民族干部和知识分子。他们中有的人曾担任过某地区副专员、本县的县长、民委主任、区乡长、央属国企党委书记、大学教师、军人、医生、人民教师、企业经理等等，为国家的发展建设做出了贡献。

① 根据访谈资料和李正明、杨秀伦两位老先生的回忆整理。

## 第四节 新中国成立后高寒山区民族教育的前进与曲折

新中国成立后，从全县的文化教育来看，人民政府对少数民族教育投入了大量的人力和资金，推动了少数民族教育的飞速发展。1951 年至 1953 年期间，政府拨款 800 万元（旧币，和计划经济时期的人民币的比值为 10 000∶1），先后在枧槽、文化（现合乐）乡兴办两所民族学校，入学学生全部免费，供给书籍、文具、医药，贫困的学生还发放助学金和伙食费。同时于 1952 年，选送苗族青年 3 名到中央民族学院（中央民族大学前身），1 名到华西医学院，13 名到泸州医士校，9 名到师资培训班，53 名到干部训练班学习。他们在解放初期的政权建设中，起了很大作用。先后在苗族较聚居的地区，建立了文化民族小学、枧槽民族小学、大坝乡的平寨民族小学、水潦乡的大洞民族小学、共和乡的胜光民族小学等。人民政府对这些少数民族学生发给伙食、寒衣、医疗、书籍、文具等，配备足够师资，使这些学生安心读书。1953 年到 1983 年，叙永县政府对苗族较散居的区乡，每年在全县教育经费中专门划有用于少数民族子女的教育经费，使叙永 5 个民族乡的 1285 人的苗族学生得到扶持。为了使苗族学生学习较规范，效益更显著，1958 年政府在叙永一中开设民族初中班，第一届 55 人，60 年来毕业人数虽不多，但也培养了一批人才。为了更好地解决少数民族学生入学的问题，1981 年至 1998 年又在叙永城郊中学举办了民族班。宜宾地区和叙永县政府划拨了专项经费，给予民族班学生一定的生活补贴，1981 年开始月贴 9 元，到 1987 年调为 15 元。在 10 多年中，城郊中学的民族班，共为全县培养了少数民族初中毕业生600余名。同时还托叙永师范校办民族班，现已有135名学员完成中师学历，走上工作岗位。

枧槽乡的民族小学在“文化大革命”时期被停办，当地的少数民族学生都失去了民族补贴，这对于长期贫困的高寒山区的少数民族教育来说，无异于釜底抽薪，民族子弟辍学务农者多，读书的也是初小毕业，民族文化素质受到极大的影响。直到1984年民族小学才得以恢复。1986年全乡普及初等教育。根据1994年底的统计，枧槽乡有民族中心完小1所（如图122），完小1

图122　**枧槽中心小学**

所，村耕39所，教职工85人，其中公办教师45人，其余为代课教师，当时的在校小学生有950人，少数民族250人，中心校设有戴帽初中班，有学生107人，少数民族学生34人。

尽管这些数字能够充分说明，高寒山区的教育向着一个良性的发展方向前进，从县到乡各级政府都付出了很大的努力。但是，由于贫困高寒山区脆弱的经济链条随时会使原本步入正常的生活和生产突然陷入难以想象的窘境之中，农民的生活水平提高与否直接影响到民族子弟的读书问题。

枧槽乡是整个川南地区自然灾害频繁出现的地区之一，霜冻、火风、暴雨、冰雹、春寒以及水灾、旱灾频频发生，自然生存环境艰苦。学龄孩子的读书时常会因为自然灾害的发生使得家里无力支付学费，或使得受灾后缺乏劳动人手而终止，有些时候辍学孩子的比例令人震惊。例如，1993 年，由于受自然灾害的影响，全乡秋季学生入学成为一个重大的问题，当年应入学的小学、初中学生总数是 1184 人，而实际到校注册的学生仅仅 724 人，滞留校外而没有到校的学生达 460 人，学生流失率达 39.2%。其中，乡中心完小片区的小学生流失率达 50.6%，313 名小学生被迫辍学，初中部流失率达 47.4%，58 名中学生被迫辍学。为此，乡政府甚至下文到各村社，以行政命令和年终奖惩的形式要求村干部们做好家长的工作，督促孩子返校。甚至提出如若家长不让孩子入学，将收取每生 50－100 元的扫盲费……高寒山区的孩子读书之难可见一斑。虽然有了半个多世纪的教育积累，枧槽乡的民族教育状况和条件应该说已经发生了巨大的变化。但是，据介绍，从“文化大革命”开始到 2002 年，相当于 35 年的时间里，枧槽苗族乡最多有两名大学生。当地人读完初中的仍然很少，女孩子就更少，仅仅就峰岩和沟边村来说，“文化大革命”时期出生人中，总共培养出两个国家干部（乡派出所协警员和乡妇联主任），各种年龄段人口中文盲半文盲占多数。究其外因首先是“文化大革命”，冲击是全国性的，山区亦不能幸免，加之长期贫困，基本生活都不能保障，读书自然是一种奢望；另一方面，是自身性的，逐渐陷入贫穷——愚昧，越愚昧

——越贫穷的怪圈之中。调查中接触到的中年人中，自认读完了中学（初中）的人很少。

**图 123　枧槽乡民族中学的学生**

近 10 年间，为解决学生就读难的问题，在县有关教育管理部门的支持和帮助下，办学条件和规模以及办学形式等方面也都有了不小的起色。枧槽乡 1998 年也有了中学，现在全乡有 303 名在校生（如图 123）。现在乡中心小学校有 440 名在校生，双河小学有 220 名，群英小学有 38 个学生。另外还有 3 个村小，如沟边村小有 70 个学生、3 个教师和一个代课教师；踩山村小有 136 个学生，1—6 个年级，共有 5 个教师和 3 个代课教师；龙洞田村小目前只是教学点，有 35 名学生，1—2 年级，只有代课教师；海里小学（属县教育局登记有办学许可证的民营学校）是代课学校，有 220 个学生，6 个班，6 名教师，1—6 个年级，主办老师原来是民办教师，叫解少英（女），2000 年办了这个学校，她自己出钱，老百姓也出资，自负盈亏，每学期每个学生缴费 90 元，还盖了一幢教学楼，由于地处营山乡、观兴乡和本乡的交界处，附近的孩子到本乡中心学校读书要翻山越岭，极不方便，海里小学的成立也吸引了邻乡的孩子就近读书，解决了上学问题，很受老百姓的欢迎。

另外，中心小学和各村小学都设有学前班，中心小学一般每年招收 68 人，沟边小学每年招收 20 人，踩山小学招收 22 人，周永福小学招收 32 人，群英小学招收 35 人，全乡一共 180 个学前班学生。受全乡地理条件的制约，正规学校容纳全乡学生的基础硬件设备尽管具备，但是招收的学生只能是多部分，受地理条件制约的地方，孩子的就读问题仍然是一个瓶颈问题，民营学校也应运而生。除枧槽乡外，其他邻近乡镇也有民营中学，方便了学生就近就读。小学毕业一般都上初中，初中毕业进行统一的中考，考上的学生就只有去县城就读，这就需要大笔的学杂费开支，家长们多数是支付不起的，或者一家的兄弟姐妹中就必须有人做出牺牲，让学习好的去继续求学，其余的就放弃继续读书的机会。所以过去一部分学生选择了读中专、技校，只有少数的学生可以继续在县中上高中，考上大学就更是凤毛麟角。目前，因为经济问题辍学或面临辍学的问题不仅仅是枧槽乡的问题，在全县的贫困山区都是一个棘手的问题。是当地普及全民义务教育的“拦路虎”，有的时候不仅仅是用行政手段，甚至采用法律手段来维护未成年人读书的权利。①

近几年来在社会各界的帮助下，教育的硬件设施发生了较大改变。乡完小和高中基本的硬件设施还是不错的。1999 年，美籍华人周永福先生捐资 20 万元的“侨心工程”启动，一楼一底的教师宿舍和 1300 多平方米的四层教学大楼修建在长秧坝，一年内完工，2000 年 4 月该校命名为“叙永县枧槽苗族乡周永福小学”。在这大山深处贫瘠的土地上，周永福小学像一朵奇葩在苗乡绽放。2000 年 9 月，学生正式迁入明亮的教学大楼学习，山里娃娃拥有了与城里差不多的学习环境。乡党委政府又在财政困难的情况下完善了学校操场和围墙建设。2001 年 4 月，周永福先生再次决定将 10 万元教学奖励基金全部用于学校教学设施设备的添置。学校的课桌椅改换一新，电教实验仪器和图书资料配置齐全，音、体、美教学设施基本齐备。2002 年，新华网友为周永福小学捐赠了 300 多册图书。2002 年秋，周永福小学办齐了从学前班到初中三年级的 10 个班级，学生长期保持在 450 人左右。为了解决场地拥挤和初中学生的食宿问题，学校充分发挥村级办学力量，动员学校教师和广大家长捐资捐款，投工投劳，改建了 96 平方米的师生生活用房，完善校园环境文化建设，添置乒乓台，增设闭路电视接收设备。2003 年春，学校又通过向教师和厂家贷款的形式配置了计算机房，在“403”项目的资

---

① 《人民法院报》2005 年 4 月 29 日报道：“四川省叙永县法院对 6 名拒不送子女入学接受义务教育的学生家长，依法采取了强制其履行义务教育法的执行措施。一段时间以来……导致学生辍学现象十分突出。为了有效地遏制这种现象，该县叙永镇政府于今年上半年对拒不履行教育义务，不送子女入学的家长作出了罚款 300 元，限期送子女入学的行政处罚决定。叙永县法院依据《义务教育法》和《行政诉讼法》的规定，严格审查了叙永镇人民政府作出的具体行政行为，及时送达限期执行通知书，并先后 3 次在该镇所辖的丹岩、先农片区依法对 6 名拒不送子女入学的家长进行了强制执行。执行中，叙永县法院了解到有少数学生确因家庭经济困难而辍学，向叙永镇人民政府提出了将收取的罚款作为贫困学生书费的司法建议，被镇政府采纳。”

图 124 **上学途中**

助下完成了远程教育设施设备。现在，学校正在加大力度抓教学常规管理，提高教育质量和办学效益。调查时，现任古校长还拿出 4 名小学生的全国美术大奖给我们看（其中一名获特等奖），无比自豪。

# 下篇　理论探索

# 第八章　川滇黔民族散杂区民族文化的考察

生存环境艰苦，自强不息，乐观务实，坦然面对生命与死亡。这些是我们在苗乡调查时的真切感悟，它从物质层面到精神层面展示了一个杂散居地区少数民族乡土社会真实的时代生活画卷。

## 第一节　研究对象及其研究视野

基于散杂区少数民族社会文化变迁理论框架的支持，从专业视角以及大杂居小聚居、传统维系、迁徙到定居、族群关系、文化特色等特点出发，把四川省泸州市叙永县枧槽苗族乡为代表的川、滇、黔交界的苗族山区（大概方圆 20 公里的区域）确定为研究的核心区域。从行政区划上看，四川省泸州市地处四川盆地南缘，是一个历史上经济文化较为发达的地区，叙永县位于它的南缘，云贵高原北端，地处川、滇、黔三省结合部，坐落于长江上游与赤水河中、上游之间，历为边陲重镇、革命老区、巴蜀名城，有“川南门户”的美誉。境内崖岭纵横、山高谷深，历史上川、滇、黔交界区域曾经是重要的地理要冲地区和重要的经济贸易中心，是连接中原和边疆的一个重要的十字路口，经济文化较为发达。它既是泸州市少数民族人口最多的县，也是四川省散杂居少数民族人口最多的县，并为四川南部汉文化覆盖极为密集发达而少数民族仍然顽强地保存着自身发展规律和文化特点的地区。

叙永县域历史悠久，据考古资料显示，早在公元前5000年“濮”的先民就在这里生息繁衍，到了夏、商、周时期由于生产的发展这里逐渐形成人口聚居区。（光绪）续修叙永永宁厅县合志和（民国）叙永县志中有关记载，叙永、永宁在禹贡梁州南境荒服。商时近鬼方，以地属鬼宿之次，高宗征鬼方是也。周时为卢戎，即秦誓所谓与庸蜀羌髳微濮佐武王伐殷者也。春秋时为僰侯国，战国属楚。秦时蜀郡地。汉建元六年（前135年）开夜郎置犍为郡，为僰道县地；建安元年益州刘璋在蜀分巴，以永宁为巴东郡，垫江为巴郡，阆中为巴西郡，是为三巴，而永宁为巴东地。晋置永宁县，宋、周、隋因之。唐元和元年（806年）置羁縻蔺州，纳溪以南皆其境。宋乾德二年（964年）革州，分隶江安、合江二县地，属泸州。元中统元年（1260年）改为西南番总管府；元统元年（1333年）置永宁路领筠连州及腾川县，寻改永宁路为镇边元帅军民宣抚司。明元珍据重庆改设永宁镇边都元帅府，仍设宣抚司；明洪武四年（1373 年），命傅有德进征云南，六月有德军次永宁置永宁宣抚使；五年城永宁置永宁卫，分隶贵州都司，寻改为长官司，隶四川，后改为安抚司；六年筠连州藤大寨蛮编张等叛，命袁洪讨平之，遂降筠连州为县属叙州，以九姓长官隶永宁安抚司；七年升安抚司为宣抚司，秩正三品隶四川布政司。成化四年（1648 年）程信等讨平大坝都掌夷改大坝为太平川置长官司，于九姓长官司同隶永宁宣抚司；天启元年（1621 年），宣抚使奢崇明叛，朱燮元都师讨之。崇祯二年（1629 年）平定，编其地为九里四十八屯，隶四川；三年始置同知以征民粮；八年改军粮厅，属叙州府并移徐州兵备道于永宁，与贵州参将同城。清顺治十六年（1659 年），开复永宁，立总兵镇之。康熙元年（1662 年），始设分巡永宁道；三年改镇为协；四年分西城隶属四川叙永同知，东城隶贵州威宁府；六年裁永宁道；二十六年改永宁卫为县，仍隶贵州。雍正五年（1727 年），并归四川为永宁县，属叙州府；六年改隶叙永厅，并改太平长官司为太平里，九姓司改隶泸州，厅隶地仍分九里，共十六屯。乾隆十二年（1747 年），裁协标副将改设参将；光绪三十三年（1907 年），迁永宁县置古蔺，寻改称古蔺县划厅属之境与黔接壤者隶古蔺，划县属之境雨点接壤者隶叙永；宣统元年（1909 年）升叙永厅为直隶州，划九姓司与泸州毗连个地为古宋县，与古蔺县并隶永宁州。民国二年（1913 年），改永宁州为叙永县，仍隶下川南永宁道；民国十八年裁永宁道，而县归省政府直辖；民国二十四年（1935 年）属第七行政督察区。1949 年 12 月解放后，将北面的打鼓和叙蓬划归纳溪县，先后属隆昌专区和泸州专区管辖；1959 年后，古宋县和古蔺县的石坝区及普站公社先后并入叙永县，属宜宾地区管辖。叙永，取叙（叙州，今宜宾市）蜀永宁之意得名。①

拉拉杂杂地扯出这么多的历史沿革，好像与我的研究没有必然的联系，但事实上这是一个重要的背景，说明这一地区在中央王朝的直接控制下已经有着上千年的历史，从先秦到清王朝，对这一地区的政治控制始终没有停止过。同时它又是一个不稳定的地区，中央王朝的张力能够达到的末梢地带，这一地区既受中原文化的极大熏陶，又被由南向北、由西向东的少数民族文化所渲染，各民族文化的存在有着较大的横向时间和纵向空间，中原主流文化和边缘少数民族文化相互碰撞、摩擦的直接结果是主流文化起到绝对的领导作用，而边缘文化（先是彝族文化而后是苗族文化）被吸收、排挤并顽强生存下来。彝族土司曾经以羁縻的形式控制这一地区达 700 年乃至更久，后奢氏土司反叛遭镇压，从此彝族的势力一蹶不振，当地的彝族人口锐减，今天仍然居住在这里的彝族仅 6000 多人。而苗族在历史上始终没有成为政治上很有实力的民族。恰恰因为此，他们曾同汉族联合反抗过彝族土司的压迫，从而保存了自己的传统和文化，人口也没有因为政治原因得到锐减。相反，在彝族土司反叛被镇压，彝族大量逃亡后，苗族还慢慢地拓展了自己的生存空域，繁衍了人口。因此，苗族在政治上同中原的认同意识是十分强烈的。当然也不排除民族之间文化上的排斥性。因此，正是由于这样一种状况，苗族政治上的附属地位一直存在。在同中原保持政治上的一致前提下，顽强地保存了自己的文化和人口。

① 参考四川省叙永县志编撰委员会：《叙永县志》，方志出版社，1998 年版。

叙永是国家级贫困县。少数民族集中居住的地区（5 个民族乡）几乎都是生存条件极为艰苦的地区，是一个西南腹地的贫困地区。今天，它不再有昔日的地位和辉煌，区域文化经济发展问题一直是它的瓶颈，尤其是世代居住在山区，生存环境恶劣的少数民族，境遇尤为艰难。[①]这是一个在全国来说也属典型的民族散杂区。目前全县居住着汉、苗、彝、回等 15 个民族 6.58 万人，共有 15 个乡、11 个镇、565 个村，少数民族人口约41 000余人，约占全县人口的 6.2%，苗族人口 35 196 人，约占全县人口的 5.3%（据 2002 年本县公安年报和县统计综合数据）。全县有 5 个少数民族乡镇，彝族乡两个（水潦、石坝乡），苗族乡 3 个（枧槽、合乐、白蜡乡）。这是一个有着光荣传统的革命老区。辛亥革命前夕，同盟会党人在叙永筹划永宁首义，护国讨袁之役、蔡锷将军驻节叙永忠烈宫，指挥作战，杀溃袁军。叙永也是毛泽东、周恩来、朱德等中共领导人率领红军长征四渡赤水迂回转战的战场，他们还在这里运筹帷幄，为中国革命的最终胜利奠定了基础。当地少数民族群众曾经帮助和参加中国工农红军。红军北上后，在叙永组编的川南游击队、川滇黔边游击纵队，在人民的支持下转战 20 余县。解放战争和新中国成立初期又在人民军队的带领下，组织苗族“剿匪”武装大队，为清剿盘踞在川滇黔山区的国民党残匪武装立下了汗马功劳。[②]

具体到枧槽乡，有几大特点：一是贫困县的贫困乡。全乡辖 13 个行政村，82 个农业合作社，有 2719 户农户，11 000 人，其

① 四川省叙永县志编撰委员会：《叙永县志》，方志出版社，1998 年版。

② 叙永县政协文史资料委员会、政协民族宗教委员会：《叙永少数民族》，第 35—38 页。

中少数民族人口3068人，占总人口数中的28%。二是典型的苗汉杂居乡镇。[①]三是由于地处大山深处，区域地理位置较为偏僻，交通、通讯、教育等基础设施和社会事业发展滞后，抗御自然灾害的能力弱，经济发展长期较缓慢，人们长期处于自给自足的农耕状态，经济状况十分不稳定。2002年以前，这里仍无街无场。至今还有很大一部分苗族一直在温饱线上徘徊。同时选择的研究对象为一个长期游居于川滇黔交界崇山峻岭达千年以上，在明末清初逐渐从半定居最终走向定居的农耕山民——苗族（属苗语川滇黔方言区[②]）中较为有代表性的一部分。[③]

据《中国苗族通史》、《苗族史》、《四川苗族社会与文化》、

① 据枧槽乡政府提供的有关材料整理。

② 苗语川滇黔方言，又称苗语西部方言，分布于四川省南部、云南省东北部、南部和东南部、贵州省西北部，据谭厚锋的《中国境外苗族的分布与变迁》一文介绍，西部方言区的苗族总人口在我国境内为200万人，境外为100万人，载《贵州民族研究》，1997年第3期，第112页。

③ 参阅历次全国人口普查统计资料，我国苗族五次全国人口普查数字为：1953年为251万人，1964年为278万人，1982年为503万人，1990年为739万人，2000年为894万人，目前名列全国少数民族人口第四位。苗族主要分布在贵州、湖南、云南、重庆、广西、湖北、四川、广东、海南，目前，全国共有6个苗族和他民族联合的自治州：贵州省黔东南苗族侗族自治州、黔南布依族苗族自治州、黔西南布依族苗族自治州，湖南省湘西土家族苗族自治州，湖北省恩施土家族苗族自治州，云南省文山壮族苗族自治州；23个苗族（含与他民族联合）自治县：湖南省的麻阳、靖州、布城，贵州省的松桃、印江、务川、道真、镇宁、紫云、关岭、威宁，云南省的屏边、金平、禄劝，重庆市的秀山、酉阳、黔江、彭水，广西壮族自治区的融水、龙胜、隆林，海南省的琼中、保亭等。苗族分布的主要地区在我国中南、中东南和西南部地区。此外，山西、江西、北京的省市也有零星的苗族人口分布。新中国成立后，走出原居地参加工作、上学的苗族同志越来越多，改革开放后人口的大规模流动更加突出，因此就民族成分的个体来讲，现在全国各地都有苗族分布。

《四川苗歌文化》等专著①，同时结合部分古代典籍史书的材料记载分析，这部分苗族居住在这一带的历史已经有上千年的漫长岁月。由于历史的原因，至今在我国西南部地区以及东南亚地区的西部苗族仍然是一个游动的实体（这种生产生活格局在我国云南省的苗族地区更为突出）。这种态势，深刻地影响了其自身的经济文化生活和与周边民族的关系，迁徙造成杂居态势。现在的苗族社区，呈现出典型的同各民族的大杂居、小聚居的分布居住格局。而这种总的分布格局，成为我们今天研究苗族历史发展脉络以及苗族社会文化变迁的重要背景材料。另外，值得注意的是，本书关注的这一人群聚落（尤以枧槽乡的罗氏和古氏苗族家

---

① 伍新福：《中国苗族通史》（贵州民族出版社，1999 年版，第 90－91 页）考证："由于苗族的不断向西向南迁徙，秦汉至南北朝时期在武陵五溪以西，即今贵州省大部分地区和川南、桂北，已有不少苗族杂处其间。这些地区古称：'牂牁'地，秦和汉初主要属夜郎国，汉武帝通'西南夷'后，灭夜郎，置牂牁郡……即在夜郎、牂牁境内，秦汉时已有苗族居住。有些材料可为佐证。如彝族文献《夜郎竹王》记载：'竹王在与濮人和僚人作战中，建立了九十九座城，苗族分三城．汉族分十九城，其余属彝兵管。'这说明，在夜郎竹王管辖下确有部分苗族。另外，20 世纪 50 年代以后在原夜郎、牂牁境内的汉墓中，曾发现'狗首人身骑鹿像'，考古学界认为，它就是古文献所记载的'盘瓠'。这也证明，两汉时以'盘瓠'为图腾崇拜的苗族、瑶族已行部分移居夜郎、牂牁地区。"伍新福、龙伯亚：《苗族史》（四川民族出版社，1992 年，第 175 页）分析："第三条路线……他们（云南昭通一带苗族）传说是由湖广经四川叙永、筠连迁来的……看来，部分苗族经四川迁入云南的时间，应是在元明建立土司制度以后和清初'改土归流'之前。"郎维伟：《四川苗族社会与文化》（四川民族出版社，1997 年版，第 39－40 页）指出："结合杨汉先在《传说考》中所举大花苗移入乌撒（今贵州威宁）时间的论证，可以认为，苗族大量西迁的时间不会早于宋代，四川南部和西南部的苗族也不例外。""古代统称南方少数民族为蛮，其中包括了濮越、苗、僚等古代民族。大约在东晋咸和年间（333 年），居住于洞庭湖西岸的部分武陵蛮西迁，循乌江西下，进入黔西北和川南地区。"古玉林：《四川苗歌文化》（中国香港天马图书有限公司，2002 年，序言部分）认为："殷周时代，有一个称为'髳'的小国参与周武王伐纣，髳的地理位置在今山西、四川一带，髳人可能是三苗的一支后裔，以后他们从南下到四川，再移居黔、滇，形成这里的川、滇、黔西支苗族。这与该支苗族的起源传说相一致，不少学者认为'髳'、'苗'古音相通。"

族为例），从地方史志材料、当地民族口传文化以及其保留的谱牒上分析，其家族第一代先人来此地开发至今已经有 11 代至 15 代人的历史。以 20 年为一代计算的话，它已经有 300 年左右的定居史①，这同其西部苗族的主体所具有的游动特点产生了较为鲜明的反差。

从事民族学研究，对于我们的研究对象应该有一个怎样的心境和态度，我们的研究成果必然担负着这样一个使命，那就是关心他们的生存现状，尊重他们生活方式的选择，对于他们特有的文化意义提醒世人对他们的关注，更为他们的发展和生活质量的提高，尽可能用既得的研究成果影响世人，以此来推动对他们的支持和帮助。

## 第二节　文献资料的归纳与分析

从历史上说，关于苗族或与其先民有密切关系的历史，在许多汉文古籍中都有不同程度的反映，略举二三：《山海经》、《周书·吕刑》、《管子·地数篇》、《国语·楚语》、《墨子》、《吕氏春秋》、《左传》、《礼记》、《战国策》、《史记》、《太平御览·龙鱼河图》、《资治通鉴》、《文献通考》、《太平寰宇记》等等，大凡历朝各代正史等都有大量有关记述，历代各种地方史志、个人的传略、游记、杂著里也有不少。例如，宋代朱辅的《溪蛮丛笑》、明代郭子章的《黔记》、清代陆次云的《峒溪纤志》、爱必达的《黔南识略》、段汝霖的《楚南苗志》、严如熤的《苗防备览》、罗

① 苗族一般早婚，从枧槽高山苗目前的情况反映，化除之间的更迭，多在 15—20 年之间，现此，11 代至 15 代共计应有 300 年左右的时间。

绕典的《黔南职方纪略》、徐家干的《苗疆闻见录》、贝青乔的《苗俗记》等等。加上苗族本民族口承文化保存的大量神话历史传说、民间文学作品，为我们研究苗族历史提供了丰富的、可供参考的文史材料。

由于苗族是中国的一个历史十分古老且人口相对众多的民族，长期的阶级斗争和民族对抗，使得它不仅在中国历史上是一个见诸史籍最多的南方少数民族，而且在世界上也是很早就引起西方近现代学者关注的东方民族。西方人文科学体系建立后，西方殖民文化（尤指基督教、天主教为代表的宗教文化）在全世界的广泛渗透，18 世纪中期就有西方传教士来到我国接触到南方各少数民族，他们的游记和研究著作中有不少反映我国苗族文化及生活场景的内容，有的就是苗族研究的专著。例如，英国伦敦教会的洛克哈特（Lockhart William，英国最早有关于苗族研究的论著者），他曾于 1838 年和 1861 年两次来华，前后长达 20 多年，1861 年著有《关于中国的苗子或土著居民》（On the Miaotze or Aborigines of China）。法国耶稣会士迪·阿尔德（Du Halde）曾到过中国，但他引用别人的记述，写了著名的《中华帝国和中国鞑靼人的概况》(Decription de lèmpire de la Chine et la Tartarie Chinois)（1736 年），其中有不少关于苗族的记载。英国军人布勒契斯顿（Blakiston Thomas Wright）1860 年参加了中英战争，在侵华期间曾到过湖北、四川以及长江上游地区，所著《长江上的五个月》（Five Months on the Yangtze River）(1862 年)，书中记载了苗族体质容貌等并有附图，尽管书中错误颇多，但却是有关苗族体质人类学方面的一部较早的纪录。英国传教士克拉克（Clarke S. R.）在中国传教 30 多年，对苗族、仡佬族等进行过不少调查。在他的著述中对苗族的历史、语言、传说、宗教以及习俗都有详细叙述，代表作如《中国西部的苗和其他部落》（The Miaotze and Other Tribes in Western China）（1894 年）。在东南亚地区老挝及我国云南苗族地区传教的法国传教士萨维那（Savina F. M.），撰有《苗族史》（Histoire des Miao），他研究了苗族的历史线索，详细地描述了苗族的语言、习俗、传说和宗教信仰，此书在 1924 年首次出版，1930 年再版，于 1972 年又再次印刷。美国传教士格雷姆（Graham D. C. 汉名葛维汉），在华多年，撰有多篇论文，专述四川苗族的习俗、传说、诗歌、故事等其他材料。其中所搜集的传说与故事的数量很多，为苗族研究提供了资料。美国最早的传教士布里奇曼（Bridgman E. C. 汉名裨治文），他于 1859 年将我国的《黔苗图说》译成英文，对国外研究苗族起了很大作用，在其创办的《澳门月报》中，也刊登过不少有关苗族研究的论文。[①]澳大利亚人类学家格迪斯（W. R. Geddes）1976 年以老挝苗族为研究对象著有《山地的移民》（Migrants of the Mountains）。英国传教士柏格理（Samuel Pollard），1887－1915 年在我国云南、贵州省苗族地区传教 28 年，他有关苗族的著作有：《苗族的故事》、《在中国难于进入的角落里》、《云南北部的碉堡》、《云南北部见闻录》、《未被踏查过的中国地方》、《柏格理在中国》等。[②]

我国早期人类学家也颇关注这样一个民族区域和人群。随着

① 王慧琴：《关于国外研究苗族的情况》，载中国社会科学院民族研究所历史研究室资料组：《民族史译文集》（内刊），1980 年，第 8 期，第 137－203 页。

② ［英］柏格理、邰慕廉等：《在未知的中国》，东人达、东旻译，云南民族出版社，2002 年版。

20世纪初我国的人文学科体系逐渐建立，到三四十年代一些早期的民族学家也开始对我国少数民族文化作专门研究，其中就包括了大量的“苗夷”研究，例如，凌纯声、芮逸夫的《湘西苗族调查报告》、[①]梁聚五的《苗夷民族发展史》、盛襄子的《湖南之苗瑶》、《湘西苗疆之设治及其现状》等，吴泽霖、陈国钧、杨汉先等对贵州苗族的研究，如《贵州短裙苗的概况》、《苗族中祖先来历的传说》、《生苗的人祖神话》、《大花苗名称来源》、《贵阳苗族的跳花场》、《苗族吃牯脏的风俗》等，[②]林名钩、笑岳、王兴瑞、阮镜清等对川、琼、桂、滇等地苗族的考察，如《川苗概况》、《海南岛苗人的来源》、《广西融县苗人的文化》、《滇边苗族杂谈》等。

同时，本民族的知识分子和有识之士开始从事本民族历史文化、风俗习惯的早期调查研究活动，此举当首推湘西苗族学者石启贵为先驱。1933年他随同凌纯声、芮逸夫等人对湘西苗族进行调查，并在后来担任了中央研究院湘西苗族补充调查员，1940年写成《湘西土著民族报告》，1951年写成《湘西兄弟民族介绍》，1986年由后人将诸成果合并以《湘西苗族实地调查报告》一书面世，由湖南人民出版社出版，2002年8月再版。

尤其重要的是，芮逸夫1943年3月至4月共计40天，在叙永县当时的大树乡马家屯（现）古氏苗家做的田野调查，于同年9月20日至12月底又专程邀请古氏报告人到当时的南溪县李庄

① 1933年5月初，当时中央研究院的研究员、著名民族学家凌纯声、芮逸夫等人前往湖南的湘西进行苗族的调查，长达3个月。1939年共同完成专著《湘西苗族调查报告》，1947年由商务印书馆出版。此书为国内学术界第一本对湖南湘西苗族研究的专著，在国内外产生较大的反响，是国内早期民族学界开展田野调查的经典著作之一。

② 诸论文见20世纪中国民族学人类学经典著作丛书，吴泽霖、陈国钧等著《贵州苗夷社会研究》，民族出版社2004年版。

镇粟峰（芮逸夫临时寓所）又做了详细的笔录，并由语言音韵学专家（张次瑶）参与记音，后又经过反复整理，于1945年春，首次写成《苗语释亲》一文，其后又写成一些有关的文章，如《苗族亲属称谓制度探源》（1954年，台湾）、《苗族亲属制的称谓结构》[英]、《川南鸦雀苗的社会结构》[英]。1962年10月在台湾出版专著《川南鸦雀苗的婚丧礼俗·资料之部》。可以说，这是对川南苗族的一次较为全面和翔实的研究。

新中国成立后，伴随人文学科的兴衰，苗族研究进入一个新的发展时期。随着新中国成立初期全国范围内的少数民族识别和社会历史调查工作的展开，对苗族的研究力度加大，苗族主要聚居的省份和地区（湖南、贵州、云南、四川、广西、广东等省）都撰写了苗族社会历史调查报告和材料，从20世纪50年代一直延续到80年代的少数民族“五种丛书”撰写出版工作，工作量大，成果极丰，其中苗族研究成果尤以贵州和湖南省的最多。50年代大量的社会历史、生产力和生产关系、物质和精神文化的调查报告和研究论文等，至今仍然是我们研究工作的重要蓝本。

目前，在我国学术界有一定影响的苗族研究专著的付梓，对推动苗族文化研究作用巨大，如：《苗族史》、《中国苗族通史》、《苗族文化史》、《苗族文化研究》、《湘西苗族实地调查报告》（再版）、《百苗图校释》、《漂泊的家庭：苗族》、《生死之间——月亮山牯脏节》、《百年高坡——黔中苗族的真实生活》、《民间思想的村落——苗族巫文化的宗教透视》、《四川苗族社会与文化》、《四川苗歌文化》、《四川苗族古歌》、《中国苗族服饰文化》、《锉刀下的风景——湘西苗族剪纸的文化探寻》、《云南苗族传统文化的变迁》、《苗族理辞》、《中国苗族巫术透视》、《苗汉语比较》、《兴文苗族》、《湖北苗族》、《贵州苗族教育研究》、《苗族图腾与神话》、《苗族：金平铜厂乡大塘子村》、《红枫湖畔的苗家》、《梭嘎苗人文化研究》、《苗族古歌与苗族历史文化研究》、《筠连苗族文化》、

《中国苗族服饰图志》、《苗族银饰》、《龙吟苗疆》、《贵州苗族医药研究与开发》（上、下）、《贵州苗族刺绣》、《苗疆考察记》、《近代贵州苗族社会的变化》、《唱“勒”苗族的巫辞——一个苗族社区的研究》、《苗语语法（川黔滇方言）》、《黔西北苗族民间歌曲集·乌蒙苗歌》、《西江苗族妇女口述史研究》、《苗族图腾与神话》等等。在全国主要的民族研究、社会学、民族学和文化人类学的学术刊物上有关苗族研究的学术论文更是成果多多，粗略统计也早逾千篇。几十年来，苗族研究可以说是硕果累累，许多研究成果颇有见地，甚至是填补各种研究领域的空白之作。

在后期的论文写作中，我意外地发现胡庆钧先生在1943年所做的社会学调查，60年后我选择的地点几乎和他选择的区域一致以及芮逸夫先生的成果，加上1958年全国性的少数民族社会历史调查，该区域也曾作为一个调查点，除在本地县档案馆留有一份油印内刊单本外，还作为当时四川调查片区的内容之一编入《四川省苗族僳僳族傣族白族满族社会历史调查》中，于1986年公开出版。这些都成为我作历史对比的重要材料，但是上述几项区域调查中，胡庆钧先生侧重在数据统计和社会学研究。芮逸夫先生的民族学社区研究虽最为专业和深入，为我们进行文化的历史对比研究提供了确实可靠的原始资料，他的《川南鸦雀苗的婚丧礼俗·资料之部》，将当时“鸦雀苗”的婚俗和葬俗做了完整的国际音标记音和汉语翻译，但是，由于他更侧重于苗族风俗习惯的白描，而且不通苗族语言（报告人的汉语水平也较差），所以由于语言上还不能把握准确的含义，翻译上有一些错译漏译的地方，在后期的研究分析中难免会有偏差，这是意料之中的（由于他的“研究之部”和其他有关“鸦雀苗”亲属称谓、社会结构等方面的英文论文我没有查到，评价可能有臆断的嫌疑）。1958年的枧槽乡社会历史调查本来是一次完整地记录该地苗族社会历史文化变迁的绝好时机，但是在当时划分阶级和进行大规模阶级斗争的特定历史环境下，调查报告偏重在土地分配、农业生产、阶级剥削、阶级成分划分、阶级斗争等方面，包括历史、风俗习惯、宗教信仰、语言等等在内的民族文化内容记录得粗糙和简单，因此，既留下了珍贵的历史资料，又留下了不少的缺憾。由此得出，该区域确有民族学学科研究价值，在前人研究的基础上对其进行跨世纪、逾百年的社会文化变迁研究意义非浅。

为此，本人以前人调查研究成果为背景，尤其总结新中国成立几十年来国内苗族研究的一般情况，确定论文研究方向、区域、对象，将研究定位为：乡村（三农）问题——少数民族散杂区乡村问题——苗族——四川叙永县枧槽苗族乡社会文化变迁个论，是一项极有价值的工作。

## 第三节　我的田野

关于本书的田野工作，这是我此生的一次巨大的学习收获，针对研究目的曾先后进行过六次专题调查，掌握了大量的第一手资料。

1. 角色的定位

这是我的祖居地，但是从出生到 1999 年之前这里曾是我一个遥远的梦，从来没有踏上过这片土地，可以说，从研究的角度我具备两大便利条件：首先，这是我的故乡，我有着天时、地理、人和的条件，从自观的角度深入调查有着先天的优势。同时，我又是一个“生人”，能从一个全新的角度观察整个社区，从他观的角度也比较容易进入。另外也有两大制约因素：首先，难免不同程度地受到同族同宗亲戚朋友的影响，角色的转换需要加强专业修养才能做好。其次，语言障碍，短时期内不可能克服，必须依赖翻译，甚至在刚刚进入调查时，对当地汉语的一些表达方式在深度理解上仍然存在一定的问题。

2. 调查提纲的设计和运用

我的提纲蓝本取自于汪宁生先生的《文化人类学调查——正确认识社会的方法》①、杨堃先生的《民族学调查方法》②、宋蜀华和白振声先生的《民族学理论与方法》③ 以及石启贵先生的《湘西苗族实地调查报告》等，尤其是汪先生的书给我启发最大，几乎每次调查我都会带上它，随时把我的调查提纲同它相对照，受益匪浅。我们知道，调查地的实际情况千变万化，我们往往要在提纲设计基础上针对实际情况不断做出工作上的调整。因此，拥有一本操作性很强的专业书，并时常参照之，是最有效的民族学调查技巧。同时，在文字水平较低的社区调查，问卷调查方式基本上不可取，因此，必须代之以访谈、到各级数据部门搜集、验比材料，乃至靠双脚的功夫去“走村串寨”。还有，就是尽可能地运用现代科技手段，如笔记本电脑、照相机、摄影机、录音笔等是必备的调查手段和工具，尽可能地在同一时间里采集到多角度和多方面的材料，正所谓文化人类学的“不浪费原则”。传统的调查方式——即时笔录和日记也十分重要。

3. 具体调查村寨的选择

走访了几个村寨后，又将具体调查重点放在海鸭行政村（当地人习惯称之为峰岩）和沟边行政村。理由有三个：其一、两村

① 汪宁生：《文化人类学调查——正确认识社会的方法》，文物出版社，1996年版。

② 杨堃：《民族学调查方法》，中国社会科学出版社，1992年版。

③ 宋蜀华、白振声：《民族学理论与方法》，中央民族大学出版社，1998年版。

寨在全乡的社会文化变迁的各方面具有更多的代表性。海鸭和沟边两个行政村主要是苗族聚居的村寨，本寨的苗族人口比率占到90％以上，本民族语言风俗习惯和生活方式保存比较完整，最关键的是，他们一直在当地的民族间有一定的影响，两个村子20世纪50年代至70年代，陆续有上百人参加工作和参军，而且20多年的时间里他们出了担任县级和公社领导人物，文化水平也较高，通过对他们的了解对当地的历史发展有了一个清楚的脉络。同时“文化大革命”后期至今，这里各方面出现一系列的问题与我国当前的社会问题又具有极大的共性和特性，加之家族势力仍然在民间起着明显的作用，文化、经济的发展水平长期徘徊不前，计划生育工作成为老大难，在当地显得比较突出，具有一定的代表性。其二，百年来频繁的行政改动，有的地区历史上属本乡后又划归其他的行政乡镇，而目前属于本乡的一些村寨又是在20年前才划属的，而这两个行政村百年来一直在行政上隶属枧槽，所以选择其他村寨在作纵向研究时带来不便。其三，两村的苗族人口占到本乡的一半以上。其中的一个村寨就是我的祖居地，另一个村寨与它有着上百年的姻亲关系，同时地处枧槽乡中心地区，对外的联系和交往比较密切，经济文化生活的形式和内容较为丰满。

4. 访谈人物的确定

包括对当地有关部门的拜访和联系，说明来意并寻求帮助，以示尊重和消除误解，并极大地得到当地政府部门和群众的帮助；到达具体调查地点后先广泛但是相对浅显地访谈以筛选重点的访谈对象，并参考当地政府和群众的推荐，最后重点选择了年纪稍长的人为重点访谈对象：泸州市民委主任、叙永县民委正副主任、县统战部副部长、县图书馆馆长、古氏和罗氏家族长、曾经担任过县民委和枧槽乡领导工作的本民族退休老同志、行政村支部书记、计划生育办公室主任、乡长、乡党委副书记、当地派出所领导和工作人员、“多能”（巫师）、基督教长老、民歌手等等，同时我有幸与我父亲同行，他担当了我的全程向导和翻译。

5. 基础资料的获取

主要从两个方面的实施操作：其一，书面文字资料的收集，例如据调查在枧槽乡的沟边和海鸭两个苗族村家族制度已经延续了200—300年的时间，最近他们都在重新撰写谱牒。调查中我们还得到他们50年前修的谱牒，在海鸭村罗氏家族的谱牒上面十分详细地记载了9代至11代的家族内各房的分支和繁衍情况，其中一页形象地绘了一棵“家族树”，清晰地看到各房各支的发展情况，每代族房支的人名都罗列其上，十分清楚。其二，实地调查记录，运用民族学学科知识和技能展开田野工作，村寨和农户的探访，住到农户家中和他们生活在一起，观察他们的日常生活，体察他们的思想和情感，观察他们的劳动，并做了大量的图片资料，做好笔记和摄影工作。参加三次十分难得的民俗活动：“阿旺”（“做斋”）、“翻尸”和葬礼。

6. 具体行程和收获

1999年11月，整个行程共计10余天。参加苗族祭祀仪式“做斋”。仪式的前后近10天，除去来回的路程花费4天，其余时间用于川、滇两省的叙永县和威信县的走访和看望亲朋好友，获得了有关感性认识，这对我后来迅速在思想上理清思路，确定目标起到一定的铺垫作用。“做斋”的正式仪式进行了3个整天，具体地点在威信县双河乡的一朵寨，实际上离我的调查地四川省叙永县枧槽乡直线距离不到20公里，两地的苗族有着很近的亲缘关系，被“做斋”的亡人就是调查地的女子成年后出嫁到此地的，语言、风俗习惯一致。由于我在云南省委党校从事民族理论与民族学教学研究工作10余年，参加这次祭祀仪式后，感触颇深，认为这里可以做一个民族学学科研究，曾经有一个资料收集的行程和田野调查的计划，写一部民族学专业论著已在酝酿之中

(但是当时主要的关注点是苗族的家族问题)。尽管当时我还没有攻读博士学位，但是这次行程却是导致我读博后毅然决然地做出撰写有关该区域苗族文化发展变迁的民族学专著的直接原因。

2000年1月，专门的资料收集行程。到了枧槽乡的海鸭村、沟边村、乡中心完小、乡中学等地，并对有关人士进行了访谈。收集到了家族谱牒，新旧两本，较有价值。整个行程半个月。这次行程由于是自驾车，所以横贯云、贵、川三省，所到之处主要是苗族、布依族、水族等民族的散杂居地区。途经贵阳，和有关苗族研究的老专家进行了交谈并交换意见，专家也提供了重要的图书资料和线索，并就有关话题提出个人的见解，很受启发。2002年7月，这是我考上博士研究生后的第一次正式田野调查，在与导师做了沟通后开始了就论文设计上的田野调查，历时半个月。主要是认真考察论文设计的可行性，当时的主要内容还是以苗族家族问题为线索。与泸州市民委主要领导做了访谈，他也表示支持和关注，并主动提供一些材料和文件以供参考。叙永县民委的领导也在市民委的安排下，与我有了接触，并表示尽全力提供必要的物质条件和材料支持，同时协调联系乡镇领导，要求他们与我合作，并提供必要的帮助。因此，调查行程十分顺利，达到了预期目的。在成都两天期间，拿到了有关川南苗族的一些资料，对我的论文写作大有益处。

2003年1月，四去调查点，时间是一个月。逢苗族葬礼，亲朋好友中长辈仙逝是一个悲痛的事件，本人以最快的速度赶到表示哀悼，并参加整个丧葬的过程，同时作为民族学田野调查，这个机会也十分难遇。这是一个整整9天的仪式，内容十分丰富，当时本人搜集的材料，已充分地在本书中得到分析和呈现。9天的丧葬仪式结束后，除去往返车程4天，其余的时间都在湾塘、峰岩和沟边村分别住下来体验和观察，内容包括农业生产、日常生活、房屋居住、语言、教育、历史、宗教、节日、服饰等等经济文化各方面，访谈人群的面开始扩大，有农夫、村妇、国家干部、中小学教师和校长、本地本族经商人员、外出打工人员、离退休干部，甚至是小孩子。

2004 年 2—3 月，一个半月。深入到调查点，进行调查。除去同前一次有着相似的内容外，我加大了资料收集汇总的力度，再次拜访了泸州市民族宗教局的罗文庆局长，有关事宜得到他的直接安排，叙永县民族宗教委员会马刚主任十分重视我的田野工作，并派工作人员侯开珍同志与我联系，负责为我组织材料、数据，对我田野工作中涉及的各种关系的协调、组织专题调查会、安排重要人士的专访，甚至帮助我安排对各位材料提供人的答谢宴会，也对我在县城进行资料收集期间的一些食宿做了安排。县民族宗教委员会的黄登阶、马康伦等同志也给了我巨大的支持。在枧槽乡做田野期间他们都不断电话联系提供帮助以及协调，乡政府对我的工作也给予极大的支持。县统战部副部长杨旭东同志为我提供了县宗教情况材料和不少的旧照片，为我的研究增色不少，令我感激不已。因此，这次我拿到了大量的材料（主要包括地方史志材料、历年的县统计年鉴、民族情况材料、县文史资料、多年的县民委工作总结、乡镇情况汇报、统战部资料等等），并拍摄了大量的照片（逾千幅）。在田野期间，普通农民家庭和我的族人对我工作的支持，到了无法用语言形容的地步，我主要留住的时节是冬季，几乎天天阴雨绵绵，天气寒冷，道路泥泞，田埂上凹凸不平，前去调查的人家乍看不算远，走到要用半个小时或一个小时的路程，还要爬坡、过河，几乎每次都有人自告奋勇地陪同。他们既是我的向导、翻译，又是我的材料提供人，使我终身难忘。

2005 年 1 月 20 日至 2 月 6 日，我们从北京出发，可谓是星夜兼程来到震东乡，参加一户人家举行的“二次葬”——“翻尸”仪式，为 3 个整天，全程观察，并用摄像机全部记录下来，非常辛苦。这是一个在许多书籍材料中被认为业已消失了的遗俗，但事实上它一直存在于川滇黔交界的苗族丧葬文化中，与《百苗图》等古迹上描述的内容虽然有一定的变化，但仪式完整，内容丰富，反映出川南苗族宗教文化的诸多内涵，很有学术价值。仪式完后又抽出时间，走访了几位报告人，获得了不少书面和口头的材料。

# 第九章　枧槽高山苗民族文化因子及其链接

枧槽高山苗社区在长期发展过程中自然构建起来的社会体系，本身有着显著的特点。本书通过系统的田野工作，深入考察苗乡社会，发现该体系内部存在着支撑这一社会体系的诸多文化因子，仍然充满活力，它们彼此关联，相互影响，在长期的与不同文化互动的过程中，形成本民族传统文化相对于异文化而独立发展的轨迹，诸文化因子的链接所产生的功能作用，构成昨天的传统和今天的苗乡社会。

## 第一节　山地文化

目前学术界较为一致的看法是，我国苗族是有着几千年稻作历史的民族，有学者解释，苗族之所以称为"苗"，是源于其古老的生计方式——水稻种植业，"苗"乃田中之苗，稻也。但是无论是中国古籍还是苗族的口碑文化都给了我们许多其他的启示，即苗族的历史与传说时代的"九黎"、"髳"、"有苗"、"三苗"、"驩兜"等等古族群都有着密切的关系，他们有的几乎是同时代对不同古族群的称谓。[①]因此，历史学家和民族学家对苗族族源莫衷一是，如果跳出将苗族划归于只是其中的一个先民之后裔的观点的话，我们不难发现至今仍有着纷繁复杂的民族文化内容的苗族，其实就是长期民族发展过程中多源归一的结果。[②]

基于这样的认识就不难理解苗族经济生活的多元化，我国最古老的文化典籍之一《山海经》对这些在远古时期与苗族先民有着密切关系的族群的不同生计方式也有一些简单描述。例如，《山海经·大荒南经》："大荒之中，有人名曰驩头。鲧妻士敬，士敬子曰炎融，生驩头。欢头人面鸟喙，有翼，食海中鱼，杖翼而行。维宜芑苣，穋杨是食。有驩头之国。"《山海经·大荒北经》："西北海外，黑水之北，有人有翼，名曰苗民。颛项生驩头，驩头生苗民，苗民厘姓，食肉。"[③] 由此可知，几千年来苗族内部不同支系各自特有的生计方式是有着她的文化承继性的。

因此，苗族是一个有着几千年农耕历史的民族，而不仅仅是

---

① 《史记·五帝本纪》："驩兜进言共工，尧曰不可而试之工师，共工果淫辟。四岳举鲧治鸿水，尧以为不可，岳彊请试之，试之而无功，故百姓不便。三苗在江淮、荆州数为乱。于是舜归而言于帝，请流共工于幽陵，以变北狄；放驩兜于崇山，以变南蛮；迁三苗于三危，以变西戎；殛鲧于羽山，以变东夷：四罪而天下咸服。"

《墨子·兼爱篇》中关于禹出师伐苗的誓词曰："济济有众，咸听朕命，蠢兹有苗，昏迷不恭，侮慢自贡，反道败德，君子在野，小人在位，民弃不保，天降之咎。"

《说宛·君》道.："当舜之时，有苗氏不服……禹欲伐之，舜不许曰：谕教犹未竭也。乃谕教焉，而有苗氏请服。天下闻之，皆非禹之义而归舜之德。"

《今本竹书纪年》云："三十五年，帝命夏后征有苗，有苗氏来朝。"

② 苗族是目前我国族源争议最多的古老民族之一，每一个支系就有不同的语言（无论方言和土语）、不同的服装、不同的通婚圈（不同支系之间互不通婚）、不同的图腾崇拜（鸟、牛、竹、枫树、蝴蝶等），不同的风俗习惯、不同宗教信仰方式……不胜枚举。民族内部的差异性之大，超过我国其他任何一个民族。因此，本文坚持苗族发端的多源和发展过程中的多源一体的观点，因与本文主题关系不大，这里不展开论述。

③ 罗梦山编译：《山海经》，宗教文化出版社，1998年版，第121、第131页。

稻作。稻作不能概括其农耕文化历史的全部。应该说，苗族是一个耕种五谷的民族。

而苗族先民中“窜三苗于三危”的“髳”人，从其发展脉络来看，长期游栖在高山峡谷之中的生计方式同现在西部苗族的物质文化有着密切的历史渊源。也就是说，文化对一个族群的生境选择有着内在的必然联系。

因此，山地文化是高山苗物质文化的特征和表现之一，尤其是对苗族中几千年从事山地耕作的那部分族群——西部苗族。当然，长期的迁徙，对生境的被迫适应也是可能的，但主观能动性的作用是一种反作用力，它对人的生境选择必然有着一定的指导作用，于是迁徙而来的人们主观上选择与其过去生境相似的地域生存也应该是一个重要原因，所以说西部苗族主观上选择高寒地带的山地从事旱地耕作，不能说不是一种对传统经济生活的一种延续。另外，作为一个庞大的族群，与迁徙地的原著民发生土地的争夺是不可避免的，由于客观因素和外部力量的作用，如历史上的民族压迫政策和大民族主义使相对弱小的民族不得不选择与世隔绝和条件艰苦的地方为生，这也是一个重要因素。

从叙永苗族对高寒山区的生存适应性来说，似乎明显优于当地汉族。这个看法，不仅是出于本人的私见，胡先生 1943 年的调查也作过这样的评价。他说，据个人的观察，高山苗的体质较当地人为健硕，原因之一是他们比汉族更适应艰苦的生存环境，之二便是与他们的物质文化的特质有关。

当地苗族的体力是较汉族为佳的，我们所经过的汉苗杂居地带，汉人大都面黄肌瘦，而苗族颇多健康的颜色。汉人常称赞年轻苗女的肤色红润，风致天成，确非虚语。苗族所习惯的简陋草率的生活，如起居饮食，任性不洁，能苦能乐，不重调节等，即当地汉族也多不能适应。这里面不仅包括一个习惯问题，也许还有先天的遗传的因素在内。就民族迁徙的情况来说：苗族比较上是一个最早定居于高原地带的民族，而汉族是从平原地带迁移过来的，由高原地带的相对限制所引起的种种自然淘汰，即：‘适者生存弱者淘汰’的事实，必先于汉族而影响到苗族的生物因子。且苗族听其自然不求改进的生活态度，此项势力，仍不断影响苗族的传殖，影响的程度或较汉族为深，从而发生苗汉的差异。①

当然这只是基于他的个人看法，毕竟把一个民族整体来作为划分身体素质好坏的界限，显然不是一个合适的划分，因为各民族内部个体的体质是千差万别的。但是其中，有一个观点对本书思考的问题提供了一个田野的他观材料，即从高山苗的体质特征反映出他们对高寒山区的适应性，这种适应性是他们在传统文化影响下的自身选择的结果。

经济生活是精神文化的支撑，精神文化折射出它的基本内容，因此经济生活对精神文化的功能作用是显而易见的，正所谓经济基础决定上层建筑，有什么样的经济基础就有什么样的上层建筑。苗族三大方言中的西部方言区各支系基本上延续了这样古老的生存方式，并给她的民族文化发展变迁过程中的全部打上了深刻的烙印。

## 第二节　竹崇拜与芦笙文化

作为我国神话时代中原地区的古老族群之一——苗族，至今

① 胡庆钧：《叙永苗民人口调查》，载《边政公论》1944年，第3卷，第12期，第39页。

她的若干文化因子都极大地透射出中原古老文化的信息。例如，农耕民族的若干古老生产方式、古老的语言系统、纷繁复杂的民族服饰以及精神文化中的若干表征。如原始宗教、巫觋文化、音乐艺术等，而从最富文化表现力和文化的大众性特点以及最有生命力和丰富文化内蕴的特质来看，当属她的芦笙文化。

芦笙被苗族人民视为密友良伴，苗家男子人人会吹。在苗家，每年都要举行盛大的“踩花山”和“芦笙节”。节日期间，苗族人民盛装前往，平时寂静的山村，汇成芦笙歌舞的海洋，满山遍野，一望无际，热闹非凡。数十支甚至上百支芦笙齐鸣，雄壮而洪亮的乐声十余里外都清晰可闻。在黔东南等苗族聚居区，每年都要举行芦笙节这一苗族的传统节日，参加芦笙节的苗家男女多达几十万人。每逢劳动之余或婚嫁喜庆，也要吹奏芦笙和跳芦笙舞。尽管枧槽高山苗分布在民族散杂区，这一文化特色——芦笙情结却始终没有发生改变。

过去，在无文字的苗族社会中，男子们人人必须学习吹芦笙。不仅因为在祭祀、娱乐、节庆等场合都要吹奏芦笙，最主要的是通过学芦笙——念唱芦笙歌，背记芦笙词，获取知识和做人的道理。每首芦笙词，都有明确而稳定的歌调，内容极为广泛，包括历史传说、生产知识、爱情婚姻、社会公德、乡规民俗等方面。由此，每一个苗族男孩子长到能接受芦笙知识的阶段，就必须接受一切芦笙文化的东西，一是从小的耳濡目染，再就是家长和大人们有意识的灌输，尤其是在聚居区。芦笙文化是以音代言的教化工具，人们常手持芦笙或吹奏历史传说、民间故事，或吹奏传统理词，或吹奏丧事“芦笙调”等。这些芦笙“语”（调），在长期无限往复的运用中，语义已自觉不自觉地印入人们的脑际，不断约定、巩固。久而久之，芦笙的音调与其所表达的语言内容融为一体，成为一部口传心授并艺术形式表现出来的苗族社会的“百科全书”。总之，芦笙语在苗族人民的生活中，具有传播文化知识、传播道德、强化民族意识、交际媒介等方面的功能，是苗族人民发挥聪明才智，将芦笙与语言结合，独创的一种艺术形式。芦笙语代代相传，是苗族历史文化的真实写照，是深入其民族文化内核的文化因子。

芦笙如此广泛的使用价值，促进了它本身艺术形式的不断丰富和发展，它不仅具有丰富的音乐形式，还有与之适应的舞蹈形式。苗族的"芦笙舞"有着悠久的历史，在人民中广泛流传，是最普通的一种舞蹈，一般都是围成圆圈，由男子吹芦笙在前，面朝圈里，横身领舞前进，妇女随后，面朝前进方向，随音乐而舞，左右脚交替前进。芦笙乐舞，是苗族等少数民族文化生活的重要组成部分。在苗族的每个村寨里，都有一个跳芦笙的中心院坝，全寨的男女老少聚集在一起，或随着轻松活泼的芦笙曲翩翩起舞。芦笙曲的种类很多，内容和形式也丰富多样。

但是，作为乐器本身的芦笙音韵不甚宽广，仅具备五个调，其构造和制作工艺也都较为简单。然而为什么至今为止，无论是本民族内部还是外民族以及从事苗族文化研究的学者，都众口一词地认为芦笙文化就是苗族文化的代表？仅仅就芦笙本身的艺术价值来看是远远不能回答这个问题的。苗族历史上和现实生活中，"双娱（愉）"的乐器不仅仅是芦笙，比如牛皮鼓、木鼓、唢呐……如湖南湘西苗族地区的铜鼓、木鼓文化也十分发达，贵州、云南、广西等苗族地区的铜鼓在其社会生活中也有着十分崇高地位，而为什么单单把芦笙看成是苗族人民的民族之魂呢？

我们必须从民族精神文化领域里的信仰体系中去寻找它的答案。

苗族与竹类植物的关系源远流长。《山海经·大荒北经》记载："东北海之外，大荒之中，河水之间，附禺之山，帝颛顼与九嫔葬焉……丘方圆三百里，丘南帝俊竹林在焉，大可为舟。"①

① 罗梦山编译：《山海经》，宗教文化出版社，1998年版，第128页。

这说明苗族的先祖与竹子有着密切的关系。据西部苗族的传说，在古时候，一片竹林里长出一颗竹笋，待有一人多高时就奇怪地往横向长，10 个月后竹笋破裂，里面有一个胖娃娃，时值一位妇女去竹林里取笋壳，忽听到娃娃的哭声，拾其回家抚养，取名“多同”，即为苗族祖先。[①] 湘西、贵州、川滇黔交界地区的苗族地区也都有内容各不相同的竹王的神话传说。

调查中，我不止一次发现，四川地区物质层面的竹文化十分发达。叙永县域有大量的人工竹林，除了用作竹器外，并且大量地用于造纸。所以苗族历史上长期生活在有竹材的区域，在生活中应该大量使用竹制器具。但事实上相反，他们在物质生活上使用竹类产品远比同一地区内的汉族和其他民族要少，这与当地有丰富的竹材资源极不相称。尽管平时盖房了的时候要用它，用丁做阁楼的地板，即各个房间的天花板以及墙壁的上半部也用竹篾编成，生产生活中也有一些竹制品，但是都相对简单和初级。物质层面的竹文化内容在苗族文化中显得苍白。但是，在精神层面上，竹子的重要作用却不可替代。这使人联想到许多少数民族地区的村寨有“神山”、“神树”和“神物”的观念，“神山”是不允许砍伐的，“神树”是用来膜拜也是绝不允许随便触摸的，“神物”也是专用而不允许有其他的用途。所以，当一种植物（或动物）在人类精神文化中被赋予了神圣化的内容，那么它在物质层面的使用价值就会减少，甚至是无用。因此，虽然苗族在生活中也使用竹子，但是开发利用在物质生产生活中却不足，所有的竹制品都与汉族使用的一致，而在使用范围和精致程度上又远不如汉族，明显有受影响的成分。这正是由于竹子在苗族文化中具有神性的原因，导致了人们在思想观念深处就忽略或拒绝使用它，

① 李廷贵、张山、周光大：《苗族历史与文化》，中央民族大学出版社，1996 年版。

使得竹子的物质实用性变得十分狭小的结果。

叙永县是一个盛产竹子的地方，在汉族地区，竹子的用途十分广泛，可制作许多器皿，如家具、盛器，卧具、餐具等，但是，精神文化层面的，如关于竹子的神话传说等在当地汉族文化中却极为少见，而在物质生活中对竹材却有着较高的制作工艺和广泛的实际用途。与此同时，生活在同一区域的苗族对竹子在物质层面上的利用相对少得多，然而，在精神领域里对竹子却有着本原崇拜意识。例如，操苗语西部方言的苗族普遍崇拜竹子，它们认为竹子是本民族的象征。每个家庭就似一块竹片，而属同一块竹片的就是同宗同祖，彼此不能通婚。

我们田野调查还发现，几乎所有苗族本原宗教的祭祀活动中，芦笙的作用表现得十分特殊。

在川滇黔交界的苗族山寨，我们观察到，芦笙的角色不仅是乐器，还是“通灵功能”的法器，一件神器。祭祀活动中的每一次新程序的开始，即穿衣、入棺、接鼓、吊鼓、献祭、交牲、送葬至收场以及接魂、安位、招灵、献祭、献牲至送灵等程序，都有特定内容的“芦笙调”，并以鼓配合重奏，祭师们口中念念有词的祭辞完全和芦笙悠扬哀婉的曲调一致。祭师们说，这是芦笙调，芦笙吹的就是我们人说的话，之所以用芦笙吹出来是因为要给神鬼（先祖）听，因为神鬼（先祖）是听不懂人间俗话的，必须要用芦笙吹出来，代表人说的话语，它们才听得懂。祭师们在祭祀活动中有两套话语，一套是人的语言，是说给在场的人们听的，一套是神鬼的语言，即“芦笙语”，是说给祖先听的。可见，在苗人的观念中，没有唱词的祭祀音乐是不存在的，这同以后出现在艺术活动中的芦笙乐曲是完全不同的概念和含义。也就是说，芦笙在人们的精神活动中担当了一个不可替代的角色——活人与神鬼（先祖）交流的媒介。同时，在宗教活动中，光是祭师们同神鬼（先祖）单独交流是不够的，还要体现出人们同神鬼

（先祖）的一种群体交流，于是祭祀中的一系列集体活动（群体性的歌舞等等）就是一种人神交流的表现。苗族宗教活动中更突出地体现在声音的交流上。但是，人的凡音神是听不到的，就如同神的声音凡人也不可能听得到一样，那么人神的交流也需要一个媒介，巫觋与神的交流仅仅是一种代表形式，而神与众人的直接沟通，必须仰仗一种双方都能听得见、听得懂的声音。因此，把某种具有神秘色彩的意念行为（祭），演化为直白的教化活动。所以说它是拟人化了的“神器”。作乐以通神，在很多地区的民俗活动中均有所见。以芦笙为媒介，让生者与亡灵直接对话的祭祀，这在我国各民族祭祀文化中较为独特。于是，这种竹之声变成了一种重要的媒介，能够发出竹之声的乐器——芦笙，自然也就被赋予了神性的光环，芦笙最后也被神圣化了。因此，由于芦笙在精神活动中的特殊角色以及它具有的娱神愉人的双重作用，使它被牢固地绑定在苗族文化最深层的内核之中。

苗族对竹子的认识，源自于其民族古老的竹文化，而根源在他们的潜意识之中，这将是一个不易改变的文化因子，它长期存在于人们的头脑之中，成为特有的民族文化的内容。

所以，苗族对芦笙的热爱，源自于本民族古老的竹崇拜。

尽管物质层面的竹文化在苗族文化中显得苍白，但是苗族文化却把竹文化的精神层面发挥到了极致，那就是芦笙文化。即是说，把竹崇拜精神层面的作用和意义发挥到极致的是芦笙文化。芦笙文化是苗族竹文化的精髓，而且由于它的娱神、愉人的文化内涵和艺术价值，使竹文化得到极大的张扬，并大大覆盖了这一母文化。在苗族的精神世界里，竹子是神的化身，于是芦笙所发出的声音就是竹神的声音。在文化生活中，芦笙又是一件不可或缺的乐器，由此它在苗族社会中逐渐演化成为一种内涵极为丰富、外延不断扩张的、具有特殊身份和多种功能的文化物，这种历史赋予它的特殊身份和多种功能，广泛作用于苗族社会生活的各个领域。所以说，苗族因对竹的崇拜而导致芦笙也同样被神圣化了，它“娱神”的特殊作用使它在苗族文化中拥有了极为特殊的地位。同时也因为它的“愉人”性，被作为众人的娱乐工具，被世俗化，从而也就增添了它的社会文化功能，因此，它深深根植于苗族文化系统之中，为广大苗族人民所深爱。而恰恰又由于它的世俗化奠定了广泛的群众基础，使得它的神圣化得以巩固。

所以，在苗族地区的社会生活中，芦笙的身份非常特殊，它是一种多功能的文化复合体，和苗族人民的生活息息相关。它是神圣的，是民族文化的集中体现和象征。几千年过去了，作为古老乐器的主要承继者，苗族发扬了芦笙文化，这不仅只是表现在它的艺术特色和造型的外化形式上，更重要的是由于它的神圣性，已经成为苗族文化中绝不可少的本质特征。

## 第三节　服饰文化及其变迁

常常听老人们感慨，现在的年轻人不穿传统民族服装了，要么嫌土，要么嫌麻烦。这给我们一种传统文化即将消失的无限感伤，让人惴惴不安。是的，这些民族文化的重要要素、象征、符号，如果一旦消失，就意味着民族文化载体的消失。我们说没有内涵的表征是不存在的，一种文化的出现一定是带着强烈的、外在的表现形式的，我们观察一种文化的时候，视角也一定是由其表及其里，层层剥离才会看到她的核心和本质。也就是说，当我们发现一种文化的外化显性特征已经不足以表现这种文化的内涵时，实际上这一文化正在走向衰落。当我们观察不到一种文化的显性特征的时候，这种文化已经消亡了，这是不以人的意志为转移的客观规律。从这个层面上说，老人们惋惜民族服饰在生活中的隐去，预示着这一民族文化的消失，不无他的道理，抑或是正确的、可以理解的。实际上，学术界也发出类似的呼吁，只是趋于学术味罢了，即民族服装的礼服化趋势，这个趋势就是对一种文化消失的预警。

多年来我也为此而困扰，对这种发展趋势唏嘘不已。然而，在田野调查中我也注意到了这样一些事实：

我们所指的传统民族服饰的概念是什么？是日常服饰——便装？还是民族礼服——盛装？弄清楚这样一个区别，使我们对文化的认识会更深一层，也有助于我们保存和发扬民族服饰文化。

首先，关于对民族服饰特色消失的看法。我们可以概括为一个词就是应俗化。换言之，就是着装的从众心理。从我得到的百年前的照片可以看到，这一地区的苗族在着装上的应俗化趋势还是较为明显的，尤其是男装。并且，从百年前女子服装的变化也是看得出来的，它们有着内在的和外在的变化规律。主要表现在男子的着装上，男子对外交往的机会和程度往往大于女性，在与外界的接触过程中，他们多容易接受主流文化的着装品位，于是男子们在着装上，就远没有女子服装那样具有地域的、民族的特点。同时，又由于交往的局限性和文化的边缘性特点，他们的服装也极大地表现出滞后性特点。比如，解放初期，许多苗族地区还保留着盛清时期的着装特色，留着长辫子并盘绕在头帕里。川滇黔地区的六寨苗（贵州省大方县八堡乡）男装，甚至还极大地保留了明朝的服饰特征。[①]湖南省湘西地区的“红苗”，妇女服饰更明显地带有清朝时期满族妇女的着装特点。[②]一些有关研究贵州苗族服饰的书籍中也有这样的解释，而较为统一的说法就是，

① 大方县民族宗教事务局：《六寨苗族》，贵州民族出版社，2003年版，图片部分。

② 石启贵：《湘西苗族实地调查报告》（增订本），湖南人民出版社，2002年版，图28、图29。

这些民族服饰是一种古风的残留。1958 年枧槽乡民族调查材料中也说，高山苗男子在 20 世纪 20 年代前普遍蓄发，长发编成辫子再用包头裹在一起，有的还掺杂假发，剃头只剃前额和后脖颈，这样的描述和清朝时期男子的装扮极为相似。民国 7 年（1918 年）时被当地政府强制改俗。这种残留，从横向来看，确与主流服饰文化特点存在较大的差异性，但纵向考查，就可以看出，这些服饰仍然是应俗的，同时根据它的造型和款式的古老程度，我们可以得知这一群人同外界或主流社会的交往度、认知度、隔绝度。换句话说就是这一地区社会经济文化发展水平和同主流社会的发展差距有多少，服装起到了一个衡量的标尺作用。所以，这种特色的消失实际上就是对服装结构中不适应发展潮流、带有滞后性诸多因素的剔除。随着人们交往的扩大，服装结构强烈的不实用性和滞后性必然加速它的消亡。因此，在现有条件下，随着各民族交往日趋密切，文化上的认同如此快捷，加上商品经济使个人着装呈多元化趋势，苛求民族服装的古旧和不变是既不可能也不现实的。

其次，对服装的有用性的理解。生活在社区较为封闭状态下的人们，装束更多地受到环境制约，劳动生活的常用装束更多地考虑到使用和方便。比如，穿着不能影响四肢的自由运动，轻便不累赘，在保留当时当地服装特点的基础上，还要更多地考虑到制作程序简单一点、成本低一些、制作时间短一点等。这就是服装一般意义上的有用性。当我拍摄到 20 世纪初的高山苗服装时，因为盛装和日用装之间在装饰和用料上的区别是那样的明显，却使我萌发出这样一个想法，即上述关于服装的一般有用性，并不能将服装“有用”的全部意义包括进去。因为人们对服装的设计和使用，本着客观需求和主观审美的目的，在制作之初就区分了它们的不同功能和效果，生活中的便装和特定场合下穿着的盛装，各自的作用和意义完全不同。所以，民族服装（盛装）的礼服化问题，实际上根本就不是问题。因为盛装本来就是服装的礼仪化，从某种意义上说盛装就是礼服。这是服装款式发展到一定阶段的必然结果。例如，贵州黔东南苗族女子盛装时，抛开不计身上层层叠叠衣裙的重量，仅仅就银质项圈、项链、手镯、胸佩等装饰物普遍都在 8 公斤左右，最多的达到 20 公斤，整套服装和装饰品的总价值达数千元人民币。这种服装穿上后连走路都十分困难，就更谈不上参加劳动了。也就是说，在生产劳动和日常生活中它太不方便、太没有用了。而实际上人们对盛装的钟爱程度以及花费在上面的财力和精力是普通服装很难企及的。据说，一位青海藏族同胞的男性盛装及其装饰，所用材料和珠宝用现在的价格计算，达数十万元人民币。因此，盛装的有用性不完全是体现在实用上，还体现在它所代表的民族精神文化上的效果和意义，它的作用就是一种展示，仅仅在某种特定场合下用来展演，展演活动结束，主人会马上把它们珍藏起来。盛装甚至是不能随便洗涤的。可见，它实际上已经是一笔财富，服装的展示有一种显示家庭生活丰盈程度的作用，即夸富的功能。所以，如果我们能够理解人们不会将自己拥有的财富随意抛撒的话，那么盛装作为财富，人们也不可能轻易地让它失去。大凡民族服装中盛装的装饰性效果都应该有意在达到诠释和展示本民族精神文化全部内容的意向。由此有理由认为，这是在一种特定场合下人们必须穿着的、尽可能以此展示本民族文化内容和精神特质的表现方式。所以，不要以为我们在日常生活中见不到它的影子就认为要失传了。

然而，发展变化是无时不在的。据调查，本地高山苗妇女的着装已经在审美方面发生了较为明显的变化，纺麻、织布、蜡染等工序少了，为了快捷和省力，许多人买现成的花边来代替一部分手工绣片，除刺绣是必需的手工活外，缝制衣服多采用缝纫机制作。同时，古老服饰使用功能的逐渐退化，某种款式由于人们审美观念的改变而至消失，在服饰的发展变迁中也在所难免。古老的服饰历经数千年的历史演变至今保留了丰富的苗族本原的文化特色，不能说不是个奇迹，保留到今天这样一个现代社会中，成为我们色彩斑斓的多元文化中一个重要内容而为整个社会所珍视，已经足以使一个民族骄傲了。为此，如果这一文化的继承人要自觉地改变，我们也无可厚非，那种想要凝固历史、阻滞发展的方法是不可取的。

服饰在社会文化变迁中是一个变数，它同社会变化的速度节奏息息相关，随着现代社会人们审美观念日益多元化，更容易理解和认同外来的服饰文化，求新求异这种人类天性，更能充分体现在服饰文化的流变之中。

在服饰变迁话语下，我们可以归纳出民族学考察社会变迁中文化流变轨迹的一般性结论。因为，田野调查中我们观察到了一种文化的回归现象。过去 50 年里，由于“左”的错误指导方针在一定时期起了主导作用，人们大兴“破四旧”之风，许多年轻人不再穿着民族服装。30 到 50 年前的年轻人现在已经作古或到了耄耋之年，一个难以泯灭的心结始终使他们又实现着对民族文化的回归，他们从族群离心的力量转而成为维系族群文化的核心力量，他们更加关心家乡的发展、民族的兴亡。所以，也许数千年来，民族文化的传递都遵循着这样一种规律——传帮带，民族精神就是通过各种具体的活动散发着民族的信息，吸引和识别着认同的人群，民族精神就像一条横向的中轴线，人们从这里吸纳的各种文化信息，一旦把自己潜移默化地塑造成有一定特定文化品质的人——某一族群中的一位个体之后，无论以后发生怎样的变数，他（她）的思想和行为总是带有自身文化的烙印，即仍然会围绕这个中轴线上下转动。

变化是事物发展的必然，然而，万事万物从量变到质变的过程都不可能是整齐划一的，有快有慢，各自有着自身发展规律的质的规定性。像文化这种人类特有的现象，它的变化就是缓慢的，一个有着特定内涵的文化一经形成，就很难发生质变，变化是一种缓进的过程，若有外力的作用强迫会使它发生改变，然而它就像一个有弹性的弹簧，除非被控制到临界量之外（文化的重要载体——人群的消亡）或中轴的箭头发生方向性的逆转（文化的转型、涵化、断裂），它必然以更大的回弹来表现，直到更接近原点。我所指的老年人民族心结或精神的回归就是这个含义。因此，尽管年轻人表现了对传统文化认知的移位，甚至外化为“反叛”，但是随着时间的推移，中轴线强大的吸引力，仍然会将他们拉回并接近主轴，变迁中的骤变最终还是让位给传统。但是，这种更新过的传统必定含有变迁的因子，或我们常说的一个词——痕迹，如果变迁的因子达到了一定量的积累，质变就是不可避免的了。

为此，我们可以这么说：历经千年，苗族服饰变化是必然的，但是只要其中几个重要的基本要素没有发生大的改变，就仍会保持一段时间的相对稳定，与现在服饰呈现出明显的差异。比如，衣裙分开，百褶裙、宽大的衣袖和刺绣工艺，头部的装饰性效果以及蕴涵其中的族群审美观念。从千百年变化的规律来看，服装从简单到复杂，又从复杂趋向简单，经历了一个从产生、发展到消亡的历史过程，这不是一个瞬间就能完成的，现在谈高山苗服饰的消失还为时过早。

前面我们提到贵州省大方县的六寨苗，在解放初期男子的服饰还保留着明朝的遗风，这说明什么？现存的民族服饰的滞后性。事实上，不仅仅如此，它所体现的不仅仅是一个民族服饰的含义，甚至还包括这个地区、过去迁徙时停留的地方、或者就是原祖居地曾经流行过的服饰的历史遗痕。这是古老中华大地上生活的先民们共同的文化。现在是这些族群的，而在遥远的过去可能是他们先民们交流和秉承下来的。所以，这是一种共承关系，从民族物质文化历史遗产的保护和承继来说，一个群体或一个民族承担这种“责任”显得势单力薄和“不尽公平”。是大家的才能有“我属”观念，只有自己的才是真爱的，大家都予以认同和共承才会在发展的过程中保留下来，否则将是必逝无疑的。传统民族服饰已经显现出衰落的痕迹，文化变迁是不可避免的，也从来没有停止过。

作为苗族一分子，看到美丽的服饰似乎要从生活中隐去、消失，内心深处怅然之情难以言表。但是，在现代社会和现代生活的背景下，谁也没有权利剥夺每一个人享受或拥有现代生活的权利，尤其是山民们，他们太需要现代化的雨露。沉重的生活压得他们喘不过气来，山村外的世界他们知道得太少，他们不应该成为我们这一时代的历史文化的活化石，而应该成为见证者，山民们为他们的祖先和国家保存了千百年的文明，他们做出的贡献已经十分巨大，所以我们才有可能在这里感慨历史文明的悠久和灿烂。城市里的人们接受得太多又丢失得太快，来去匆匆，什么都没有留下，也许，一百年后，都市的文明痕迹又在山民们的社会中重现，而我们都市的子孙们又睁着好奇的双眼到那里寻宗，一代一代循环往复。我希望我的民族不要承负得太多，千百年都是这样地度过，我希望我的民族也大踏步地向前发展，实现各民族真正大同，共享现代文明的成果。但是，作为文化研究，我又不希望如此优秀的文明之花褪色、消失，它的继承者是苗族人民，而它的果实应该是全人类的。

然而，许多人有意无意之间似乎在忽略这样一个事实：保护和发展实际是一对难以调和的矛盾。尤其是针对即将消失的一种人类文化现象而言，保护势必使被保护对象的文化停滞不发展，或者使它成为无机的实物而不再有鲜活的生命力，形如遗迹和文物。然而，人本身及其生活方式则不可能以阻断其发展轨迹或采取隔离的方式来进行所谓保护的。这样的话，我们的保护工作将成为带有歧视性的行为，进而产生民族之间的不信任、不合作或是不团结因素。历史的发展势必使老旧的事物被新鲜的事物取代并逐渐退出历史舞台，尽管一些历史上曾经十分灿烂的文化的“死亡”在主观上难以接受，然从古至今这样的事实在不断地重演。所有需要保护的东西最终都将成为遗迹、文物和一段历史，要善于接受这一切，就像当我们一边充满欣喜之情迎接一个个鲜活的生命来到这个世界，一边又恋恋不舍地告别一个又一个枯萎的生命一样。有理由相信，只要人类的生命得以延续，人类的文明之花就将永远绽放。

## 第四节 家族文化

中国是一个家族传统十分浓厚的国家，“家国一体”或“家国同构”是中国传统社会的基本结构和运作方式。由于中国几千年来的农村社会结构，使得中国乡村的家族在国家社会政治生活中一直发挥着显性或隐性的作用。自从我国宋代以后，尤其是明清之际，庶民的家族组织和建宗（祠）立薄为官方认可，家族的平民化、大众化一直呈蓬勃发展之势。这一文化现象以播化方式从汉族中心地区扩展到整个中华大地，民族地区也深受影响，加之传统意义的血缘家庭的组织结构的相似性，各少数民族或多或少地接受了汉族的这种形式完备的家族制度，散杂区的苗族也不例外。解放半个多世纪了，一方面由于政治上的原因，家族势力和作用受到极大的制约；另一方面则是社会的进步，家族势力的影响日渐衰弱，尤其是20世纪50年代开始，到“文化大革命”登峰造极的“新型”人际关系（这里更多的是指对人情世故“革命性”的全盘否定）的确立，家族关系成为旧时代的产物而被废弃，家族的政治功能被遏制，也进一步影响到它的经济功能、文化调试功能、道德规范功能。

改革开放后，人民公社解体，村民有了土地使用、生产、经营、交换、人口流动等权利。乡镇等国家基层组织也不再为村民提供直接的生产和生活保障，村、社则更不具有经济职能，仅仅起到一个政令上通下达的作用。亲情和血缘纽带关系再次成为人们唯一可以直接依靠的力量。于是，家族活动又兴盛起来。因此，虽然基层政权仍然发挥主导作用，乡政府仍是社区权力中心，对社区公共事业具有最广泛的影响力和权威性，但家族在民间事务方面的作用日显。村民自治制度实施以来，多数基层干部实际上多重身份，他们一方面秉承乡镇级政府旨意按政策法规办事而由国家赋予的行政职能般的权利，一方面根据习惯法调处家族和社区内部事务。为社区的团结和稳定有着正面的作用，过去我们过多地看到了家族的落后性和陈腐性，夸大了家族在基层社会的负面作用。

家族是中国农村社会的一种重要组织形式。内地汉族地区的宗族、家族制度的发育有上千年的历史，在高山苗长期与汉族杂居，家族组织的存在与之不无一定的关系。同时作为长期迁徙的民族，历史的夹缝中喘息延续，更注重内部的团结，只有这样血脉才能得以延续，生命和生活才能得以保障。所以，居住在散杂区的高山苗十分注意家族组织的建构。

这种顽强的自我意识即便是在“文化大革命”时期仍长期保留。据说“文化大革命”期间，城里的造反派始终未能进入这几个苗族家族内部，他们还是始终按照祖训生活着，对外界的了解和互动是通过他们的间接了解来实现的。古氏族长和罗氏族长都曾经是当地的主要地方领导人之一，长期担任地方的领导工作，在当地政府曾经有着重要的地位和作用，在他们的庇护下，高山苗同胞同当时的造反派对峙在苗寨路口，并设置路障、标语，写明支持造反派“革命”，但禁止造反派来苗寨捣乱。使得这些苗族社区保持了很大程度上的稳定性甚至长期处于半封闭状态。直到改革开放，在山乡由于外部世界推动发生较大的变化前，这里的高山苗生活和习俗仍旧保存了传统生活的大部分面貌，高山苗妇女仍然以穿着民族服装为主，仍旧纺麻织布，蜡染彩绘，制作艳丽的民族服装来装点自己的生活，日出而作，日落而息，男耕女织，朝歌暮舞，承继传统的文化。高山苗妇女常常在生产之余聚集在一起，挑针引线，一代一代传唱民族歌谣，牢记自己民族的历史。所以，民间文学工作者在这一带搜集了大量的古歌、山歌，歌曲体系完整，内容繁多，几乎囊括生活、历史的方方面面，浩如烟海。经过解放后两代人的不断挖掘，以不同的形式出版发行，十分有欣赏和研究价值。

改革开放以来，由于全国范围内家族组织的表现又浮出水面，家族网络在经济资源动员方面的功能，家族的重要性似乎增加。古氏族长和罗氏族长（老族长已经去世，由其儿子继任，退休前曾任某省地区副专员）十分重视家族的发展和振兴，他们在地方政治生活中仍然发挥着举足轻重的作用。尽管政府和国家在村里建立了党政组织和各种群众组织以取代家族职能，群众参与村庄政治所依据的是公民身份而不再是家族人身份，乡一级政府干部由国家按照法律程序和干部选拔标准配备，但乡一级以下的民间组织机构实际却是由家族在运作。不管采取村镇民主直选还是上级指定干部，最终还是由家族长起决定性的作用。例如，古氏族长说，他因为年纪大了，不合适出面做乡村干部，于是他的孩子们就被选为村社领导，而事实上由他起着核心的作用。地方政府在很大程度上要和他们合作才能做好工作。

费孝通先生说，中国的乡土社会中本来包含着赖以维持其健全性的习惯、制度、道德、人才，他认为在乡土社会发挥作用的是“教化性的权力”①。我认为，在枧槽高山苗这样一个社区，这个“权力”实际上就是家族的作用。事实上“教化性的权利”一直在农村社会发挥着作用，通过维护家族利益的各种方式表现出来。

家族在一些方面为本地方的各方面发展还是起到了辅助的作用。例如家族助学，他们长期以来一致认为没有文化是发展落后的主要原因，也十分注重下一代的教育。无奈大家都十分贫困，孩子得到资助继续升学的可能性十分渺小，政府的帮助和社会各界的帮助还远远不能满足每个失学孩子都能圆上学的梦，因此，采取家族助学的方式，救助一个是一个。近年来他们一直在进行这样的计划。同时，家族在组织发展生产、协助乡级政府部门完成上级下达的各项生产任务、实施地方公益事业（铺路架桥等）以及调解纠纷上作用显著。就社会领域而言，国家由于无力承担过多的农村社区的责任（诸如村民纠纷、过多的助学负担、农村养老互助等事情），因而事实上依赖扩大化家庭和家族行使相应的保障职能，家族因此在社会领域还能保有自己的生存空间。同时，家族也从下而上使国家的地方权力机关出现一些细枝末节的变化，如权力的异变使政令无法保证畅通或顺利实施。

## 第五节 巫觋文化

苗族巫觋文化的历史源远流长，《苗族历史与文化》认为以

① 费孝通：《乡土重建与乡镇发展》，牛津大学出版社，1994 年版，第 46 页。《乡土中国·生育制度》，北京大学出版社，1998 年版，第 64 页。

蚩尤为首的九黎笃信巫教，是蚩尤创立了巫教[①]。尽管难以考辨，但至少说明早在神话时代我国中原地区就盛行过巫教。至少史料中有关“三苗”、“荆蛮”都曾大行巫风，而且春秋战国时期的楚文化是巫文化的鼎盛时期，后来随着奉儒家文化为正朔，巫文化在中原逐渐走向衰败。苗族源于中国古族群，对古老的巫文化的继承是不言而喻的。尽管以汉族为主体的中原文化对巫觋文化进行了长达千年的打击和排挤，但在我国偏远的边疆地区，尤其是苗族聚居地区，巫觋文化仍顽强地保存了下来，并对形成苗族特有的信仰模式和民族性格起到了主要的作用。[②]

巫觋是一个片面的界定。觋即为男巫师的意思，实际上在生活中，女性巫师也大有人在。只是在人们的观念中，真正有法力的巫师往往是男性，大凡丧葬、做斋等大型祭祀活动都是由男巫师来主持，而绝无女性巫师主持之说，女巫师无论做得多么的出色，在人们的观念中她们的能力还是不会高于男巫师，有的时候甚至可以说女巫师仅仅是出于她们在某种原因下，可能出现了超出常人的能力，被人们认为具有了某种神力可以做一些祈神驱鬼的事情，她们仅仅是一种补充。而且女巫师的能力往往还容易丧失，使她“变”回常人。苗语也称女巫师“多能”，没有性别之分，因此，将巫术仅仅视作“巫觋”是不准确的。但是从男巫师对整个巫术文化的作用和他们在巫术活动中的地位和影响来看，称作巫觋文化也是适宜的。

枧槽高山苗在丧葬文化中大量地保留了巫术形式，与现在的

---

① 李廷贵、张山、周光大：《苗族历史与文化》，中央民族大学出版社，1996年版，第186页。

② 他们认为巫术至少在民族文化上的五个方面作用显著：一、强化与凝聚民族共同体。二、陶冶艺术情趣。三、历史研究的“活化石”。四、医药疗理之功效。五、教育管理功能（李廷贵、张山、周光大：《苗族历史与文化》，中央民族大学出版社，1996年版，第193－197页）。

苗族聚居地区，如湘西、黔东南、黔中地区、广西等地巫文化的主要内容有很多相似之处。例如，占竹卦、敬门猪、祭天王神（献天）等，可谓是一脉相承的。

巫觋文化之所以长期存在，有其深刻的社会文化根源，因为“人事中有一片广大的领域，非科学所能用武之地。它不能消除疾病和腐朽，它不能抵抗死亡，它不能有效地增加任何环境间的和谐，它更不能确定任何人之间的良好关系。这领域永久是在科学支配之外”，而巫术就是“在这领域中欲发生一种具有实用目的的特殊仪式活动”，因此它的功能也长期存在，“在个人方面巫术可以增加自信，发展道德习惯，并且使人对于难题抱着积极应付的乐观信心与态度，于是，即使处于危难关头也能保持或从事个性及人格的调整。在社会方面，它是一种组织力量，保持着自然的领袖，把社会引入规律与秩序，它可以发展先知先觉的能力……所以由发展社会风俗，巩固社区和文化的组织而使变革与暴动不易发生和使各种活动更有效地进行，巫术就尽了一种重要文化功能。”①

## 第六节 “捞谙”文化

“捞谙”苗语的意思为吃肉，在枧槽苗乡只要人们见面时传递这样一个信息：“某某人家今天‘捞谙’了”，即是某某人家在谈婚论嫁了。苗语中没有专门的结婚词汇，它和“吃酒”、“吃肉”是完全相同的词汇，只是在不同语境下其中表达的含义各有

① ［英］马林诺斯基著、费孝通译：《文化论》，华夏出版社，2002 年版，第 53—54 页。

不同。但是人们可以根据不同的时间、不同的场景立即明白它所指的内涵，所以“捞谙”本身不仅仅是“吃肉”的意思，这个词汇具有更深的文化涵义。

人类生产的目的是为了消费，以此使得人类不断繁衍和社会不断发展，获得食物维持生存和人类自身的再生产都属于消费领域，那么“食”和“性”都是人类的基本需求和基本的消费。从一般意义上的“食”发展到作为礼仪性的“饕餮”之间多了一个人类文化的内涵——夸富、炫耀，这成为人类消费领域中很大的一项支出；而一般生物意义上的“性”发展到作为人类社会的“婚姻”之间也多了一个人类文化的内涵——礼俗，为礼所付出的消费是人类社会更大的一项总的开支，其中的内容五花八门。高山苗暗喻结婚为“吃肉”。男方为议婚成功而举行的“捞谙”不仅叫“吃允口肉”，而且也叫“吃姑娘的耳朵肉”。

古人曰：“食、色，性也。”[①] 说明博大精深的汉文化早在两千多年前，就已经概括出人之本性的基本内容，它们的内涵揭示出人类自身需要和人类繁衍的两大基本要求，也是生存的最根本的意义所在。尽管几千年的人类文明早已将人的“食”、“色”需求赋予了更多的文化内涵，但其最根本的还是人类的基本需求。苗族是古老的民族，源自于黄河、长江两大流域之中间一望无际的平原，是中国最古老的稼穑民族之一，长期的农耕文化当有许多人类文明的火花，汉文古籍和苗族神话传说也都有所记载和传

---

① 告子曰：“生之谓性。”孟子曰：“生之谓性也，犹白之谓白与？”曰：“然。”“白羽之白也，犹白雪之白；白雪之白，犹白玉之白欤？”曰：“然。”“然则犬之性犹牛之性，牛之性犹人之性欤？”告子曰：“食、色，性也。仁，内也，非外也；义，外也，非内也。”（《孟子·卷十一·告子上》）。

世。如蚩尤“制五刑”[①]等都是人类文明中上层建筑的重要内容。中原文化的后继者们承继并光大了所有文明火花的文化因子，并使其变成东方文明的燎原之火，孕育出灿烂的中华文明。因此“食”、“色”的人性之学也与“捞谙”文化之间有着人类文化基本内涵的一致性，实在是个有趣的话题。

在人类学著作《礼物与商品》[②]中，有关于人类生活和消费两大基本活动所作的文化分析，是想提出作者关于礼物的交换定义，礼物属于人类的消费活动，而且是人类再生产过程中支出的一项重要内容，世界上任何一个民族都具有礼物的概念，而婚姻属于人类生产不可或缺的文化内容，婚姻中的礼物现象则是极为平凡的表现，甚至将女子作为男子之间的交换礼物[③]。在书中将列维－斯特劳斯的《亲属制度的基本结构》和《野性的思维》关于“食”、“婚姻”二词的词汇同礼物与商品的关系作为其理论的研讨对象，尽管作者不甚赞同列维－斯特劳斯提出的这一经验性的结论：“食物，不仅仅是最不可缺少的商品（它的确是这样），因为在食物和女人之间，存在着一整套真实的和象征的系统，其真正本质是逐渐显现的，但即使是肤浅的理解也足够建立起这种

① “苗民弗用灵，制以刑，唯作五虐之刑曰法。杀戮无辜，爰始淫为劓、刵、椓、黥。越兹丽刑并制，罔差有辞。”（《周书·吕刑第二十九》）“昔者圣王制为五刑，以治天下。逮至有苗之制五刑，以乱天下。则此岂刑不善哉？用刑则不善也。是以先王之书《吕刑》之道曰。”苗民否用练，折则刑，唯作五杀之刑，曰法。“则此言善用刑者以治民，不善用刑者以为五杀。则此岂刑不善哉？用刑则不善，故遂以为五杀。昔者圣王制为五刑，以治天下。逮至有苗之制五刑，以乱天下。则此岂刑不善哉？用刑则不善也。是以先王之书《吕刑》之道曰。”苗民否用练，折则刑，唯作五杀之刑，曰法。“则此言善用刑者以治民，不善用刑者以为五杀。则此岂刑不善哉？用刑则不善，故遂以为五杀。”（《墨子·卷三·尚同中十二》）。

② ［英］C. A. 格雷格著，杜杉杉、姚纪德、郭锐译：《礼物与商品》，云南大学出版社，2001 年版。

③ ［英］C. A. 格雷格著，杜杉杉、姚纪德、郭锐译：《礼物与商品》，云南大学出版社，2001 年版，第 32 页。

联系。”“在相当多的语言中，二者甚至以同样的词语表示。在约卢巴人中，‘吃’和‘结婚’用一个动词来表示，其一般意义是‘赢得’、‘获得’；法文中相应的动词‘消费’（consommer）既用于婚姻又用于饮食。”[①]将“食”与“性”相联系，则更有一定的说服力，使之具有人类文化的基础性特征。可以说苗语“吃肉”与婚姻同词并非偶然，它含有“食”为人之性，而“性”亦为人之性的隐喻，作为“婚姻”的礼节性的仪式背后，是人类性生活性之本质内容。因此“食肉”是对隐含在婚姻礼俗背后的人类性生活的一种暗示。“食、色，性也”，指出了人类生存中文化意义的根本内容，而性在民俗活动中是不能赤裸裸地进行交易的，它不仅是人类基本物质生产的一个重要方面，而且是人类文化生活的一个重要部分，因此它必隐含在有人类文化特质的活动之中，即通过礼物相互赠与的方式，深刻体现出人类文明所赋予的高贵品质。

所以，“捞谙”文化所表现的虽然是以婚俗为主要内容的表层文化特色，也体现了高山苗特有的馈赠仪礼，但是它更深刻地揭示出人类生活的基本涵义。它不但是人类文明的组成部分，而且长期深藏在高山苗文化的潜意识之中，对其思维方式和行为方式起着导向作用。

## 第七节　酒　文　化

苗族酒文化历史悠久。作为一种刺激性的含酒精的饮料，本

① ［法］列维—施特劳斯著、李幼蒸译：《野性的思维》，商务印书馆，1987年版，第120页。

身是消费领域的东西，是人类物质文化的内容，而自从人类创造了酒，并使之广泛使用于文化的定义之中，那酒本身所具有的物质内容就被无限地扩大化，而上升为人类精神文化的层面。文史资料记载，叙永苗族早在明代以前，就酿造出了以野生的橡栗红籽为原料的咂酒，叙永苗族传统的咂酒是用毛稗、小米等杂粮为原料使用酒曲发酵酿制而成，是一种低酒精浓度的酒。所谓咂酒是由于其贮存和采酒使用的方法较为特殊而言：它是用一根弯弯的小竹管，插入酒坛，穿破封闭坛口的“泥头”，再插入坛底，把坛里的酒吸出来，灌入较小的酒容器，烫热后，饮者各持一根长长的吸管，直接插入容器内吮吸，因为吮吸酒浆嘴里少不了要发出“咂”之声，故此得名。我在枧槽高山苗社区调查的时候，已看不到他们饮咂酒的行为，据说早就不做这种酒了，人们现在普遍饮用的是用包谷和杂粮酿制的烧酒。一般自己也不做，而是到专门酿酒的人家买来喝。烧酒的酿制法是用包谷若干，清水洗后放入锅内煮，待皮破开花，取出放冷，在用清水洗过用甑子蒸，熟后倒出放冷和以酒曲，放晒在竹席上壅成堆，加盖席子，一星期后，香气四溢，再用甑蒸。甑旁开一小孔，架一笕槽，槽端安一竹管，管下安一大坛，甑内酒出，流入坛中即可。而今多数酿酒人家直接使用从市场上购来的专门用来酿酒的小型设备，传统的酿酒方法已很少使用。

虽然做酒的方式方法发生了不小的改变，然而当地高山苗对饮酒的态度和饮酒的嗜好依然沿袭着千百年不变的传统，集中表现在无酒不成席、无酒不成礼、无酒不成歌的各种礼俗上。礼物用酒、娱神用酒、祭祖用酒、结婚用酒、生育用酒、丧葬用酒等。

直到今天，敬酒仍然是他们待客的重要方式，无论男女到苗家做客，主人家首先端上来的不是茶也不是糖，而是一碗浓香四溢的酒，不会喝酒的人也要喝一点，否则被认为是看不起主人家，会喝酒的人如果喝少了，也会被认为看不起人或者被看成不诚实的人，以后将很难得到苗家人的信赖。在重大的议事场合，人们在桌上摆上大碗，盛满包谷酒，但是不摆饭菜，酒在这里象征着事情的意义重大，要严肃对待，喝酒的先后排序也表明了人们的社会地位。饮酒也有不少的禁忌，如女人不能在重大场合中和男人一起喝酒。祭奠时，要摆上九大碗献酒给祖先，但是又只能象征性地倒上一点，用完即泼在祭台下，除了祭师一般人不能喝，等等。枧槽高山苗饮酒仍然喜欢聚众豪饮，用大碗一次倒上二两或更多，豪爽的人甚至是一饮而尽。

一定程度上我们可以说，酒对苗族民族性格的塑造起到十分重要的作用，或谦恭、或狂放、或多疑、或坦荡、或温良、或暴躁。而在我看来，苗族人民的刚直不阿、直言不讳、对目标和信仰执著追求的精神毅力，与酒文化的洗礼不无关系。

总之，笔者此前的所有阐述无不围绕分析研究文化传统及其变化的表现、特征和内容，进而发掘出促使该文化变化发展和相对稳定的内部机理这样一个主题展开，目的在于揭示该地区少数民族传统文化与主流文化在互动过程中仍然保持其自身特点的历史运行轨迹，主要源自于在互动前提下的传统文化内部诸文化因子的链接和作用，使得少数民族传统文化具有了相对稳定性的文化适应功能。

# 第十章　散杂区少数民族社会文化变迁研究

本书选择的调查区域是我国的一个乡村社区，全书围绕的话题是民族学学科研究的传统内容——人类的精神文化和物质生活。从政策的层面和制度文化的视角看三农问题，只是本书立足于一个民族学的视野，以文化考察为核心，以山区少数民族社会文化生活为内容的研究工作。

## 第一节　构建民族散杂区社会文化变迁理论的框架

民族学和文化人类学的研究对象是人类社会及其文化现象，简言之就是关注人类文化。几乎所有文化研究学科和流派都根据各自对人类文化现象的理解做出了独到的见解。略举一二：英国人类学家，进化论主要代表之一泰勒（Edward Burnett Tylor）云："文化……是一个复合的整体，它包括知识、信仰、艺术、道德、法律、风俗以及作为社会成员所获得的其他任何能力和习惯。"[①]英国社会人类学家、功能学派创始人马林诺斯基（Bronis-

---

① Edward B. Tylor：Primitive Culture，Hery Holt and Co. 1877，Vol・1.

law Malionwski）说："文化是指那一群传统的器物、货品、技术、思想、习惯及价值而言的，这概念实包容着及调解着一切社会科学。"[①]"文化是包括一套工具及一套风俗——人体的或心灵的习惯，他们都是直接地或间接地满足人类的需要。一切文化的要素若是我们的看法是对的，一定都是在活动着的，发生作用，而且是有效的。"[②] 格尔茨在《文化的解释》一书中认为，人类文化的基本特征是符号的和解释的，而作为文化研究的人类学也是解释的。他的文化定义是："它表示的是从历史上留下来的存在于符号中的意义模式，是以符号形式表达的前后相袭的概念系统，借此人们交流、保存和发展对生命的知识和态度。"[③] 他认为："文化概念实质上是一个符号学（semiotic）的概念……我以为所谓文化就是这样一些由人自己编织的意义之网，因此，对文化的分析不是一种寻求规律的实验科学，而是一种探求意义的解释科学。"[④]法国结构主义创始人列维—斯特劳斯（Claude Gustave Levi－Strauss）对文化的定义是："文化是一组行为模式，在一定的时期流行于一群人之间，从研究和实践的角度来看，容易与其他群体的行为模式相区别，而且显示出清楚的不连续性。"[⑤]凡此种种。

因此，文化是习惯，而习惯养成靠的是时间，一旦这种习惯

---

① ［英］B. 马林诺斯基著、费孝通译：《文化论》，华夏出版社，2002 年版，第 2 页。

② ［英］马林诺斯基著、费孝通译：《文化论》，华夏出版社，2002 年版，第 15 页。

③ ［美］克利福德·格尔茨著、韩莉译：《文化的解释》，译林出版社，1999 年，第 109 页。

④ ［美］克利福德·格尔茨著、韩莉译：《文化的解释》，译林出版社，1999 年版，第 5 页。

⑤ C. Leve－Strauss, Social Structure, in A. L. Kroeber, ed, Anthropology Today, Chicago, University of Chicago Press, 1953, 536.

为同一社会之中的大多数人所共同拥有和承继，就称之为传统。所谓传统即是某一社会中共有的后天习得的各种能力和习惯，而且是在共同认同和共同拥有的前提下，为这一社会的人们代代相承，形成一种指导思想和行为方式，并且通过社会的精神和物质文明表现出来。传统就是文化，传统是一个相对的概念，它是以文化发展过程的阶段性特征作为一个前后对比段而衍生出的一个类比的概念——传统即过往形成的文化。尤其是相对于现代文化，尤指中国文化受到西方文化影响而出现的文化类型和文化现状，或诸多变化显征出现之前的原初文化的一个概念，因而通常也被称为传统文化。实际上这个词十分笼统，也很抽象，使用起来外延很模糊，很难界定它所确指的特定内容。一方面，传统文化确有不适应时代进步的特性。从一般理解来看，传统表现出文化的稳定性、群众性、延续性特征，所以传统容易被理解为陈规陋习，一种顽固势力，往往与先进文化或新文化相对立。事实上，这是一种偏颇的认识。在社会波动、运动频繁的特定历史时期，可能被推崇，以致造成社会的、民族的文化系统的破坏和历史性断裂。传统被破坏的结果是不堪设想的，它将导致社会的更加不稳定，人们缺乏道德的规范和传统的约束，使社会陷入混乱和无序中；另一方面，文化的自身调试功能却能够起到推陈出新的作用。不断沉淀的新文化也会成为传统文化的新的组成部分，所以传统文化也是一个量变的过程，随着社会发展，传统文化也不断地呈现出充满活力、丰富多彩的全新内容。苗族的传统文化也是在这样一种运动中存在、发展和变化着。散杂居少数民族地区的社会发展问题，有很长一段时期曾是我们社会科学研究的薄弱环节。今天当我们本着对微观社会的关注是对整个宏观社会的具体考察这样一种思路去审视它，更感到有着不容忽视的文化价值和现实意义。

以本人愚见，关于文化概念理解上的分歧总的看来基于如下几点原因：其一是各自所处的历史阶段、文化背景和生活环境不同；其二是各自所持有的世界观和方法论不同；其三是各自考察的对象不同；其四是各自分析问题的视角差距，从而导致个人或流派对文化的理解出现差异。所以多数有关文化的定义不外乎是指人们对文化这个人类特有的现象所做的外化形式（表象）的描述或概括，分歧是必然的。但是，虽然分歧较大，人们仍然会在文化的基本特质上找到共通的地方，总是可以在原则的范围内（研究视角、方法论、成果的沟通等）达成一致。原因在于揭开现象看本质，其实所有的定义之后人们对文化所做的理解和研究在两点上是共同的：第一，研究的对象是人本身及其附属物（物质的和精神的产品）；第二，考察的范围是与人的活动相关联的一切内容（包括人类社会与组织、制度与体系等）。

近年来，随着社会人文科学和自然科学交叉学科研究的深入，文化研究和考察的范围越来越广泛，文化内容范畴的扩大，在文化定义上要取得一致的看法似乎愈加不可能。为此，只有在文化的内在本质特征上形成共识，才能对文化的各种现象有一个正确的看法和结论。

由此，文化的基本性质可以作如下归纳：首先，文化是人类社会的产物。它一经形成将保持其本质特性一定时期里不会发生改变。为此人类社会才会出现各具形态的精神和物质文明的纷繁内容，有的形式或内容甚至长期不变，进而表现出文化的静态特性；其次，文化是一个变体。因为自从人类社会产生以来，人类所从事的一切活动没有不是在动态的状态下完成的，并且一切文化的形式都在不停地发生着改变，所以它又具有动态的特性，而且文化的动态性特征是绝对的，静态是相对的。

由此我们就能充分说明为什么随着认识的深入，人们在不同时期对文化的诠释各自存在着那么多不同的理解，但是人们始终能够在总的范畴和原则下达成对文化理解的默契，这表现在无论是一般生活场景中的运用与交流，还是学术研究活动中的相互借鉴和探讨。因此，把握它的特性，及时捕捉它的各种变数，是文化研究者的聚焦所在。

在民族学和文化人类学、社会学领域，这种文化变数被称为变迁——文化变迁或社会变迁，抑或合称社会文化变迁。所以在文化的研究上对其概念性的争议并不是主要的工作，而更为重要的最终必然归结到对文化变迁的诠释和考察，它是民族学和文化人类学的核心课题。

克莱德·M·伍兹认为："文化变迁和社会变迁都是同一过程的重要部分，但必要的时候，在概念上也可以区分，倘若文化可以理解为生活上的各种规则，那么，社会就是指遵循这些规则的人们有组织的聚合体。"[①]由于本书涉及民族学和社会学社区理论，是一个跨学科的研究，因此，将"社会变迁"和"文化变迁"二词结合使用，意在对文化和社会现象的双向考察。对此本人十分赞同马氏的看法，"一切对于人类活动、人类集团及人类思想和信仰的个别专门研究，必会和文化的比较研究相衔接，而且得到相互的助益。""社会组织除非视作文化的一部分，实是无法了解的"。[②]

研究文化（社会）变迁的意义是：出于文化动态特征的属性，确认文化处于永动之中，静态是相对的，所以要用发展的观点看待问题，确定调查范围，开展适时的田野工作，既注重外因对社区的促变作用，也注重内因在促进社区变化过程中的决定性作用。因此，在马克思主义唯物史观和辩证法的指导下，本研究

---

① ［美］克莱德·M·伍兹著、何瑞福译：《文化变迁》，河北人民出版社，1989年版，第6页。

② ［英］B. 马林诺斯基著、费孝通译：《文化论》，华夏出版社，2002年版，第2页。

内容依据的学科方法论就是人类学、社会学科理论中的文化变迁理论，同时大量运用交叉学科（民族语言学、民族历史学）及社会学理论（量化指标、数据分析等）中的研究成果。他山之石可以攻玉。

## 第二节　民族文化互动理论的提出

中国是一个多元一体格局的国家，国家发展繁荣会推动各地区社会文化的进步。同时，各地区不同的文化内涵，也使得中国社会主义文化事业呈现丰富多彩的表现形式和内容，所以，文化发展变迁的结果在一定程度上影响着整个社会的发展进程。横向对比民族地区近百年社会文化变迁，有利于总结我国社会进程中得失成败。纵观民族地区近百年文化变迁，又使得我们对变迁的双重含义有一个全新的认识。对宏观社会研究的最佳手段是大处着眼，小处着手，这也是民族学所掌握的研究方法。本着这样一个学科方法论，本书研究方向定位在对中国少数民族农村微型社区内部近百年、跨世纪社会文化变迁这样一项个案研究的框架中。

对于少数民族社区的研究，传统视角常常锁定在个别“亮点”地区——少数民族聚居区的核心地域，我们常常接触到的大量材料也基本是这样的内容。可以说，对于少数民族聚居区的调查研究，我们早已形成了一套有效的手段和套路，往往使人感觉到研究模式的雷同。近现代的各种社会运动和亚文化区域的社会文化改造运动，往往使这些区域首当其冲，许多客观事实告诉我们，那些区域的文化变迁，更多地带有外力推动和借动的色彩，却往往失去了自身发展的轨迹。当然，这有过度解释的嫌疑。但是，近年来，不少少数民族聚居区向世人“展示”的“原汁型”

的民族文化，都过多地赋予了“商业化”、“庸俗化”、“虚假化”、“装饰化”的内容和表象。我们不能去责备这些炒作文化的人们，毕竟这样做使得不同地域之间的人们可以彼此了解和欣赏，并推动了当地的经济发展，这不能说不是一件很现实的好事情。但是文化的研究者，尤其是研究一个民族或区域文化自身发展轨迹的研究者却不能与之“同流”，变异的文化很难让我们的研究得出真实、正确的看法。于是我们的眼光应该投向少数民族散杂区。过去认为少数民族散杂区应该是各民族文化交融的地区，民族文化，尤其是少数民族文化，由于过多地汲取了主流文化的内容，而变得没有自身的特色，实际上这种看法有失公允。我们说，文化的产生一定是交流的结果，犹如人类各种语言的出现一样不足为奇，语言因为交流的需要才产生，而语言根据社会生活的需要和环境特点产生了不同的语言形式。文化的发生也如此。交融与交流不应该是一种文化消失的根本原因，因为交融与交流产生出来的是借鉴和互补，文化消失是强制同化的结果，这是我在民族散杂区调查得到的一个重要的心理体验。同时民族散杂区文化交融和借鉴本身就是一个极好的研究内容，它能更充分地支持我的一个基本观点（其中的一个）：文化交流→产生交融→交融产生借鉴→借鉴产生文化特色→文化特色产生人群和族际认同→认同产生共存→共存的前提产生文化的尊重与歧视→尊重与歧视形成“主流”和“暗流”→推动民族之间超大空间的认同。中华民族的多元一体格局就是这样形成的，而中国文化的多元化也必定是在这样的土壤中生根开花，而那种我即非你的隔离式的文化研究，难以得到“和而不同”的答案。因此，立足民族散杂区的少数民族社区研究意义是深远的。

## 第三节　现实话语——理论研究的意义

苗乡的生活至今仍是举步维艰，经济发展长期滞后，构成关乎民计民生的瓶颈问题。改革开放 20 多年后和提出西部大开发多年的今天，内地民族散杂区还没有引起足够的关注，似乎成为西部民族地区发展进程中的“盲点”，这些少数民族地区的贫困程度是许多人所无法想象的，发展起点和客观生存环境又远远不能和汉族发达地区同日而语，今天的发展状况充分地表现出这样的差异仍在继续。尤其是当地少数民族人口绝大多数居住在农村，少数民族农民的生活极其困难。在叙永县，发展落后、生活困难的地区无一例外地都是少数民族地区，全县的三个苗族乡、两个彝族乡都是发展最为落后、环境条件最为艰苦的乡镇。10 年来出现的打工潮确实也给当地经济带来一些支持，但是务工人员本身的文化素质极大地影响了打工质量，从而影响了收入。近一两年来打工对当地的经济发展影响也越来越小，年纪稍长的人已经不再外出打工，甚至有的打工人员长期不回家乡的重要原因就是一年到头打工所剩还不够买一张回家的车票，加之有的工钱还被拖欠而难以返乡，当地人对外出辛苦赚钱失去了信心。另外，表现为婚姻形式的人口买卖现象一段时间里较为严重。如何脱贫致富，摆脱少数民族地区的落后现状仍然是一个严峻的现实问题。

所以，我们对锁定的研究区域和人群根据其生境特点总结出三点社会文化特色：

第一，与周边各民族杂居几百年仍然顽强地保留其民族自身文化的独立性，这种独立性和特殊形式源自于他们对本民族的心理认同。一方面，千百年来，同一区域中的各民族总的说来是互通有无、和谐相处的，但另一方面由于历史上长期的民族不平等和民族压迫政策，苗族长期处于被异族统治阶级压迫剥削的地位，无形之中和周边的其他民族（主要是汉族）产生一定隔阂，造成了一些民族之间的矛盾，影响民族团结和社会稳定，一定程度上也阻碍了进步和发展。

第二，叙永县的苗族山区集历史文化悠久、地理环境复杂、民族杂居聚居这三大特点，文化内容具有我国少数民族散杂区（汉族聚居区域内）发展与进步问题的同一性。换句话说，就是在同类特点地区里具有一定的代表性和典型意义。在改革开放20多年后和提出西部大开发多年的今天，这些民族散杂居地区几乎没有引起我们更多的关注。从某些现象和数据来看，对她的关注还远远不如同是民族地区的我国西南部边境省份和边界沿线地区（这是一个有限的对比，特指民族、分布和发展特点大体相当的地区，所以这样的结论可能不代表我国的其他民族地区），边疆地区的发展反而超过了这些与内地汉族发达地区紧密相连的民族散杂居地区，这些地区似乎成为西部民族地区发展进程中关注的“盲点”。

第三，山区苗族历史上长期与汉族等各民族杂居相处，但始终保持着民族自身的传统生活方式和文化特点，其内在的民族文化心理认同通过文化的外化形式，如居住方式（多数苗族村寨以家族为单位聚族而居，界限分明）、民族语言、民族服饰、节庆歌舞、通婚关系、饮食习惯、丧葬特点等方式顽强地体现出来。历史上，由于统治阶级的民族歧视和压迫政策，各民族之间的交往很少，加之交通的闭塞，相对与世隔绝，民族文化在一个较为封闭的环境下缓慢地发展着，民族之间文化的差异性表现得极为突出。中华人民共和国成立半个多世纪以来，在党的民族政策的光辉照耀下，各民族团结、平等、互相尊重、共同发展，民族之间的差距正在逐渐缩小，也包括各民族的文化特色，如何调整好保持民族文化传统和区域经济发展的关系，也是一个不容忽视的课题。

在市场经济发展的今天，民族文化的开发利用可以带来较高的经济效益已经不是纸上谈兵，一些边疆省在发展旅游业，在大打人文及自然资源这张牌的问题上有许多值得借鉴的地方。例如，云南的旅游业已成为本省的重要支柱产业之一，民族文化在其中的开发价值是不言自明的。

少数民族干部的培养无论在层次上还是素质上都有待提高。毛泽东曾经说过一句话："政治路线确定了以后，干部就是决定的因素。"邓小平也指出："中国的事情能不能办好，社会主义和改革开放能不能坚持，经济能不能快一点发展起来，国家能不能长治久安，从一定意义上说，关键在人。"[①]这一思想不仅对我国整体发展具有战略指导意义，对于不发达的民族地区更有着现实的指导意义。结合民族地区的实际，地区的发展离不开人，所以努力造就一支宏大的、德才兼备的少数民族干部队伍，是做好民族工作解决我国民族问题的关键。据当地有关人士反映，叙永县尽管有 16 种少数民族，而且就散杂区少数民族的特征还是具有典型代表性的这样一个县，县政府常委班子里没有一位少数民族干部。从文化素质是人才塑造的基础这样一个简单的前提，我们不难找出症结何在。

贫困地区教育问题一直是个长期困扰该地发展的瓶颈问题。因贫困失学的学生连年不断，不少学习成绩优秀的孩子被迫辍学。在苗乡，1942 年的"私立复兴小学"是发展民族教育的一段光荣历史和佳话。解放后，他们中的小学生绝大部分人参加了革命工作，有的还上了大学，成为新中国自己培养的第一代少数

---

① 《邓小平文选》，第 3 卷，第 380 页。

民族干部和知识分子。从1960年初到此后的35年时间里，“文化大革命”时期的出生人中培养出的国家干部凤毛麟角，各种年龄段中文盲半文盲占多数。究其外因，首先是“文化大革命”的冲击是全国性的，山区亦不能幸免，加之长期的贫困，基本生活都不能保障，读书自然是一种奢望；另一方面，是自身性的，逐渐陷入贫穷——愚昧——越愚昧——越贫穷的怪圈之中。但是，从政策执行和政府行为的角度分析，是否我们给予的关注或扶助还是少了一点？是否在山区民族教育发展的自身特点和针对性上还是少了一些实事求是的调查研究？由此的结果便是，虽然倾心尽力，却仍然效果不彰！“十年树木，百年树人”，坚持不懈发展高寒山区的民族文化教育事业，是地区和民族振兴的希望所在。

在改革开放深入发展和西部大开发的今天，居住在内地民族散杂区的这些少数民族社区，它本身所处的特殊文化环境和同主流文化的相对适应性，有着我国各民族大杂区、小聚居的分布特色的一致性，其经济发展、民族文化承继、民族问题的表现方式等，在我们研究民族文化和处理民族问题上都有一定的代表性和典型意义，具有我国民族问题普同性特点和民族工作的针对性特征。所以，这一地区，恰恰是学术研究和实际民族工作都不能忽视的区域。从学科研究的终极目的出发，我们也呼吁社会各界要关注这些地区的各民族生活状况，关注他们的文化卫生教育事业，同时在工作中还必须照顾地方特点和各民族文化特色，注意工作方法和工作实效。

通过对川滇黔交界处民族散杂区的田野调查，使我们更进一步地认识到文化研究的意义和从事这项工作的使命。实际上，每一次田野和笔耕，都是对思想尘埃的一次又一次荡涤。正如我国文化人类学家转述的学术泰斗格尔茨大师的反思，也为我们正视自己的工作和剖析自己的思想，给予了极大的启发和警示：“我们的学术使命不是推理，而是一次参与社会而不为当地社会所左右的文化感知。人文现象基本特质是丰富的符号诗学展示，而不是非专家不能读懂的、刻板的深层结构。人类学者从事的职业是具体地点的田野工作，也是远离田野的思考。因而，文化的研究不是‘科学’的探索而与被研究的文化一样，是一种人与人的相互沟通、社会得以绵延传续、人生的知识及对生命的态度得以表述的漫漫途径。”①

① 王铭铭：《想象的异邦》，上海人民出版社，1998年版，第254页。

# 附录一

## 1.《爱情长诗——彩嫩格与刀刷力当》

刀刷力当：
你已长得苦竹高，
就像果熟果皮落。
我请媒人来你家，
你爹不说我人好。

你长得像苦竹美，
果熟果皮会分离。
媒人说亲到你家，
你爹为何不应答。

彩嫩格：
我本就有好名声，
就愿和你能成亲。
我像盛开那桃花，
就愿和你成眷属。

上楼无梯难成行，
但愿你我心相惜。
上楼要有好楼梯，
但愿你我心相依。

刀刷力当：
水田宽宽好长秧，
坪坝宽宽好放牛。
彩嫩格，住远方，
摸黑走在山路上。

田宽长出好苗秧，
平坝长草绿油油。
你在家里哪知道，
山路迢迢云雾罩。

我们吃爹娘早饭，
不是玩玩就离开。
我们吃爹娘晚饭，
不要耍耍就说散。

我要你的情意真，
别像蜂蜜守牛粪。
到头来我打单身，
浪费彼此好时辰。

彩嫩格：
水天连着牛滚塘，
你我情谊深又长。
相拥相抱牛栏旁，
同盖一件破衣裳。

水田海子一条埂，
你我情长一条心。
相依一埂又一埂，
莫让寨老知真情。

你和我要心相映，
吃饭同一把调羹。
难忘当初那时候，
我俩共饮清溪水。

你和我要心相伴，
吃饭同用一个碗。
忘掉初交那时候，
我们俩喝水当饭。

刀刷力当：
太阳出来照四方，
你我彼此相帮扶。
相拥相抱牛栏边，
约定今生永不忘。

太阳出来照平地，
你我彼此相帮扶。
从此相爱有相依，
约定一世永不忘。

彩嫩格：
雄鸡来把阉鸡欺，
阉鸡躲在石板底。
黎明不到五更过，
打开寨老那扇门。

雄鸡撵着阉鸡啄，
阉鸡躲在石墙角。
不到五更过夜半，
打开爹娘那扇门。

刀刷力当：
你我彼此相帮扶，
睡到五更雄鸡鸣。
早早出门背水去，
水满水桶湿透衣。

你我彼此相帮扶，
睡到五更天未明。
早早出门背水去，
水满水桶湿衣襟。

彩嫩格：
鸡叫三遍天发亮，
寨老楼上谷满仓。
你我舂来净无糠，
莫叫他人说短长。

鸡叫三遍才回家，
爹娘能干人人夸。
你我舂米颗粒大，
不叫别人说短长。

刀刷力当：
过新年来迎新春，
百花未开桃李发。
你的嘴巴说得好，
莫要白话哄人家。

过新年来迎新春，
百花齐放树木长。
你的嘴巴说得甜，
心儿是否在他方。

彩嫩格：
春来百花齐开放，
桃李三枝正芬芳。
你我彼此相帮扶，
恩爱就像蜜蜂王。

春来百花随风飘，
李花三枝开得妙。
你我彼此相帮扶，
恩爱就像蜜蜂王。

刀刷力当：
山高野菜青悠悠，
平地青菜好大蔸。
你我就像三月柳，
谈情说爱是时候。

平地青菜好大蔸，
山高野菜青悠悠。
你我就像三月柳，
谈情说爱正当时。

彩嫩格：
历来老虎过山梁，
成对走在小路上，
你我彼此相帮扶，
相爱要比老虎强。

历来老虎过山梁，
成对走在山路上，
你我彼此老虎强。

花儿好开果儿长，
十八姑娘等游方。
好花开了果才香，
姑娘十八好时光。

刀刷力当：
历来老虎过山梁，

双双走在人路上。
老虎饿了啃小草，
你我未必比虎强。

花儿开好果有望，
姑娘未必盼游方。
花儿开好果才香，
约会未必好时光！

你我现在就分手，
庄稼做得挂满楼，
寻伴免得误时辰。

你我现在就分开，
你的绣花人人爱，
花开自有蜜蜂采。

彩嫩格：
野兽不知有飞禽，
爱情也有假和真。
雀儿长大离娘亲，
你我为何要离分！

我的话儿长又长，
你像雷雨一阵响。
你在寨里朋友多，
不会把我记心上。

刀刷力当：
地好不过山窝地，
相好哪怕隔千里。
地好不如石旮旯，
相好哪怕远离家。

远方女要是比金花，
除非寨邻转灶不理家。
远方女要是比银花，
除非寨邻生火不纺纱。

你我相距隔三秋，
我只当作一辰钟。
你我相隔三年头，
就像半晌午时候。

你家住在小溪旁，
我像云雾挥不散，
等你一天又一天。

你家住在弯北边，
我像不散的云雾，
等你一年又一年。

我呐雷雨一阵阵，
我呐风吹只听声。
只要有心情也真，
唯愿就此定终身。

彩嫩格：
好地要数玉米地，
寨邻相好才牢靠。
地好是那大蒜地，
寨邻才好做夫妻。

高山峻岭向太阳，
平地坝子照月光。
哪有寨邻不成对，
远方客人反成双！

太阳升出瓦房头，
你我相距路漫长。
你像买卖人那样，
只会吸烟歇歇凉。

太阳出来照草房，
你我相距路漫长。
你像买卖人那样，
喝杯香茶把路上。

你我相距长又长，
彼此东西各一方。
要是走上这条路，
难免饥饿和风霜。

你我相距长又长，
你东我西各一方。
早早忘掉这条路，
免得伤心又断肠。

刀刷力当：
过了年来把地犁，
为了有粮能充饥。
过了年来把田耕，
为了有衣可蔽体。

犁地犁到太阳落，
思念你却在远方。
翻山越岭回头望，
两只眼睛泪汪汪。

犁地迎来月亮升，
千山万水会姑娘。
哪像买卖人那样，
吸烟歇凉走远方。

过了年要把地翻，
为了吃上一碗饭。
过了年来把田犁，
为了冬来有衣穿。

犁地犁得太阳落，
想起来你在远方。
翻山越岭四处望，
泪水湿透我衣裳。

犁田迎来月亮升，
千山万水会姑娘。
哪像买卖人那样，
喝杯茶水走四方。

你我相距远又远，
半夜起来望月亮。
想起来你在远方，
我怀念你在心上。

你我相距路漫长，
半夜起来望月光。
想起你来在远方，
无限思念痛断肠。

彩嫩格：
我若不去做活路，
饥时哪有碗中餐。
我若不去把活干，
冬来哪有身上衫。

做活做到晌午时，
风吹树摆枝头摇。
看着别人成双对，
勾起我的满腹忧。

我的忧愁多又多，
单身生活何时休。
心中痛楚何处诉？
不由满面泪水流。

我若不去做活路，
饥时哪来碗中餐。
我若不去把活干，
冬来哪有身上衫。

做活做得太阳落，
风吹树儿树叶张。
看着别人成对双，
勾起我的愁满怀。

满腹惆怅复惆怅，
单身生活太凄凉。
单身生活太凄凉，
唯有眼泪湿衣裳。

两眼眼泪满面流，
望望茅草解忧愁。
两眼眼泪满面淌，
听听蝉声化烦忧。

刀刷力当：
不做庄稼单身汉，
饥时哪来碗中餐。
不做庄稼单身汉，
冬来哪有身上衫。

肩扛犁头绳在手，
我犁田在坝子头。
前后左右望过去，
唯见泥水顺沟流。

单身生活太凄凉，
好比孤雁不成双。
想来想去好感伤，
只有泪水流成行。

不做庄稼单身汉，
饥时哪来碗中餐。
不做庄稼单身汉，
冬来哪有身上衫。

牛绳在手把犁扛，
我犁地在山坡上。
转过身子向后望，
唯见泥土流下方。

单身生活好孤单，
有如英台失梁山。
想来想去太凄凉，
眼泪湿透破衣裳。

看着别人夫妻好，
日头晒来树阴歇。
我却单身无依靠，
死如蝴蝶葬草丛。

看着别人夫妻好，
日头晒来树阴歇。
我却单身无依靠，
死如蜻蜓刺丛中

一旦我当真死掉，
又有谁来把我怜！
人们骂我不长进，
顾影自怜我单身。

说死死来也痛快，
又有谁把我怜爱！
人家会说我活该，
只有单身把我睬。

彩嫩格：
我若不去做活路，
饥时哪来碗中餐。
我若不去把活干，
冬来哪有身上衫。

做活做到山坳里，
太阳当顶似火燎。
该吃午饭没人做，
孤苦伶仃向谁要！

孤单生活苦难当，
我把亲戚门来登。
孤单生活太凄凉，
走进家族大门房。

亲戚家门走进去，
酒肉饭菜桌上端。
不吃亲戚要多心，
吃的泪水肚里流。

走进家族大门口，
满桌满碗酒和肉。
不吃族人会多心，
吃的眼泪沾裳襟。

有谁来把我同情？
亲戚骂我不成器。
有谁来把我怜爱，
族人骂我是活该。

刀刷力当：
不做庄稼单身汉，
饥时哪来碗中餐。
不做庄稼单身汉，
冬来哪来身上衫。

牛绳在手把犁扛，
犁地在田坝子上。
三犁阴来三犁阳，
犁的深让草难长。

野草难得再生长，
联想单身好感伤。
同年岁人早婚配，
唯我求婚路还长。

庄稼一沟又一沟，
不是我吃做地头。
粮食一仓又一仓，
不是温暖的地方。

行旅一山又一岭，
山山好似褶裙美。
吃得要我自己带，
穿得没人操我心！

坡上草木绿油油，
群山花儿把它绣。
吃的放在我手上，
穿的谁人为我忧。

彩嫩格：
叠叠山岭花儿秀，
你管吃来我管穿。
活计各自分头做，
相依相伴到白头。

重重山峦褶裙美，
你管吃来我管穿。
你我彼此相帮扶，
相依相伴度一生。

没有吃来莫紧张，
你上山头去开荒。
没有穿来莫彷徨，
我种麻在山坡旁。

没有吃来不用愁，
你开荒在那山头。
没有穿来不用焦，
我栽麻在这山腰。

刀刷力当：
六月天气烈炎炎，
你我异乡已半年。
你用蜂蜡把裙点，
不用费心不用线。

六月天气热腾腾，
夫走前来妇后跟。
点裙要蜡自己有，
不费线来不费心。

庄稼满坡又满坝，
有吃不让人笑话。
种的麻来有衣穿，
不让人家说短长。

彩嫩格：
六月天气烈炎炎，
你我安家已半年。
你做活路心专一，
我栽麻来织成衣。

六月天气热腾腾，
双双做活在山岭。
你做庄稼满山谷，
我纺麻线堆满堂。

合唱：
万里无云好太阳，
你我彼此来相帮。
只要勤劳又自强，
日子就会很欢畅。

万里无云好阳光，
你我彼此来相帮。
相信命运和力量，
幸福日子会久长。

## 2.《逃婚调——莱彩与农幺》

农幺：
你住爹娘金屋里，
我却时时想念你，
你住爹娘银屋里，
不料我到你家里。

打开爹娘的金子门，
我俩本想把情话叙，
可惜情话还没说完，
红公鸡已在叫黎明。

打开爹娘的银子门，
我原想把话说清楚，
但话儿却还没说完，
老天却早早让天明。

你送我到南山上，
依依惜别手难分，
我把你要看仔细，
你是我的好侣伴。

你送我到石岩旁，
依依惜别分手难，
我把你啊细端详，
就是我的好侣伴。

你若变成小梳子，
我就把你好珍藏，
你若变成小篦子，
我就带你到白头。

你若变成一根针
我就把它藏上身，
恶婆婆无法寻访你。
你若变成一块盐，
我就把它化水里，
恶公公不会找到你。

莱彩：
土地好来连好山坡，
情侣相好要心连心，
土地好来连好山窝，
情侣相好要情意长。

地好要数荞麦地，
情侣相好要数寨邻，
地好要数那大蒜地，
情侣好不比寨邻亲。

我们的路长又长，
它能迎上月亮，
它能等到太阳，

我们道路曲折弯，
山阳无阳山阴阳。

我比不上你的邻寨相好，
你们自小一起游戏打闹，
我比不上你的相识寨邻，
少时养猪放牛一块成长。

你们一起放遍九十九道坡，
用坏了九十九根牵牛绳，
你们共同放遍九十九条箐，
赶牛鞭用坏了九十九根。

逢年过节杀猪宰牛，
情哥吃肝阿妹吃肚，
阿哥进门叫阿妹啊，
情妹出门唤情郎。

我们的路长又长，
它能迎上月亮，
它能等到太阳，
我们道路曲折弯，
山阳无阳山阴阳。

天空无云哪来雨，
江河无水哪有鱼，
同井饮水一条心，
同寨的人哪亲又亲。

我比不上你的寨邻相识，
即使相爱如金花般艳丽，
仅是萍水相逢谈何情意。
你们日也来夜也往，
立灶炊烟相配成双。

我比不上你的相识寨邻，
即使相爱如银花般美丽，
只是昙花一现无踪无影，
你们夜亦来日亦往，
耕田种地有心有肠。

农幺：
大田水满靠水塘，
情谊深厚靠培养。
只要妹妹有心啊，
成对成双又何妨！

牛滚塘水满靠田水，
我们俩情谊靠自己，
只要你心有意啊，
何方不能配成双！

男带女远走，
寨老怎能阻挠？
女随男远去，
爹娘怎能知道？

莱彩：
我那焦急的心啊，
犹如大旱盼云起，
就怕你像无情雨，
哗啦哗啦一阵下，
把我像被薅禾苗
随便弃置山涧里，
要学浮云吹不散，
共始终形影不离。

农幺：
哪有高山不生茂林，
哪有平地不长绿草，
怕只我不比你朋友多，
更比不上你的朋友好。
靠水识鱼性，
进山知鸟音，
你就住在爹娘家，
哪里知道我的苦。

莱彩：
你的苦情我知道，
怕你回家不满年。
你和恶妻又和好，
甜言蜜语早忘掉。

你的苦情我知道，
怕你回家不满岁，
你和恶妻又和好，
剩我独自受煎熬。

农幺：
破镜重圆没道理，
除非有天日出西，
等我回去满了年，
甜言蜜语心不回，
与那无情人分手，
要和你来手牵手。
早把无情人忘掉，
和你相携一起逃。

莱彩：
怕你回家又携手相好，
把我像杵棍那样抛掉，
结果脚跟脚脱离不掉，
把我像草鞋架般抛弃。

谷子不饱只得米糠，
你不要尽说些白话，
吃谷糠饱不了饥肠。

农幺：
鲜花哪个不喜欢？
恶刺怎不叫人烦，
早与无情人分离，
生生世世伴随你。

鲜花哪个人不爱？
恶刺哪个人理睬，
早把无情人忘记，
生生世世伴随你。

好吃要吃新米饭，
千言万语出肝胆，
句句是真肺实肝。

莱彩：
新米饭好吃都知道，
就怕你的话不牢靠，
新煮的米饭固然香，
你的话只是把我诓。

农幺：
决心只是嘴边的话，
永远厮守要去挣扎。
我知道可恶的寨老，
早已跟你找到婆家。
决心仅是口中的话，
永远相伴要自己争。
我知道可恶的媒人，
迎亲桌把我两分开。

莱彩：
我爹把我嫁到高山，
我嘴上同意心发慌。
我娘把我嫁到高山，
我嘴上同意心忧伤。

偷回娘家到半山上，
不巧与阿哥相遇上，
偷偷回娘家到山冲，
一眼就望见阿弟面，
都说我出嫁不满年，
必须向公婆去道歉，
都说我出嫁不满岁，
已对丈夫心猿意马。

我刚出嫁不满年，
未向公婆道过歉，
我刚出嫁不满岁，
未告丈夫转心意。

我对公婆说我要回娘家，
恶婆婆把我锁在碓房里。
我跟丈夫说我要回娘家，
他将我手脚压在石磨下。

当初娘把我嫁出门，
我以为是去串亲戚。
哪知却是去嫁给人，
挨打挨骂全受尽。

我爹送我去出嫁，

我只当是去玩耍，
哪知出嫁到婆家，
又挨打来又受骂。

回想起天刚蒙蒙亮，
爬起床把水桶背上，
水桶大来十二道箍，
背索粗来有十二箍。

孤单一人水井边，
不洗水桶先细瞧。
桶底满是旧灰尘，
洗得水桶再观望。
冷水透得心里凉，
不洗水桶先观望。
桶底全是污泥浆，
洗得水桶一声叹，
凉水冰在我心上。

我背回一桶干净水，
恶婆婆却说是浑水。
我背回的水清又亮，
恶婆婆却说黄泥浆。

我刚刚烧水水未开，
恶婆婆忙把米量来，
我还来不及做好菜，
公公早已把饭桌摆。

侍候家中老和幼，
老的随时要满足。
小的经常要周到，
常常还遭全家骂。

独自伤心去背柴，
借机跑回娘家来。
独自痛苦去采菜，
借机回到娘家来。

回到娘家又如何，
先是娘亲开口斥：
鸟儿长大该出窝，
姑娘长大该出嫁。
蜜蜂长大要分家，
如此胡闹人笑话。

接着爹爹张口责：
一切邪念别再想，
收心回去把家当。
种的粮食堆满仓，
亲戚往来有地方。

爹娘一起又来劝：
回去孝敬好公婆，
喂猪满圈鸡满屋。
回去伺候好丈夫，
亲戚往来有去处。

爹娘贪的是粮米，
怎能理解女儿心！
父母爱的是金银，
哪里知道女儿苦。

农幺：
你有诉不完的苦水，
你有道不尽的忧伤。
要想摆脱这痛苦啊，
只有到远远的地方！

莱彩：
你去把盘缠都带上，
我跟随你远走他乡。
你去把行装都打好，
我随你到天涯海角。

农幺：
我们俩过河别脱鞋，
叫你娘家跟踪不到。
我俩涉水不解绑腿，
叫你丈夫家无法追。

我们远离这地方，
勤劳做活有心肠。
我们逃到小朝（越南）去，
男耕女织心一条。

莱彩：
农幺你打前面走，
莱彩我来紧跟上。
逃到渺无人烟处，
才能休息找地方。

你我逃向送走太阳的地方，
叫婆家九天九夜也跟不上。
你我逃向迎来星星的地方，
叫夫家九天九夜也找不到。

农幺：
我俩手牵手逃到河边，
拿什么做渡船的船钱？
恐怕出钱别人也不收，
你公婆追来抓我们走。

我俩手牵手逃到河渡口，
拿什么做河粮（船费）交船家？
恐怕河粮少不让进船舱，
你夫家追来把我们赶上。

莱彩：
你别着急来莫担忧，
我们会遇上好心人。
河边有汉族好朋友，
一桨就划到河对岸。

你别着慌来莫犯难，
我们会遇到的好汉，
河边有好心汉人家，
一桨就划到河对岸。

农幺：
热心的汉族好朋友，
把我们划到河那边。
人家又有情来又有意，
我们不能少他们船钱。

热心的汉族好朋友
把我们划到河那边。
人家又有情来又有意，
我们不能少给一分钱。

莱彩：
我把母亲给我的长腰带，
赠送给好心的汉族朋友。
你取下你父亲的好宝剑，
偿付汉族好心人的船钱。

农幺：
你我逃出了虎口，
你为何还要发愁？
我俩摆脱了磨难，
你为何还要伤忧？

莱彩：
燕飞千里恋南方，
儿行千里想亲娘。
我留下了我的娘，
哪能不叫我悲伤？

我留下我爹娘在老屋，
想起怎能不令我痛苦。
痛苦啊，
怎能叫我不想哭！

农幺：
你不要太过于悲伤，
你不要过多挂爹娘。
我们两个背井离乡，
就是为了不再受磨难，
就是为了不再有悲伤！

你不要太过于痛苦，
也别过于伤心痛苦。
我们两个逃离家乡，
就是为了寻找幸福！

你我一起努力相互依靠，
定能找到安家的好地方。
你我共同努力相互依靠，
定能找到安心的好地方。

莱彩：
翻过一山又一岭，
走了一程又一程，
还是什么都不见，
依稀几户彝家人。
接着涉水又过桥，
穿过大箐走山谷，
依然什么也不见，
但见众多的汉人家。

天黑下来，
我们往哪里去歇脚？
天黑下来，
我们到哪里去投宿？

我们走过彝族人家，
男的呼阿大，
女的叫阿妈，
问他们借个地方住下。

在彝家地方住下，
在彝家地方安家，
两年三年平安无事，
在这里度过我们的生涯。

莱彩：
在彝家的地方安居，
在彝家的地方落户。
两年三年过得平平稳稳，
我们在这里过得很幸福。

没有吃来你开荒种地，
没有穿来我织布缝衣，
没有住我们自己造屋，
没有用的彝族朋友会帮扶。

农幺：
我去北山砍树，
你去南山扯藤。
立得到房十五柱，
盖得到屋十五层。

住下来带个口信回家，
打听阿桑（男方妻）改嫁没改嫁，
要是仍然没有改嫁，
叫她做一辈子单寡。

带个口信回乡问询，
打听阿冲（女方夫）死不死心，
要是依然还不死心，
等他这辈子打单身。

莱彩：
开荒在坡上，

秋来粮满仓，
垦田在坝头，
秋收稻谷堆满楼。

彝家大妈来到，
夸奖我们勤劳。
汉族大爹来到，
夸奖我们夫妻好。

农幺：
人家过年我们过年，
人家杀猪我们宰牛。
三朋四友全请到，
个个招待都周全。

人家过节我们过，
人家有肉我有酒。
四朋三友全到来，
有吃有喝不犯愁。

莱彩：
我们安家落了户，
不缺穿来不少银。
我们有儿又有女，
不缺粮来不少金。

我们逃啊逃，
逃出了好前程。
要幸福靠自己，
媒妁之言非命运。

我们逃啊逃，
逃到了远地方。
我们逃啊逃，
获得美满幸福！

注：以上两首长诗1960年由罗廷芳搜集记录，涂文伯、罗廷芳翻译整理。

# 附录二

## 枧槽苗族亲属称谓表

| 序号 | 汉语 | 西部苗文 | 国际音标 |
|---|---|---|---|
| 1 | 祖先，祖宗，婆爷 | bos yaif | $po^{13}$ $ʑai^{24}$ |
| 2 | 老祖宗 | yaif laol zud | $ʑai^{24}$ $lao^{21}$ $tsu^{53}$ |
| 3 | 比曾祖母更长的长辈 | naf bos zud | $na^{24}$ $po^{13}$ $ʑai^{24}$ |
| 4 | 曾祖母 | bos zud | $po^{13}$ $tsu^{53}$ |
| 5 | 比曾祖母更长的长辈 | naf yaif zud | $na^{24}$ $ʑai^{24}$ $tsu^{53}$ |
| 6 | 曾祖父 | yaif zud | $ʑai^{24}$ $ts^{53}$ |
| 7 | 祖母，叔伯祖母 | bos | $po^{13}$ |
| 8 | 老太婆 | bos loul | $po^{13}$ $luo^{21}$ |
| 9 | 老婆婆 | naf bos loul | $na^{24}$ $po^{13}$ $luo^{21}$ |
| 10 | 小祖母，幺祖母 | met bos | $me^{44}$ $po^{13}$ |
| 11 | 姑婆 | bos nyangx | $po^{13}$ $ȵaŋ^{31}$ |
| 12 | 姑老爷 | naf yaif vuod | $na^{24}$ $ʑai^{24}$ $vuo^{53}$ |
| 13 | 祖父 | yaif | $ʑai^{24}$ |
| 14 | 大爷爷 | naf yaif hlob | $na^{24}$ $ʑai^{24}$ $ʑo^{43}$ |
| 15 | 二爷爷 | naf yaif aob | $na^{24}$ $ʑai^{24}$ $ao^{43}$ |
| 16 | 三爷爷 | naf yaif beb | $na^{24}$ $ʑai^{24}$ $pe^{43}$ |
| 17 | 幺爷爷 | met yaif | $me^{44}$ $ʑai^{24}$ |
| 18 | 母亲 | nat | $na^{44}$ |
| 19 | 母亲（泛称） | naf | $na^{13}$ |
| 20 | 母亲（泛称） | naf chab | $na^{24}$ $tʃ‘a^{43}$ |
| 21 | 大母亲（夫之嫂，妻姐、妹称出嫁姐） | naf loul | $na^{24}luo^{21}$ |

| | | | |
|---|---|---|---|
| 22 | 继母 | nat chab | na$^{44}$ tʃʻa$^{43}$ |
| 23 | 干妈 | naf nkhuab | na$^{24}$ nqʻua$^{43}$ |
| 24 | 父亲 | zaid | tsai$^{53}$ |
| 25 | 父亲（泛称） | zid | tsi$^{53}$ |
| 26 | 继父 | zid chab | tsi$^{53}$ tʃʻa$^{43}$ |
| 27 | 十爹 | zid nkhuab | tsi$^{53}$ nqʻua$^{43}$ |
| 28 | 父母 | naf zid | na$^{24}$ tsi$^{53}$ |
| 29 | 父母 | box naf box zid | po$^{31}$ na$^{24}$ po$^{31}$ tsi$^{53}$ |
| 30 | 伯母，大姨母 | box loul | po$^{31}$ luo$^{21}$ |
| 31 | 大姨母 | naf loul | na$^{24}$ luo$^{21}$ |
| 32 | 伯父 大姨父 | yaif loul | ʑai$^{24}$ luo$^{21}$ |
| 33 | 叔母（夫兄对弟媳的称呼） | met hlak | me$^{44}$ ʑa$^{33}$ |
| 34 | 叔父 | zid yel | tsi$^{53}$ ʑe$^{21}$ |
| 35 | 姑母 | mek nyangx | me$^{44}$ ȵaŋ$^{31}$ |
| 36 | 姑父 | yaif vuod | ʑai$^{24}$ vuo$^{53}$ |
| 37 | 婆母 | box | po$^{31}$ |
| 38 | 公公 | yais | ʑai$^{13}$ |
| 39 | 妻子 | box | po$^{31}$ |
| 40 | 妻子 | nyangb | ʑaŋ$^{43}$ |
| 41 | 妾 | box naschb | po$^{31}$ na 13 tsʻa$^{43}$ |
| 42 | 丈夫 | yais | ʑai$^{13}$ |
| 43 | 丈夫，女婿 | vuod | vuo$^{53}$ |
| 44 | 丈夫，美男子 | dob zhongl | to$^{43}$ tsoŋ$^{21}$ |
| 45 | 原配丈夫 | yais loul | ʑai$^{13}$ luo$^{21}$ |
| 46 | 夫妻 | nas zid | na$^{13}$ tsi$^{53}$ |
| 47 | 嫂 | nyangb | ȵaŋ$^{43}$ |
| 48 | 大嫂 | naf nyangb | na$^{24}$ ȵaŋ$^{43}$ |

| | | | |
|---|---|---|---|
| 49 | 姐姐（妹称） | yed | ʑe$^{53}$ |
| 50 | 妹妹（姐称） | njuol | ŋ̥tɕuo$^{21}$ |
| 51 | 姐、妹（兄弟称） | mas | m A$^{13}$ |
| 52 | 姐妹，妯娌 | gud yed | ku$^{53}$ʑc$^{53}$ |
| 53 | 哥哥 | dix | ti$^{31}$ |
| 54 | 大哥 | naf dix | na$^{24}$ ti$^{31}$ |
| 55 | 弟弟 | gud | ku$^{53}$ |
| 56 | 弟弟 | dol gud | to ku$^{53}$ |
| 57 | 小弟 | met gud | me$^{44}$ ku$^{53}$ |
| 58 | 兄弟 | gud dix | ku$^{53}$ ti$^{31}$ |
| 59 | 小兄弟 | nik gud | ni$^{33}$ ku$^{53}$ |
| 60 | 幺弟 | gud yuot | ku$^{53}$ ʑuo$^{44}$ |
| 61 | 幺弟 | nzai yuot | ntsai ʑuo$^{44}$ |
| 62 | 堂兄弟 | gud dix qok | ku$^{53}$ ti$^{31}$ tɕo$^{33}$ |
| 63 | 堂姐妹 | gud yed qok | ku$^{53}$ ʑe$^{53}$ tɕo'$^{33}$ |
| 64 | 夫之兄，妹称姐夫 | zid loul | tsi$^{53}$ luo$^{21}$ |
| 65 | 姐称妹夫，夫称妻之妹夫 | zid hlak | tsi$^{53}$ ʑa$^{33}$ |
| 66 | 姑嫂 | mas nyangb | ma$^{13}$ ŋ̥aŋ$^{43}$ |
| 67 | 弟媳 | nyangb gud | ŋ̥aŋ$^{43}$ ku$^{53}$ |
| 68 | 夫称妻之妹夫 | yaif hlak | ʑai$^{24}$ ʑa$^{33}$ |
| 69 | 兄弟姐妹 | mas nol | ma$^{13}$ no$^{21}$ |
| 70 | 兄弟姐妹 | mas nenx mas nol | ma$^{13}$ nen$^{31}$ ma$^{13}$ no$^{21}$ |
| 71 | 兄弟姐妹 | bab mas nol | pa$^{43}$ ma$^{13}$ no$^{21}$ |
| 72 | 兄弟姐妹 | nbaox mas nol | mpao$^{31}$ ma$^{13}$ no$^{21}$ |
| 73 | 女儿，姑娘 | ncaik | nts'ai$^{33}$ |
| 74 | 长女 | ncaik hlob | nts'ai$^{33}$ ʑo$^{43}$ |
| 75 | 幺女 | ncaik nzais | nts'ai$^{33}$ nts'ai$^{13}$ |

| | | | |
|---|---|---|---|
| 76 | 儿子 | dob | to$^{43}$ |
| 77 | 长子 | dob hlob | to$^{43}$ l̥o$^{43}$ |
| 78 | 幺儿子 | dob nzais | l̥o$^{43}$ |
| 79 | 干儿子 | dob nkhuab | to$^{43}$ nq'ua$^{43}$ |
| 80 | 养女 | ncaik bas | nts'ai$^{33}$ pa$^{13}$ |
| 81 | 养子，义子 | dob bas | to$^{43}$ pa$^{13}$ |
| 82 | 侄儿 | dob ndul | to$^{43}$ ntu$^{21}$ |
| 83 | 侄女 | ncaik ndul | nts'ai$^{33}$ ntu$^{21}$ |
| 84 | 儿媳 | tob nyangb | to$^{43}$ ȵaŋ$^{43}$ |
| 85 | 孙女 | ncaik senb senb | nts'ai$^{33}$ sen$^{43}$ sen$^{43}$ |
| 86 | 孙子 | senb senb | sen$^{43}$ sen$^{43}$ |
| 87 | 子女，子孙 | dob gid | to$^{43}$ ki$^{53}$ |
| 88 | 曾孙，玄孙 | mos mos | mo$^{13}$ mo$^{13}$ |
| 89 | 亲家 | jal | tɕA$^{21}$ |
| 90 | 女亲家 | box jal | po31 tɕA$^{21}$ |
| 91 | 男亲家 | yais jal | ʑai$^{13}$ tɕA$^{21}$ |
| 92 | 叔伯父老 | zid yel yaif loul | tsi$^{53}$ luo$^{21}$ ʑai$^{24}$ |
| 93 | 外婆 | claik | tai$^{33}$ |
| 94 | 外婆（泛称） | naf c naf na24 | na$^{24}$ tai$^{33}$ |
| 95 | 小外婆 | met claik | me$^{44}$ tai$^{33}$ |
| 96 | 外公 | jat gongt | tɕA$^{44}$ koŋ$^{44}$ |
| 97 | 母之妹、嫂称弟媳、姐称出嫁妹 | naf hlak | na$^{24}$ l̥A$^{33}$ |
| 98 | 小姨父、嫂称弟媳、姐称出嫁妹 | zid hlak | tsi$^{53}$ l̥A$^{33}$ |
| 99 | 岳母 | claik | tai$^{33}$ |
| 100 | 小岳母 | met claik | me$^{44}$ tai$^{33}$ |
| 101 | 岳父 | yais | ʑai$^{13}$ |

| | | | |
|---|---|---|---|
| 102 | 舅母 | box dlangb | po$^{31}$ tl̥aŋ̊$^{43}$ |
| 103 | 舅父 | yaif dlangb | ʑai$^{24}$ tl̥aŋ̊$^{43}$ |
| 104 | 舅父（泛称） | naf yaif dlangb | na$^{24}$ ʑai$^{24}$ tl̥aŋ̊$^{43}$ |
| 105 | 小内弟 | nol yuot | no$^{21}$ ʑuo$^{44}$ |
| 106 | 幺舅子 | nol nzais | no$^{21}$ ntsai$^{13}$ |
| 107 | 妻内侄（妻兄之子） | nol gud | no$^{21}$ kn$^{53}$ |
| 108 | 妻内侄（妻弟之子） | nol qok | no$^{21}$ tɕʻo$^{33}$ |
| 109 | 外甥女 | nclaik gud | ntai$^{33}$ ku$^{53}$ |
| 110 | 外甥女 | nclaik waif senb | ntai$^{33}$ wai$^{24}$ sen$^{43}$ |
| 111 | 外甥 | gud | ku$^{53}$ |
| 112 | 外甥 | waif senb | wai$^{24}$ sen$^{43}$ |
| 113 | 内兄弟 | nol | no$^{21}$ |
| 114 | 大内兄 | nol hlob | no$^{21}$ |
| 115 | 娘家兄弟 | nenx nol | nen$^{31}$ no$^{21}$ |
| 116 | 表兄弟 | lenx nbail | len$^{31}$ npai$^{21}$ |
| 117 | 表兄弟（姐妹） | mas nbail | m A$^{13}$ npai$^{21}$ |

# 附录三

## 1. 1950 年《罗氏族谱》（节选）

图 125

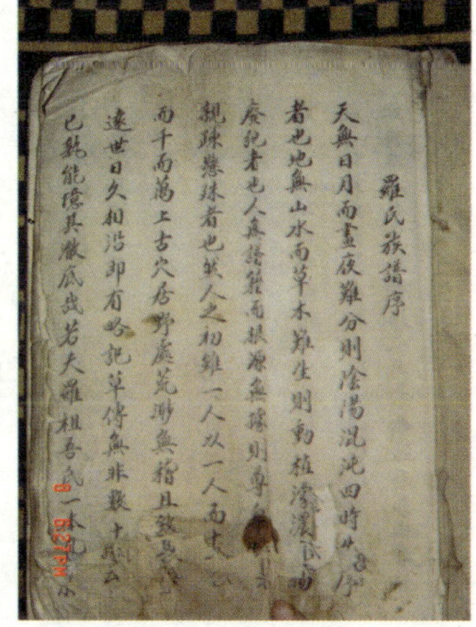

羅氏族譜序

天無日月而晝夜難分則陰陽混沌四時
者也地無山水而草木難生則動植滋潤
廢紀者也人無譜籍而根源無據則尊卑
親疏懸殊者也然人之初雖一人以一人而
而千而萬上古穴居野處荒渺無稽且致
遠世日久相沿即有略紀草傳無非數十
已孰能稔其微底哉若夫羅祖吾氏

图 126

图 127

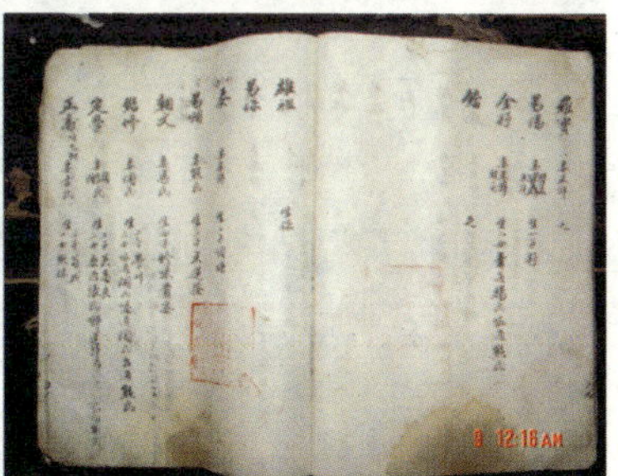

图 128

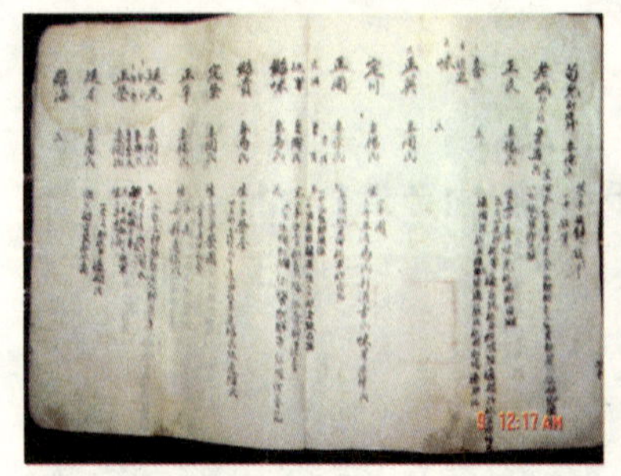

图 129

图 130

## 2. 2000 年《罗氏族谱续编》（节选）

图 131

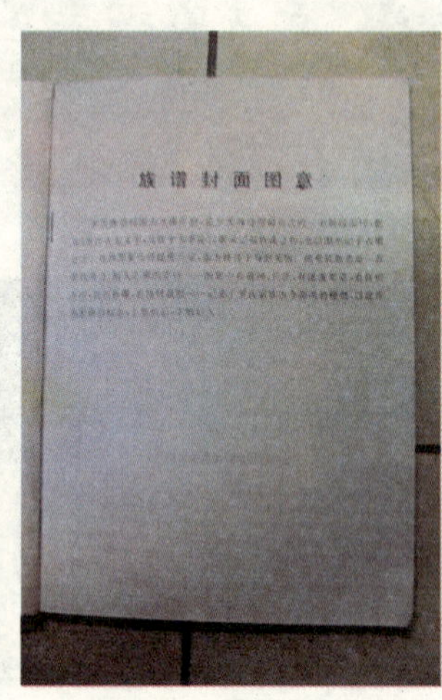


图 132

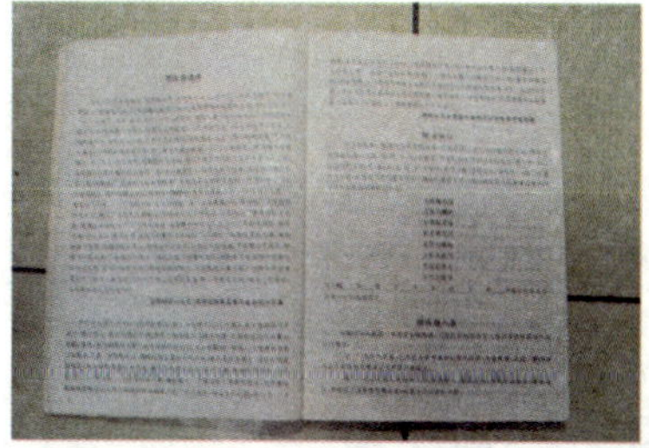

图 133

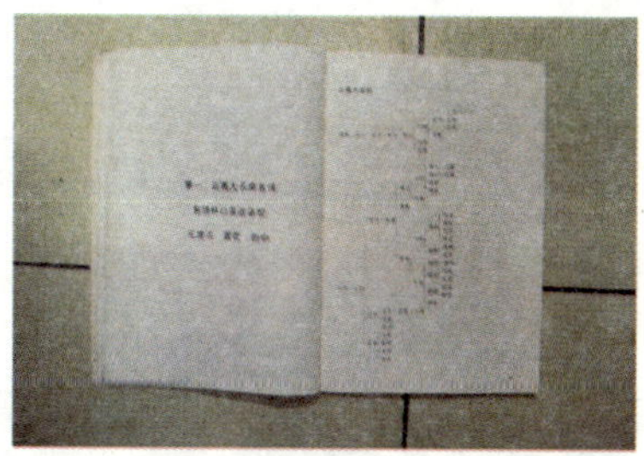

图 134

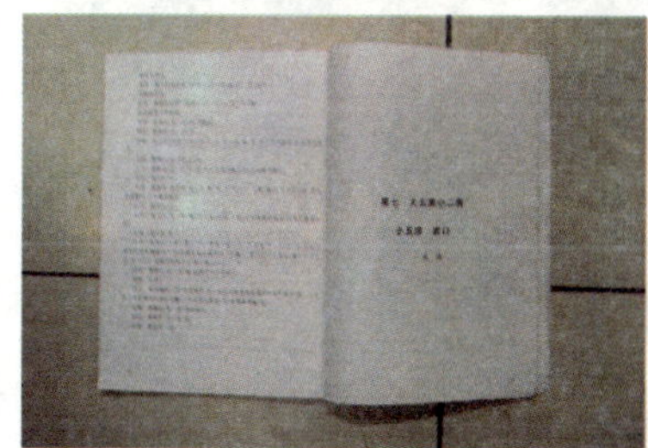

图 135

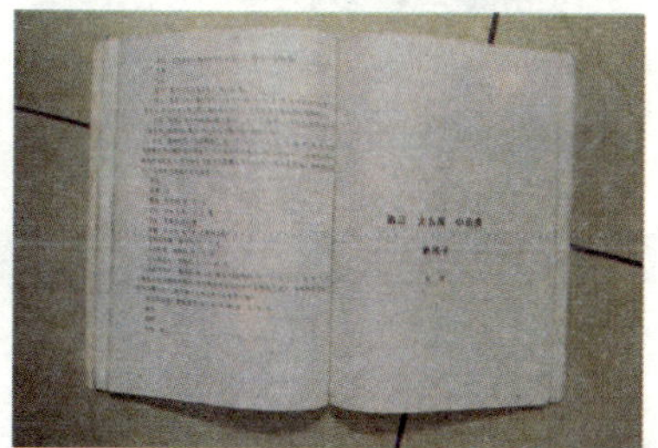

图 136

# 附录四

## “二次葬”（翻尸）仪式录像剪辑

图 137　准备

图 138　分工

图 139　吊鼓

图 140　挂祭品

图 141　供品

图 142　祭台

图 143 祭蛋和祭灯

图 144 请回的亡灵—男女服反穿

图 145 出发去坟地

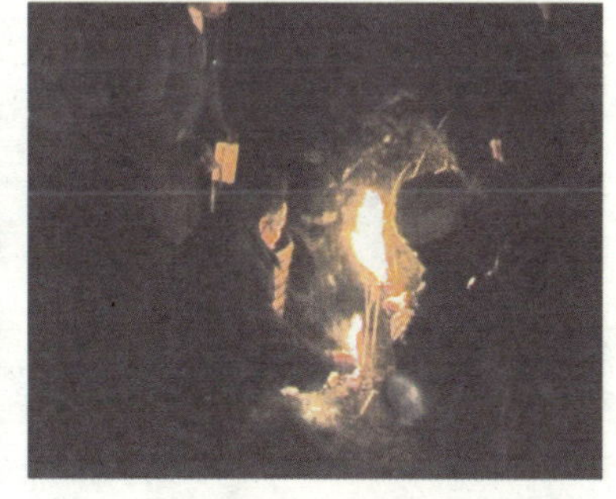

图 146 举祭

图 147 卜竹卦

图 148 卜鸡心卦

图 149 穿衣

图 150 盖棺前卜卦

图 151 烧纸钱

图 152 祭拜

图 153 卜卦

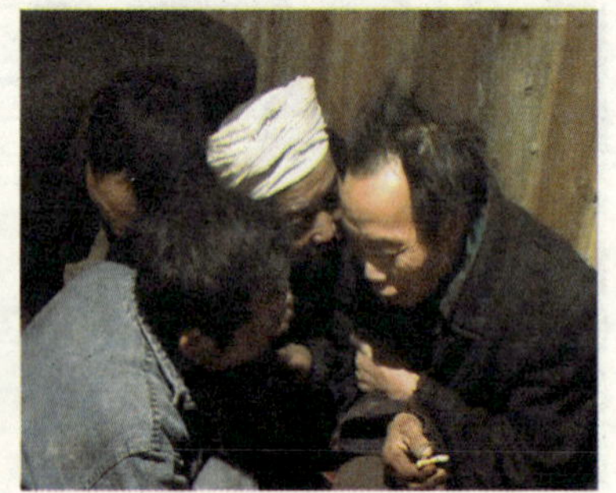

图 154 解卦

图 155 唱《送杀猪刀歌》

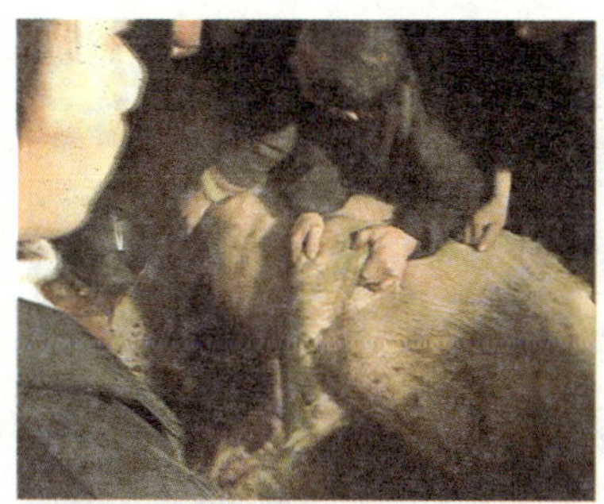

图 156 杀猪

图 157 献祭

图 158 跳场

图 159 祭祀芦笙调

图 160 唢呐

图 161 祭品与礼品

图 162 舅父主事

图 163 献祭队伍

图 164 女儿赴祭

图 165 亲戚参加

图 166 祭师议事

图 167 供品的分配

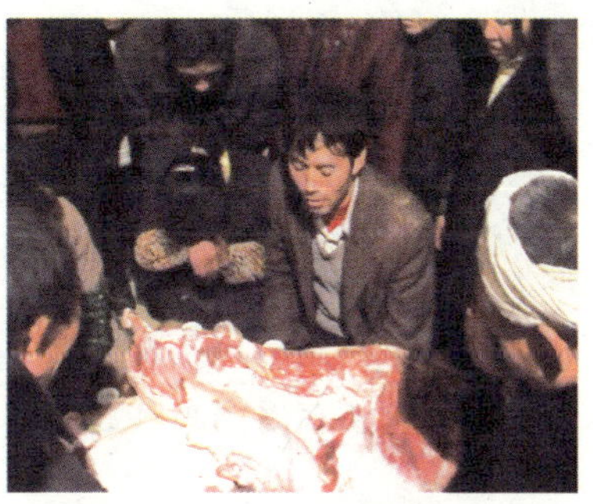
图 168 主人家分配谢礼

图 169 放土炮——火铳

图 170 挂“人亲”

图 171 扔祭竹

图 172 答谢聚餐

## 《给亡人修理房子歌》(翻尸词)

### 一、请亲戚

办事人去请舅舅时唱道:

……

今年,

那拉、卯、申(人名),

他们要替劳爷(死者)换几块棺材板,

派我来请舅舅

到时候就过去看看,

他们做这件事,

就是这样的啊(这是一句语气词,以后每大段都有一句这样的语气词,就像汉语中“像……的呀!”的表达式)。

舅舅:

这么说,

今年他们要替他(劳爷)修理房子了,

是怎么一回事啊?

办事人:

他们说,

他已经回来要求过几次了,

于是就决定为他把这事办好算了。

舅舅：
既然是这样的话，
到时候我会去的。

## 二、开坟

相帮的人问摔鸡的女婿：
你对着那坟摔打鸡干什么呀？

女婿：
我摔鸡不是为别的，
为了让他家繁荣兴旺。
这老人住的不安心，
我是想让他住得安心些。
他睡得不暖和，
我是想让他睡暖和点，
就是这样的啊。

孝子开始挖墓时被问道：
你为什么要挖这坟啊？

孝子答：
不为什么，
是为了让他家繁荣兴旺，
他老人家住的不安心，
睡得不暖和，
我挖坟的目的是为了让他老人家住得安心，

睡得暖和。

问者：
既然这样，
你就赶快使劲挖吧。

祭师拉着死者孙子的手说：
劳爷阿，
那拉、卯、申准备为你修理房屋（坟墓）了，
这努是你的孙子，
他在拉你的手，
你起来吧，
劳爷！

祭师卜卦得阴卦时又说：
劳爷啊，
现在他们替你修理房子，
今天是个好日子，
这个日子是专为你选择的啊
我们来为你修理房子，
就是这样的啊。
劳爷！

卜到阳卦祭师又说：
这是你的儿女要为你修理房屋，
现在接你回家去跳场玩耍。

孝子们检完骨头后祭师又说：

我们为你修理房屋，
这样吧，
你的每节手骨和脚骨齐全了没有？
……

## 三、净屋（墓室）

主祭人主持净屋唱道：
祭师从天边来，
身披黑斗笠来到那申家。
他要诅咒，
致劳爷于死地的瘟疫病，
致劳爷于死地的咳嗽病，
致劳爷于死地的痢疾病，
致劳爷于死地的风湿病，
致劳爷于死地的脱皮病，
祭师还要对着河水诅咒，
河水将病冲进了龙洞。
祭师还要对着风诅咒，
风把病送到天上魔鬼的地方。
诅咒得清如水，
净如树林。
诅咒的结果，
使劳爷能够回来，
回来跳场玩耍，
我们好修理房屋。
就这样了，

现在，祭吧！

现在，
祭师要诅咒
当初使榜婆和榜爷、班婆和班爷致死的瘟疫了；
它们是——
咳嗽病，
痢疾病，
脱皮病，
风湿病，
祭师对着山诅咒，
山就垮塌下来把病压在山下。
祭师对着树诅咒，
树木就倒下来压死这些病。
祭师对着河水诅咒，
河水就把病冲进了龙洞。
祭师还要对着风诅咒，
风把病送到天上魔鬼的地方。
诅咒得清如水，
净如树林。
使祖宗能够回来，
参加为老爷准备的跳场玩耍，
就是这样的啊。
现在，祭吧！

## 四、请鬼

祭师唱道：

那拉、卯、申要为你修房屋，修理坟墓，
你住在流沙岩的坟墓里。
用人的嘴巴喊你，
你感觉不到。
用人的声音叫你，
你无法听到。
我只好用芦笙和鼓的声音，
把你请回来跳场玩耍。
就是这样的啊。

现在，
榜婆和榜爷啊，
你住在龙坝口的坟墓里，
劳爷回来修理坟墓，
用人的嘴巴喊你，
你感觉不到。
用人的声音叫你，
你无法听到。
我只好用芦笙和鼓的声音，
把你们请回来参加劳爷跳场玩耍。
就是这样的啊。

## 五、迎灵

祭师说：
这样说吧，
那拉、卯、申要为你修房屋，修理坟墓，
我接你回来玩耍，

现在我献上酒给你喝，
你在你的位置上坐好吧，
就是这样的啊。
劳爷啊！

此时若祭师卜出阴卦，
他就又说到：
如果你喝不完，
就喂给婆婆喝。
如果你喝不完，
就喂给爷爷喝。
你喝不完就给祖先们喝吧。
就是这样的啊。
请！请！请！
劳爷啊，
现在，
一道酒，
我已经献给你喝过了啊，
你就好好地坐在你的座位上吧。
就是这样的啊。

## 六、吊奠

来客叩头交礼，
交礼的代表在门外喊：
这屋里的总管哪里去了？

总管向门口走去唱道：

听别人说，
天气晴了，
老爷子边放牧边赶着牛到云南汉人的地界去了，
养猪人赶猪到云南汉人的街上去了，
牛把人家的麦子吃了，
马把人家的稻子吃了，
汉人叫他谈话去还没有回来。
就是这样的啊，
你老人家（尊称）！

交礼代表回应总管唱道：
说得好啊，
总管！
你说的话像金银一样的好，
你说的一席话像汉人讲的话那样妙。
让我打断你金子般的话语说两句：
听别人说，
过去我来到坪坝里，
我没有听到芦笙的声音在屋子里回荡。
往年我来到坪坝里，
也没有听到鼓声在屋子里回响。
今年我来到坪坝里，
听到芦笙的声音在屋子里回荡。
今年我来到坪坝里，
听到鼓声在屋子里回响。
这究竟是怎么一回事啊？
芦笙一阵阵的回荡，
这是怎么一回事啊？

鼓声一阵阵的回响，
这是怎么一回事啊？
就是这样的啊，
总管。

总管回答唱道：
说得好啊，
老人家。
你说的话像金银一样的好，
你说的一席话像汉人说的那样妙，
让我打断你老人家金银的好话。
听别人说啊，
过去，你老人家来到坪坝里，
听不到芦笙的声音在屋子里回荡。
往年，你来到坪坝里，
听不到鼓声在屋子里回响。
过去劳爷的楼好，
楼和房子都好。
过去劳爷的房好，
房子和楼都好。
他老人家的灵魂不曾回来同小辈们在一起，
要求他们修理房子。
往年，
他老人家的魂魄不曾回来同小辈们在一起，
要求为他修理房子。
今年为什么？
因为楼会垮，
楼和房子倒塌了。

因为房会塌，
房和楼垮掉了。
他老人家的灵魂回来同小辈们在一起，
要求他们修理房子。
就是这样的啊，
你老人家！

交礼代表又唱道：
说得好啊，
总管！
你说的好话像金银一样好，
你说的一席话像汉人说的那样妙。
让我打断你金银般的话语。
听别人说，
往年，
劳爷死后没有回来向小辈们要求修理房子，
小辈们要派人出门上路。
往年，
他老人家死后没有回来，
向小辈们要求修理房子。
今年为什么？
他老人家死后要回来，
同向小辈们一起耍，
要求小辈们为他修理房子，
小辈们要派人去上路。
派去的人到达喜婆和喜爷家房屋里，
他们连凳子也得不到坐，
烟也得不到抽。

他们连喊三下，
也没人应答，
他们只好挪步回家。
他们连喊三回，
也没人应答，
他们只好拔腿回程。
去的人回到家没有？
去的人回到堂屋没有？
就是这样的，
总管！

总管答唱道：
说得好啊，老人家！
你说的好话像金银一样的好！
你说的一席话像汉人说的那样妙！
让我打断你老人家金银般的好话。
你说的话如同值得万贯家财，
黑牛的价跌下来，
接近马的价。
我们还是把这样的话暂时停下来吧。
听别人说：
往年，
劳爷死后没有回来向小辈们要求修理房子，
小辈们要派人出门上路。
往年，
他老人家死后没有回来，
向小辈们要求修理房子，
今年为什么？

他老人家死后要回来，
同向小辈们一起耍，
要求小辈们为他修理房子，
小辈们要派人去上路。
派去的人顺着山湾、沿着河边，
把信送去亲戚家里，
把信捎到了亲戚家，
他们到达姑父和姑母家，
到达姑父和姑母堂屋，
姑父、姑母欢迎他们，
热情接待了他们。
他们本来不准备吃什么，
但是姑母煮烂了肉，
姑父煮烂了饭，
他们本来不想喝什么，
但是见姑母挑好了水，
姑父烧够了菜。
他们不得不吃饱喝足，
向亲戚道了谢，
拔腿回程。
他们已经回到了家里，
已经回到了堂屋里。
就是这样的，
老人家！

交礼代表回总管词：
你说得好啊，总管。
你说的话像金银一样的好，

你讲得话像汉人说的那样妙。
让我打断你金银般的好话。
（随便说吧，总管插话），
往年，楼好房子不会倒塌，
老人的灵魂不曾回来要求为他修理房子。
往年房好楼不会垮掉，
老人的魂灵不会回来要求小辈修理房子。
不知道是什么原因，
楼垮了，房子倒塌了，
劳爷的灵魂怎么会回来要求小辈们修理房子？
房子倒塌了，楼房垮掉了，
老人的灵魂怎么会回来要求小辈们修理房子？
就是这样的啊，
总管。
……

## 七、送灵（放魂）

总管宣祷：
劳爷啊，
现在，
那拉、卯、申，
他们已经为你修理好了房屋，
你回来跳场玩耍，
已经过了不少时候，待得很久了。
我现在要送你回去，
住进你的新房子。
就是这样啦！

劳爷呀。

……

送灵后，由死者的姊妹或子女、小辈人打扫房屋，边扫边说唱："不扫牲畜的灵魂，不扫子孙的灵魂，不扫祖宗的粮食，要扫病和病痛，要扫挑拨离间的话，扫得清如水，净如树林，扫得圆圆满满。"扫完后主人家的所有人要向客人行谢客礼。外总管召集姑舅表亲以及内总管、祭师、厨子、帮忙的所有人喝酒。孝子们要向他们磕三个头，表示感谢。外总管取来三块肉，分别送给芦笙手、鼓手和祭师，代表主人家表示感谢。饭后，大家各自散去。

**注：**

在调查地进行工作时，了解到古氏曾经在葬俗上有一个很独特的现象，叫作"翻尸"，尽管这是当地其他民族不了解这一葬俗的内在含义而很直观的叫法，苗族本身也接受了这样称呼，因为他们自己也说苗语的意思太长（见题目的翻译），不好作为一个词翻译，有的人也忌讳这个词，改称"翻山头"。但就词语上更为准确的翻译，应该是"迁坟"或"迁葬"。因为，苗文"aτ beuf"，有迁移之意。苗文中"beuf nzangτ"，即为迁坟。

在所调查的村寨基本上没有这个习俗了，但听说在叙永县境的"下方苗"（蒙朵）支系的部分人中间仍然沿袭这一古老的习俗。于是，经过近半年的四处探访，终于县民族宗教委员会的同志通知我，叙永县震东乡落叶村西市湖社陶氏准备于 2005 年 1 月 22—25 日作"翻尸"祭奠，当时正忙于博士毕业论文的紧张写作，由于机会难得，还是挤出时间从北京回到我的调查地，对这次祭奠过程做了笔录和全程摄像，尤其是音像资料十分完整。但是，要把"翻尸"完整的文字材料记录下来并整理，的确需要专门腾出一个月左右的时间。鉴于我目前的情况实在是无法再分配出时间专门整理文字部分。当时请报告人做了一个翻译，回京后，与芮逸夫先生的调查做了一个对比。发现我们亲眼见到的“翻尸”祭祀，在1940年代，称为“假翻尸”，即并不是真正意义上的翻开坟墓，转移尸骨。芮逸夫先生一行60年前在叙永县马家屯作婚俗丧葬的田野调查时，专门邀请三位报告人（苗族），仅为记音就用去了三个月的时间，最终成果在1962年出版，“翻尸”记音材料即在其中。尽管其中各种外部原因耽搁了研究的进程，还是说明工作内容的复杂和需要时间的付出。因此，不得已，以我的实地调查为基础，在文字上，很大程度上参考了芮先生他们所做的国际音标记音和文字资料，请我的父亲加入，做了一次更为准确的汉文翻译。非常感谢我的父亲，他给我做了很重要的工作，翻译了整个记音部分，可以说我们的翻译就目前来讲较之更为准确。这样，一方面，作为我的论文必不可少的资料参照，另一方面，也是对民俗学材料的一个匡正。

出版在即，我又请父亲一道对《翻尸词》做了一次重新修订，但愿更加准确和贴近原意，发表出来供同行们参考。

# 参考文献


1. [西汉]《史记·五帝本纪》(点校本),中华书局1959年版。

2. [唐] 樊绰:《云南志》(赵吕甫校释),中国社会科学出版社,1985年7月。

3. [明] 杨慎:《滇程记》,万历三十三年刻本。

4. [清] 谢圣纶:《滇黔志略》(抄本),云南图书馆藏。

5. [清] 邓元鏸等(光绪)《续修叙永永宁厅县合志》(54卷、卷首1卷),1908年。

6. [民国] 赖佐唐、宋曙:《叙永县志》,1935年版。

7. [民国] 凌纯声、芮逸夫:《湘西苗族调查报告》,商务印书馆,1947年版。

8. [民国] 中国边政学会边政公论社《边政公论》,1941年版,1944—1945年,1947—1948年。

9. 艾新荣、艾卫民:《筠连苗族文化》,中国香港天马图书有限公司,2000年版。

10. 蔡家麒:《民族学田野调查理论与方法》,载《全国第二期民族学讲习班讲义》(上、下)打印稿,1985年。

11. 陈桂棣、春桃:《中国农民调查》,人民文学出版社,2004年版。

12. 陈其南:《家族与社会——台湾与中国社会研究的基础

理念》，联经出版事业公司，民国七十九年版。

13. 大方县民族宗教事务局：《六寨苗族》贵州民族出版社，2003 年版。

14. 方向新：《农村变迁论》，湖南人民出版社，1998 年版。

15. 费孝通：《费孝通民族研究文集》，民族出版社，1988 年版。

16. 费孝通：《乡土中国·生育制度》，北京大学出版社，1998 年版。

17. 石启贵：《湘西苗族实地调查报告》，湖南人民出版社，2002 年版。

18. 古文凤：《漂泊的家庭：苗族（20 世纪中国民族家庭实录丛书之一）》，云南大学出版社，2001 年版。

19. 古仕林：《四川苗歌文化》，中国香港天马图书有限公司，2002 年版。

20.《贵州民族研究》（合订本）（1979、1982、1983、1992、1996、1997、1998、1999、2001、2002）。

21. 国家民族问题五种丛书之一、中国少数民族简史丛书：《苗族简史》，贵州民族出版社，1985 年版。

22. 国家民委民族问题五种丛书之一、中国少数民族社会历史调查资料丛刊、贵州省编辑组：《苗族社会历史调查》（1—3），贵州民族出版社，1986 年。

23. 国家民委民族问题五种丛书之一、中国少数民族社会历史调查资料丛刊、四川省编辑组：《四川苗族傈僳族傣族白族满族社会历史调查》，四川省社会科学出版社，1986 年版。

24. 国家统计局人口和社会科技统计司：《中国人口统计年鉴》，中国统计出版社，2003 年版。

25. 国务院农村开发研究中心山区组：《山区建设问题探讨》，农村读物出版社，1986 年版。

26. 何积全：《苗族文化研究》，贵州人民出版社，1999年版。

27. 黄才贵：《印在老照片上的文化——鸟居龙藏博士的贵州人类学研究》，贵州民族出版社，2000年版。

28. 姜德华等：《中国的贫困地区类型及开发》，旅游教育出版社，1989年版。

29. 郎维伟：《四川苗族社会与文化》，四川民族出版社，1997年。

30. 李廷贵、张山、周光大等：《苗族历史与文化》，中央民族大学出版社，1996年版。

31. 林耀华：《从书斋到田野》，中央民族学院出版社，1989年版。

32. 林耀华：《金翼》，生活·读书·新知三联书店，2000年版。

33. 凌纯声、林耀华等：《20世纪中国人类学民族学研究方法与方法论》，民族出版社，2004年版。

34. 刘峰：《百苗图疏证》，民族出版社，2004年版。

35. 龙远蔚、李欣广：《寻求均等的发展机会》，中国卓越出版公司，1990年版。

36. 罗义群：《苗族文化与屈赋》，中央民族大学出版社，1997年版。

37. 罗义群：《中国苗族巫术透视》，中央民族学院出版社，1993年版。

38. 苗青：《西部民间文学作品选》（中国苗族文学丛书编委会编），贵州民族出版社，2003年版。

39. 农牧渔业部：《贫困与发展》，山西人民出版社，1987年版。

40. 芮逸夫、管东贵：《川南鸭雀苗的婚丧礼俗》（中央研究

院历史语言研究所 单刊甲种之二十三)，台湾商务印书馆，民国五十一年版。

41. 罗梦山编译：《山海经》，宗教文化出版社，1998 年版。

42. 沈红、周黎安、陈胜利：《边缘地带的贫困小农》，人民出版社，1992 年版。

43. 宋蜀华、白振声：《民族学理论与方法》，中央民族大学出版社，1998 年版。

44. 谭厚锋：《中国境外苗族的分布与变迁》，载《贵州民族研究》，1997 年，第 3 期。

45. 王铭铭：《村落视野中的文化与权利》，生活·读书·新知三联书店，1997 年版。

46. 汪宁生：《文化人类学调查——正确认识社会的方法》，文物出版社，1996 年版。

47. 王小强、白南风：《富饶的贫困》，四川人民出版社，1988 年版。

48. 吴一文：《苗族古歌与苗族历史文化研究》，贵州民族出版社，2000 年版。

49. 吴晓东：《苗族图腾与神话》，社科文献出版社，2002 年版。

50. 吴泽霖、陈国钧等：《贵州苗夷研究》，民族出版社，2004 年版。

51. 武新福、龙伯亚：《苗族史》，四川民族出版社，1992 年版。

52. 伍新福：《苗族文化史》，四川民族出版社，2000 年版。

53. 伍新福：《中国苗族通史》，贵州民族出版社，1999 年版。

54. 夏建中：《文化人类学理论学派——文化研究的历史》，中国人民大学出版社，1997 年版。

55. 徐万邦、祁庆富：《中国少数民族文化通论》，中央民族大学出版社，1996 年版。

56. 徐新建：《生死之间——月亮山牯脏节》，浙江人民出版社，1998 年版。

57. 《叙永山区跃进之歌》（第 1—6 集），1958 年。

58. 叙永县志编撰委员会：《叙永县志》，方志出版社，1998 年版。

59. 叙永县政协文史资料委员会、政协民族宗教委员会：《叙永少数民族》，2003 年。

60. 颜恩泉：《云南苗族传统文化的变迁》，云南人民出版社，1986 年版。

61. 杨堃：《民族学调查方法》，中国社会科学出版社，1992 年版。

62. 杨庭硕、罗康隆、攀盛之：《民族、文化与生境》，贵州人民出版社，1992 年版。

63. 杨兴斋、杨华献搜集整理：《苗族神话史诗选》（苗汉文对照），贵州民族出版社，2000 年版。

64. 杨学正：《苗族服饰文化》，贵州民族出版社，1998 年版。

65. 叶兴庆：《中国边缘地带的经济增长》，人民出版社，1990 年版。

66. 袁亚愚：《乡村社会学》，四川大学出版社，1990 年版。

67. 中共叙永县委宣传部：《叙永十年：1949—1959》，1959 年。

68. 中国民族图书馆：《百苗图》，河北教育出版社，2002 年版。

69. 中国社会科学院世界宗教研究所：《中华归主——中国基督教事业统计（1901—1920）》（1—3），1985 年版。

70. 郑也夫：《阅读生物学札记》，中国青年出版社，2004年版。

71. ［澳］W. R. 格迪斯：《苗族的起源（山地的移民——泰国青苗的文化生态学〔Migrants of the Mountains〕）》第一章，英国牛津大学出版社1976年，转引自中国社会科学民族研究所历史研究史资料组：《民族史译文集》，1978年，第5期。

72. ［法］列维－施特劳斯：《野性的思维》（李幼蒸译），商务印书馆，1987年版。

73. ［美］C. 恩伯、M. 恩伯：《文化的变异》（杜杉杉译，刘钦审校），辽宁人民出版社，1988年版。

74. ［美］伍兹：《文化变迁》（何瑞福译），河北人民出版社，1989年版。

75. ［美］戴维·波普诺：《社会学》（第10版）（李强等译），中国人民大学出版社，1999年版。

76. ［美］克利福德·格尔茨：《文化的解释》（韩莉译），译林出版社，1999年版。

77. ［美］唐纳德·L·哈迪斯：《生态人类学》（郭凡、邹和译），文物出版社，2002年版。

78. ［美］Sandra Millett：《东南亚的苗族人》（周佳星译），中国水利水电出版社，2005年版。

79. ［英］弗雷泽（Frazer J. G.），《金枝》（徐育新等译），大众文艺出版社，1998年版。

80. ［英］马林诺斯基：《科学的文化理论》（黄建波等译，张海洋校），中央民族大学出版社，1999年版。

81. ［英］普里查德：《努尔人：对尼罗河畔一个人群的生活方式和政治制度的描述》（褚建芳等译），华夏出版社，2001年版。

82. ［英］柏格理、邰慕廉等：《在未知的中国》（东人达、东旻译)，云南民族出版社，2002 年版。

83. ［英］C. A. 格雷格：《礼物与商品》（杜杉杉、姚纪德、郭锐译)，云南大学出版社，2001 年版。

84. ［英］拉德克利夫一布朗：《社会人类学方法》（夏建中译)，华夏出版社，2002 年版。

85. ［英］马林诺斯基：《文化论》（费孝通译)，华夏出版社，2002 年版。

86. ［英］拉德克利夫一布朗：《社会人类学方法》（夏建中译)，华夏出版社，2002 年版。

87. ［英］泰勒：《人类学・人及其文化研究》（连树声译)，广西师范大学出版社，2004 年版。

88. Edward B. Tylor: *Primitive Culture*, Hery Holt and Co. 1877.

89. C. Leve－Strauss: *Social Structure*, in A. L. Kroeber, ed, *Anthropology Today*, Chicago, University of Chicago Press, 1953.

90. E. R. Leach: *Political of Kachin Social Structure*, Beacon Press, Boston, 1954.

91. Louise Schein: *Minority Rules: The Miao and the Feminine in China's Cultural Politics*, Duke Press, 2000.

92. P. Leepreecha: *Kinship and Identity among Hmong in Thailand*. PhD Dissertation, University of Washington, 2001.

# 后　记

当我的毕业论文答辩结束、获得博士学位不久，就获知论文入选中央民族大学民族学与社会学学院的“211工程”的出版计划，欢喜和感激之情难以言表。首先，作为论文撰写工作，在导师和老师们以及所有亲朋好友的关心支持下，总算有了一个像样的结果，三年的苦读也告以结束。唏嘘之余，颇有感悟。悄然跨入不惑门槛，自不敢言“不待扬鞭自奋蹄”，亦深感学海无涯，不免留下许多遗憾。

以枧槽高山苗为题作为我的博士论文，原本带有较多感情色彩，后来决定做它的时候，则有了一定的理性和学科的思考搀和其中，决定用严肃认真的态度，尽自己所能做一次民族学田野工作，完成我的学业，而带有感情色彩的东西抛到了脑后。但是，写完论文初稿的时候，无意中在互联网上看到了一个叫作“山那边”的助学网页，竟是专门为叙永县贫困山乡的失学孩子们搭起的一座救助桥梁！压抑了很久的情感被它激活，使我为家乡留下了热泪。这已经不是第一次为家乡流泪，当我第一次踏上30多年从未谋面的家乡时我就为她留下了眼泪，那时候的泪是一种归根的感觉，一种不再是一叶浮萍的感觉，要知道“回家”的感觉真好。此生无论我是回到四川德阳的家还是云南昆明的家，都没有我回到祖居地的“家”那种感觉来的真实和强烈，发自心底。尽管我们自己的小家庭在那里已经没有片瓦寸土，但那种回家的感觉，却是永远也不会放弃的思念与渴望。实际上每一次回家乡，我都在心里为她流泪。但是这次因“山那边”而流的泪让我感觉到眼睛的胀痛，是她刺痛了我的心灵。我们这些家乡的爱子们，带着祖辈们太多的期望和等待，却没有为家乡做些什么，而那些素不相识的人们风尘仆仆、千里迢迢为一个个失学孩子送去了助学费用和人间的温暖，要知道这不仅仅是上学的费用，他们送去的是人类伟大的情怀和高贵的爱心。为此，我的眼泪里带着更多的感激和欣喜，有这么多热心的人们在关注着我贫穷的家乡、帮助着我生活艰辛的亲人，这是我料想不及的。是的，我的家乡值得他们为她做些事情，因为我第一次回家的时候就有这样一个强烈的愿望："我要为她做些什么！"因为我的家乡美丽得会让你流连忘返，也贫困得会让你心痛不已。我想让更多的人了解她、喜欢她、帮助她……

感谢我的家乡，给了我一次了解她的机会，使我有了新的学术体验，也对人生做了一次深刻的巡礼。家乡也是幸运的，她有了一群这样热爱她的儿女们。同时我也是家乡最受宠爱的孩子中的一个，她给了我一个根，牵出了一条线，把我连在了中间。

感谢我的导师和师母。作为一个少数民族学子他们给了我太多的关心和庇护。导师在许多时候不啻是一位严师而更像一位慈父，不仅为我的学术研究倾注了许多心力，而且他为人师表、学风严谨、秉性耿直，树立了一个要做学问先做人的榜样。他在授业解惑中兢兢业业。我们的毕业论文从选题、提纲、调查到写作都在他的指导之下才得以完成，他还对每个学生的毕业论文初稿都要反复斟酌探讨，甚至是逐字逐句地修改、订正，所耗功力巨大。感谢恩师的包容和大度，虽时有懈怠，却每每得到他的宽容，使我得以"大功告成"，从师三年，受益终生。师母亦十分关心诸位弟子，常常为我们分忧解难，使我远离家乡却备感家的温暖，师母在物质和精神上都给了我不小的帮助，导师和师母的恩情没齿不忘。

感谢我的父母。不仅仅是感谢他们给我生命，培养我长大，这是今生今世也难以报答的。此时此刻想要表达的是：感谢我的父母在我攻读博士研究生阶段，他们义无反顾地放弃在四川德阳的一切来到云南昆明，为我打理陋室、照顾犬儿，在精神上和经济上给了我无私的援助，解除我的后顾之忧。尤其是我的父亲，他对我学术研究的支持和帮助非常之大。虽年逾七旬，曾五次陪我深入高寒山区，充当了向导、翻译、协调人和苗语老师等各种角色，他也是提供资料的主要报告人之一，论文附录中收录的诗歌和亲属称谓汉苗文对译部分绝大部分是他的辛劳成果。论文完稿之后，他仍坚持通阅几遍，提出了许多宝贵意见。由于我不懂苗语，记录和拍摄的大量苗语资料，主要都有赖于他的协助进行记音和翻译，作为从事苗语言文学教研工作多年的他，甚至为我修订亲属称谓表，为我勘误。我戏称他是我的“拐杖”。

感谢调查地的市县民族宗教部门、枧槽乡的各位领导和同志们。可以说没有他们的帮助就没有我今天的研究成果。其中有必要一一提出深深致谢的是：泸州市民族宗教局罗文庆局长、陶华科长、叙永县民宗委马刚主任、原主任黄登阶、马康伦、县统战部杨学东副部长、县政协文史委颜林副主任、枧槽乡党委杨正娥副书记、乡中心完小古志强校长、乡中学杨成洪校长、古哲金等同志，退休干部罗文湘、罗文明、李正明、古盛荣、古德良等同志，杨秀伦长老、助手王国银，还有云南省威信县原双河乡党委书记、县计划生育办公室杨光辉主任同志等等，还有调查点的众多父老乡亲。叙永县民宗委的侯开珍是中央民族学院政治系81级的毕业生，我的师姐，马刚主任抽调她专门为我的田野调查工作提供服务和协助，她亦成为我的主要报告人之一。期间，她任劳任怨、不遗余力，负责为我汇集材料、查阅数据、复印资料等等而奔忙，还对田野工作中涉及的方方面面都做多了极为细致的安排和协调。县图书馆宋永强馆长，由于他是本地彝族，也长期从事文物管理和文化宣传工作，对当地尤其是少数民族民风民情如数家珍，在我查阅当地方史志材料的过程中成为莫逆之交，他不但为我提供重要的文字资料，而且在田野调查中还做了我的协调人、地方史老师和合作伙伴。

感谢我的先生，我们同是1983年我国恢复民族学本科招生后，中央民族学院（中央民族大学前身）第一届民族学系的同班同学，对民族学共同的爱好和追求使我们走到了一起，在专业研究和田野调查工作中，他的支持和帮助渗透在我研究成果的字里行间。

感谢研究生院、民族学与社会学院的全体老师们！他们中包括曾直接在我的学术研究中给予了无私帮助的石建中、麻树兰等老师，还有我所在单位云南省委党校领导和各位要好的同事们，如陶晴、姜泽民、段尔煜、刘兰凯、田有芝、杨晓霞等等以及大学同学和师兄弟姐妹们：刘宝明、刘军、刘富祯、谷文双、宋军、姜红、李学良、冯昆思、刘世风、陈延斌、董印红、朱群惠、东旻、任国英、张晓琼、艾菊红、杨然、桑学伦等等，在此一并深深谢忱！

在答辩过程中，我的导师邵献书教授、民族学与社会学学院徐万邦教授、历史系胡绍华教授、中国人民大学社会学学院胡鸿宝教授、中国社会科学院民族学与人类学研究所曹成章研究员组成的答辩委员会，给我的毕业论文提出了许多宝贵的修改意见，在修改的过程中我一一贯彻其中，为论文增色不少。在此，向他们表示真挚的感谢，并致以深深地敬意。

给我帮助的亲朋好友实在太多太多，难以一一列出，对他们的感激是终生的，我衷心地祝愿他们身体健康、工作顺利、阖家幸福、一生平安。

最后还要深深感谢在论文中引用了其学术成果和材料的作者们，他们绝大多数是我学术研究中素未谋面的良师益友，是他们为我拓宽学术研究的眼界，启发我感悟学术研究的真谛。

刘 芳

2006年3月18日